徐 刚 主编

溯源以求真

早期中国的经史之学

上海古籍出版社

图书在版编目（CIP）数据

溯源以求真：早期中国的经史之学／徐刚主编.
上海：上海古籍出版社，2024. 9. -- ISBN 978-7-5732-
1234-4

Ⅰ. Z126

中国国家版本馆 CIP 数据核字第 2024KM1559 号

溯源以求真

——早期中国的经史之学

徐　刚　主编

上海古籍出版社出版发行

（上海市闵行区号景路 159 弄 1-5 号 A 座 5F　邮政编码 201101）

（1）网址：www.guji.com.cn

（2）E-mail：guji1@guji.com.cn

（3）易文网网址：www.ewen.co

上海商务联西印刷有限公司印刷

开本 890×1240　1/32　印张 9.875　插页 2　字数 256,000

2024 年 9 月第 1 版　2024 年 9 月第 1 次印刷

印数：1—1,500

ISBN 978-7-5732-1234-4

Ⅰ·3847　定价：68.00 元

如有质量问题，请与承印公司联系

前　言

徐　刚

　　"源"是时间问题，"真"是真伪问题，真伪与时间之间，似乎并无关系。但是，福尔摩斯探案，要还原案发现场，还原需要依据案发之后遗留下来的所有蛛丝马迹，更需要寻找导致案发现场的所有原因，也就是找到案件的源头。探寻真相，就变成了寻找源头。《老子》的道，是宇宙的本质真理，同时又是宇宙万物的源头。真理与源头之间，也许真的就是这么有缘。

　　经史之学，本质上是考古求真之学。

　　我国的传统学术，到了清代，由于语文学的进步，逐渐具有了现代科学求真的特质。近代以来，受西洋科学的影响，越来越系统化、精密化和理论化。罗振玉、王国维将经史之学建立在古文字学、金石学的基础上，这是现代文史研究的开端。王国维论清代学术之变，云清初："离丧乱之后，志在经世，故多为致用之学。求之经史，得其本原，一扫明代苟且破碎之习，而实学以兴。"又论沈曾植之学，云："先生少年，固已尽通国初及乾嘉诸家之说，中年治辽金元三史，治四裔地理，又为道咸以降之学，然一秉先正成法，无或逾越。其于人心世道之污隆，政事之利病，必穷其源委，似国朝诸老，其视经史为独立之学，而益探其奥突，拓其区宇，不让乾嘉诸先生。"（并见《沈乙庵先生七十寿序》）一则云"求之经史，得其本原"，再则云"必穷其源委"、"视经史为独立之学",可见"溯源以求真",固罗王之老调子,经史之真精神也。在王氏的"二重证据法"中,蕴含着将纸上的知识与田野调查结合起来的思想,因而,随之引入的现代考古学,很快就成为现代经史之学的新支柱。傅斯年建立历史语言研究所,其研究的基础,便是语言学和考古学。从傅先生为史语所开列的工作单中,包含了人类学和社会学的部门,这两门学科与考古学,都是以田野调查为工作基础的。一百年来,尽管又有很多新的学术主张出现,但是有见过大步往回走,退回到清代以前、宋代以前、甚至一跃而至汉代的,但还未见超越傅先生《历史语言研究所工作之旨趣》所立下的原则。

2024年,正值《岭南学报》复刊十周年。承蒙上海古籍出版社雅意,以及主编蔡宗齐教授的信任,让我帮助编辑一部纪念专书。看着堆在我面前的十年来的《岭南学报》,其中不乏胜义纷呈、精彩过人的优秀之作,我有点入宝山而无所适从之感,不知如何选编才好。思虑甚久,最终还是觉得应该有一个主题,就以我自己最熟悉的经史之学为范围,秉持"溯源以求真"的理念,选编一部可以代表时代水平的专书以志纪念吧。当然,本书所收的每一篇文章,都有可商之处,本书所未收的文章,也不乏优秀之作,收与不收,只是限于篇幅与主题,并无褒贬之义,还要特别请《学报》的作者与读者,多多理解与包涵!

徐兴无先生的《释"诗者天地之心"》,抓住"天心"这个关键词,贯穿齐诗与谶纬、阴阳方术诸说,终于《文心雕龙》之"文心",岂孔子所谓"一以贯之"者欤? 以"天地之心"说诗,始于齐诗;以"天地之心"说文,始于刘勰。在"天心"一词的笼罩之下,所有的以阴阳五行为核心的陈词滥调,都变成了可以载道的言说,这种穷源反本的考释,真可谓化腐朽为神奇。

徐先生认为"天心"一词,始见于战国秦汉间文献,多属道家和阴阳家思想中的天道观念。这一点,也许还可以商榷。儒家典籍其实也很早就使用"天心"一词。由于《古文尚书》晚出,其中的《咸有一德》

虽有"克享天心，受天明命"之语，却很难作为"天心"见于先秦文献的证据。但是20世纪末出土的郭店楚简，有一篇叫做《成之闻之》，其中有云："天登大常，以理人伦，制为君臣之义，著为父子之亲，分为夫妇之辨。是故小人乱天常以逆大道，君子治人伦以顺天德。《大禹》曰'余兹宅天心'曷？此言也，言余之此而宅于天心也。"（《郭店楚墓竹简》，文物出版社1998年版）此篇的主旨，显然是儒家的，墓葬时间在战国中期（约300BC）。其中的"大禹"，从上下文例看，也很像是一篇逸书。从《成之闻之》的内容来看，它无疑是儒家文献。又2020年出版的《清华大学藏战国竹简》第十册（中西书局）有一篇《四告》，其中有周公告成王"惠汝卮天心"之语。可见儒家也早就用"天心"一词，未必晚于道家；汉代儒家热衷于"天心"一词，的确是有早期的渊源的。

拙作《从出土文献论诗六义之"赋"》，从马王堆帛书《五行》篇中的"直"入手，重新论述了诗六义中的"赋"，认为赋之本义绝非传统认为的"铺陈"或"直言之"之义，恰恰相反，应该是"隐约"、"曲言"之义。概括来说，本文重点论述了两个方面的问题：一是《诗经》中的确有"敷陈其事而直言之"的方法，但那与"赋"无关，当时也并不叫做"赋"，而是叫做"直"；二是"诗六义"的"赋"绝非"直言之"之意，而是基于"隐"的观念或手法的一个概念，诗的"六义"讲的是诗歌的六种功能，而不是某些修辞手段和某些诗体的混杂物。

拙作在发表前，曾提交给香港中文大学召开的"古籍新诠——先秦两汉文献国际学术研讨会"（2017年12月），由于此文直斥两千年来学者对于"赋"之认识之谬，会上受到热烈的讨论，大多数学者认为观点激进，难以接受，只有张高评先生明确表示支持我的观点。会后，有一位武汉来的前辈学者跟我说："我其实赞同你的观点，但我还是劝你要谨慎。"直至今日，这位前辈的劝告一直深深打在我心里，在求真的道路上，让我记得周密深沉，三思而行，实事求是。我把这种学术批评视为学者最大的荣誉。承蒙编者不弃，此文刊于何志华、沈培、潘铭基、张锦少等先生主编的会议论文集《古籍新诠：先秦两汉文献论集》（香港中文大学出版社 2020 年版）。此次借"溯源以求真"的主题，重刊于此，一来期待得到更多的方家批评和指正，二来也希望给那些在求真的道路上艰难跋涉的年轻学者一点嘤鸣之声援。

李惠仪先生的《华夷之辨、华夷之辩：从〈左传〉谈起》一文，运用了"我者"与"他者"的理论，分析了《左传》所蕴含的华夷之别。她得出的一些结论非常有意思。例如，她说："'华''夷'定位往往是策略性的；肯定或否定华夷联系或华夷分际，因为种种时机有特定的作用，关键在于掌握有关言说的流动性，在外交场合或政策讨论时趋利避害。"虽然我不太明白"言说的流动性"的具体含义，但是"华夷的定位往往是策略性的"，的确是很有道理的。华夏族以礼仪文明为自我身份认同的标记，因而蛮夷就是落后文明的族群；当一个以华夏文明自居的族群，觉得有必要强调另外一个族群的身份是蛮夷时，他们是通过在听者的心中唤起对文明优越感的认同来实现政治上的拉拢一方，排斥另一方。这种方式是当今欧美联盟屡试不爽的政治游戏。她又说："他者身份，可以正常化、异化、转化为道德属性，目的可能是支持某策略或措施、协商分歧立场、完成某族群的自我定位。"这也很有启发。我想，如果人类还有平等和正义之类的观念值得肯定的话，那么，以"我"与"他者"的区别来谈论道德属性，显然是种族主义在作祟。今日世界并未从根本上改变蔑视非我族类的文明是"落后文明"的根深蒂固的观念。李惠仪先生也注意到昭二十三年《公羊传》有"中国亦新夷狄也"的说法，这就意味着《公羊》学中已经有以礼仪文明的堕落来贬斥中国为夷狄的观念。老实说，站在如此高度的《公羊传》的作者远远超越了狭隘的民族主义，也超越了儒家礼仪中"疏不间亲"的血缘原则，他已经站在了人类文明的公义的高度来维护本民族的礼乐文明。我认为，到目前为止，恐怕还没有哪一种政治伦理能够超越这种伟大的民族主义。何休说"中国所以异乎夷狄者，以其能尊尊也"，所谓"尊尊"，无非是维持秩序；以能否维持秩序来分辨华夷，这种思想，实在不敢恭维。原始儒家中那些真正伟大的思想，往往死在后世那些经师们的手里，可不哀哉！

《十三经注疏》与《二十四史》，是我们文史研究者的"圣经"。《二十四史》的整理与出版，是近代史上的大事，背后的故事已经广为学术界所知。而《十三经注疏》的汇集、刻印和整理，却是从宋代以来就持续进行的事业，知道的人却未必很多。我们这次选录了王锷先生的《〈十三经注疏〉的汇集、校刻与整理》，就是觉得这篇文章比较完整地讲述了这部"圣经"的物质形态的流传过程，是中古以后我国文化史上的一件大事。关于经书版本问题的研究，近些年来取得的进展令人瞩目。北京大学的顾永新先生、张丽娟先生、刘玉才先生和南京师范大学的王锷先生，都是其中翘楚。版本研究，向来是属于比较枯燥的领域，现在越来越多的学者试图把它放在学术史、文化史的大背景上来讲述文献背后的故事，相信今后我们会读到越来越多既富有作者的研究创见，又具有较强可读性的论著。

曹胜高先生的《社而赋事与赋法的早期生成》，是一篇非常扎实，富有启发的论文。他从《国语·鲁语下》所载鲁文伯之母敬姜"社而赋事"一语入手，提出"赋"源于古代赋事、赋政的制度，"赋事"是如何以某种特殊形式的语言来实现，从而形成"赋言"之"赋"。这对于我们理解"赋"这种体裁及功能的起源，无疑是重要的贡献。他在论述赋事的制度时，以《诗经》的各种祭祀的篇章为证，这对于我们理解《诗经》也很有启发。例如他说："周人居豳时的《七月》，便是以赋事之法，言男女一年四季的劳作，前三章由秋及春，言及女子授衣、蚕桑、制衣之事，以赋妇功；中三章由春及秋，言及男子耕作、稼穑、收获之事，以赋劳作。最后两章，言冬季祭祀献尝之事。《周礼》载以仲春、仲秋歙《豳诗》以迎暑、逆寒，冬季歙《豳雅》以祈年，冬蜡歙《豳颂》以息农，四时歙豳以和时令，以序农时，故被周人用为祀社的乐歌，从中可以看出在春社、秋方及岁末赋农桑之事。"《七月》一诗，比较详细地描述了一年之中的各种农事，从赋事的角度来看，的确很有道理。不过，我在阅读和学习此文的过程中，也有点小小的疑惑，怀疑曹先生是否将"赋事"这一制度扩大化了：祭祀的乐歌似乎不见得都如他所说，跟社祭有关，例如烝、尝之祭，传统上一直认为是宗庙之祭；而且在祭祀的过程中进行"赋事"，当然是有可能的，但是诗歌本身所说的内容是否就是在进行"赋事"，却是很可怀疑的，文章引述的《甫田》《采薇》《出车》等诗，就未必是在"赋事"。《国语》云："天子听政，使公卿至于列士献诗，瞽献曲，史献书，师箴，瞍赋，蒙诵，百工谏，庶人传语，近臣尽规，亲戚补察，瞽史教诲，耆艾修之，而后王斟酌焉，是以事行而不悖。"曹先生把这些也看作是"赋事"，那只有在极其宽泛的意义上才可以成立。他进一步说："周王朝以社祀行祀地之礼，诸侯以社祀为最高祭祀，每年年初、春、秋、岁终的常祀，全民参与，祈谷、授时、劝农、祭社，其中形成的劝农之歌如《七月》、春社之歌如《甫田》、秋报之歌如《楚茨》、冬蜡之歌如《大田》，就农夫而言为赋职事，就农政系统而言则为赋农政之事。社而赋事机制所形成的社祀之歌，还包括诸多形于行政职能的乐歌。如男女阴讼于社时的告社、军事行动之前的宜社和战后的报社及望祀山川、四方等行政职事，亦有相应的乐歌组成。如《行露》《谷风》《氓》《中古有薙》《北门》等为阴讼于社之歌，《麟之趾》《驺虞》《清人》《无衣》《驷驖》《叔于田》《大叔于田》等为军社之辞；《终南》《般》《时迈》《旱麓》等为望祀山川之歌……其机制与'社而赋事'相同，也是祀社过程中敷陈各种职事的乐歌。"不知不觉间，他似乎是将"社而赋事"的本义——颁布政事①——过渡到了"歌咏政事"的意义。但是，前者的"赋"是颁布（这个意义跟赋的本义"军赋"有关），后者的"赋"是歌咏，两者之间的区别还是明显的。

当然，我虽然怀疑他在解释诗篇的问题上可能混淆了"赋"的不同含义，但我并不怀疑"社而赋事"之"赋"与"登高能赋"之"赋"之间是有关联的。而这正是曹先生所主张的中心意思，我是非常赞成的。

---

① 他说"社而赋事"是"春分祭社时分配男耕女织之事"。

　　傅斯年先生在《历史语言研究所工作之旨趣》中谈到对研究材料的看法。傅先生说："凡能直接研究材料，便进步。凡间接的研究前人所研究或前人所创造之系统，而不繁丰细密的参照所包含的事实，便退步。""凡一种学问能扩张他研究的材料便进步，不能的便退步。""凡一种学问能扩充他作研究时应用的工具的，则进步，不能的，则退步。"接下来的三篇论文，都跟新材料有关，但具体来说，又不太相同。郭永秉先生的《战国工官属吏中的成童——再谈三晋铭刻中所见"孺子"的身份》，对战国文字资料中与斠量器物有关的"孺子"的身份再次进行了探讨，否定了过去对三晋铭刻中所见的部分"孺子"身份的判断，认为这些"孺子"是工官中负责诸如器物检定斠量等辅助工作的成童。在这篇论文之前，郭先生与赵平安先生一起做过一个相关工作，对战国楚系与三晋文字中的"乳"字进行了较为全面的考释清理，"基本构建起古文字'乳'字的演进系列，发掘出一批战国文字中的'乳（孺）子'资料"。其后，郭先生"陆续又见到若干关涉'乳子'的材料，通过新资料提供的新知，使我对战国时代与工官有关的'孺子'这一身份，有了进一步比较明确的认识"。这是在研究新材料的过程中发现问题，进而扩张新材料的典型例子。其中敏锐的问题意识，才是研究者最珍贵的素质。

　　王睿先生的《史记八主祭祀的钩沉与推演》，则是一篇典型的扩张研究材料的论文。因为"八主"在《史记》中的记载是很简略的，关于祭祀的起源，更是不确定的。王睿先生和他的合作团队，经过实地踏勘，逐个研究其分布、起源与演变，大大扩展了研究的材料，使得我们对于八主的认识比《史记》更丰富了。他们考察"八主"问题，是在秦汉祭祀的大背景下展开的，王睿先生在文中也谈到了八主的起源与东夷文化的关系，这既是考古学的方法，也是社会学的方法。

　　陈侃理先生整理和研究北大藏秦汉竹简已经有很多年了。他根据北大汉简《赵正书》，注意到贾谊的《过秦》篇所述史事别有所据，与《史记》多有抵牾。司马迁对这些抵牾之处并未加以删削，《过秦》篇也未按照通常的做法收入《贾谊列传》中,而是置于《秦始皇本纪》之末,充当"太史公曰"的功能。这是为什么?《司马迁与〈过秦〉篇》认为这种"非常"的做法,体现了司马迁的"微言大义":他想要借贾谊之口,表达自己对汉武帝晚年政局的批评和对武帝可能重蹈亡秦覆辙的忧虑。陈先生的论文是以坚实的史料为依据的,他的探索也是有说服力的。他在文末提出的时代的潜意识和作者个性化意识之间的关系,让我觉得此文已经超越了材料的新旧问题,表现出以学问扩充研究时所运用的工具的倾向。他说的这话尤其精彩:"《史记》的内容受所据资料制约,加之作者限于自己的身份、思想和时代,在不同的历史记忆间选取和剪裁,结果往往反映出西汉中期的'主流'观念。这是《史记》中因于时代,不由自主的部分,反映出一种'无意识'。"这对我们阅读古人的著作,无疑是有非常大的启发意义的。

程苏东先生的《"诡词"以见义:论〈太史公自序〉的书写策略》,认为司马迁有一种通过对事实的"修正"与重组,以表达特殊含义的书写策略,他说:"《自序》中对于司马氏'世典周史'、'世守天官'等家族传统的塑造,对于《孝经》所言周公孝道的重塑、'五百年'之数的提出,以及对于《春秋》、《吕氏春秋》、《韩非子》等撰述动机的重塑,都是'诡词'以见义的典型书例。"这个问题很重要,他的论述也非常有启发。我觉得这个问题本质上可能是记述的准确性与文学性之间的关系。在先秦诸子和儒家经典中,为了证明自己的观点而忽略所引事件的真实性或准确性的例子屡见不鲜。大概在早期人类社会,"理"是大于"事"的,事件往往只是停留在"故事"的层面上,为了把道理讲得更清楚,更有说服力,可以根据义理修改故事;为了把道理讲得更生动,更有吸引力,也可以增加其文学性或故事性。文学性既是人类天真的趣味,又是理解世界的最直接的方式。狡猾的古人深于此道,这大概也是《庄子》主张"得意忘言"的原因。《史记》记载的是我国的上古史,上古史离不开传说甚至神话,司马迁的历史书写原则存在的缺陷,也许也正是他的优点:正因为这种"子长好奇"的"缺陷",

才使得早期的处于传说、神话、古史之间的糊涂事件得以如其所闻的那样糊里糊涂地传承下来。这是早期古史传承的特点,不得不如此。前人虚构的故事,也是历史的一部分。对比记载西汉历史的《汉书》,这一点更容易理解。如果早期的传说和神话中有古史的影子,那么,这大概是最客观的古史记载了:信以传信,疑以传疑,糊涂以传糊涂。当然,他追溯自己的祖先的谱系是否可靠,也许还有讨论的空间,很多时候,历史也是一个"认同"的问题。我们还原历史,往往也是从那些"认同"中剥离出事实的过程。

汪春泓先生近些年来致力于《史记》、《汉书》甚勤,他的《史汉研究》是这方面的代表作,非常精彩。我觉得他尤其善于勾勒历史人物相互之间的网络关系,从而推断事件背后隐藏的利益关系和事件的发展逻辑,常常有令人耳目一新之感。《论刘向、刘歆和〈汉书〉之关系》一文,就提出了一种阅读和理解《汉书》的独特角度。他认为,读《汉书》,当以《楚元王传》为纲,并且以《五行志》等为辅佐,来观其书之结构和用心,可以起到提纲挈领的作用。刘向活跃于宣、元、成帝三朝政坛,他与他的父亲刘德经历了前汉武帝身后的重大政治斗争。刘德、刘向和刘歆并非纯然从儒家道统出发,来为民请命、仗义执言,他们主要代表刘氏宗亲一系政治和经济利益,所以刘氏不遗余力地对外戚口诛笔伐。刘向一生,堪称刘氏宗亲利益的代言人,今本《汉书》,在很大程度上,可以视作一部围绕楚元王家族(尤其是以刘德、刘向、刘歆一支)之前汉遭际为中心,所生发、结撰的政治载记。换句话说,《汉书》是刘向、刘歆为代表的楚元王一系汉室宗亲的政治经济利益的体现。

《汉书》所载西汉历史,太初以前基本上抄自《史记》,太初以后除了班氏父子之外,刘向、刘歆、冯商,也许还应该加上扬雄,都对《汉书》的成书有贡献,尤其是向、歆父子,不但是《汉书》后半部中的重要人物,而且还是《汉书》中的《五行志》、《律历志》、《艺文志》等很多部分的作者。突出向、歆父子对《汉书》的贡献,应该是没有问题的。如果说,《汉书》的后半部分,很大程度上体现了向、歆的思想和立场,我觉得是可以成立的。至于说《汉书》是站在向、歆家族的立场,可以视作一部围绕楚元王家族为中心所生发、结撰的政治载记,也许有点激进。但无论如何,汪先生的这篇论文,给我们开启了一个阅读和理解《汉书》的新的角度,这是非常珍贵的启发。他的渊博和雄辩,尤其令人印象深刻。

秦汉四百年的统一国家,建立起了一整套行之有效的政治制度和管理技术。无论是对于后代还是对于当时的周边民族,产生的影响是不可估量的。可以说,秦汉四百年,是华夏民族和文化得以确立并传承至今日的决定性历史时期。《汉书》所载的人物事件、典章制度、兴衰成败,是魏晋南北朝最直接的参考。蔡丹君先生的《北朝〈汉书〉学与北朝文学的汉代传统》,以大量的史实,论述了《汉书》和汉代故事在北朝的影响,虽然北朝未见有专门的研究《汉书》的著作,但是《汉书》不断地被引用,阐释和利用,却是一个不争的事实。作者指出,北方少数民族政权尊崇汉代最根本的目的,是为了肯定政治权力的正统性,在这个多民族融合的南北分裂时期,正统与华夷等观念被不断申明、强调,北方地区的政权纷纷向《汉书》寻求政治借鉴。同时,在文学方面,《汉书》也引导了人们对汉代文学有所推崇和继承。这篇文章史料丰富,论述充分,显示了作者深厚的文献功底。惟独在论述《汉书》如何影响北朝文学的问题上,似稍嫌薄弱,读来不太过瘾,意犹未尽。

严格说来,蔡先生此文超出了我自己限定的范围,已经进入了中古时期,好在她讲的是《汉书》和汉代传统,仍然可以算是"早期中国"这棵大树笼罩下的阴影中开出来的一朵花。我之所以选择了这一篇,是因为我很好奇,明明北朝并没有什么研究《汉书》的著作,她如何能讲北朝的"《汉书》学"?材料所缺之处,是考验历史学家的想象力和推理力的地方,真正的功力正在于此。看完蔡丹君先生的这篇论文,尽管有不少我觉得不以为然的地方,但是这种探索的勇气和技巧,还是让我深感钦佩。

以上是我学习各位先生的大作之后所产生的一点感想,只能视作读后感,其中难免浅薄错误之处,还要请各位作者和读者多多包涵,并不吝批评指正。

记得陈寅恪先生曾经说,上古史研究的史料较少,立一新说,往往难以找出反证,所以上古史的研究比较简单;中古史料渐多,立一新说,常常可被推翻,因而中古史的研究非常困难①。这话不无道理。但如果学者著书立说,并不以自圆其说为满足,而是以求真为标准,那么,在上古史领域想要有所新发现,其难无比。"溯源以求真",今日重弹罗王之老调子,也是痛感创新之难,求真之可贵。在既要求真,又要创新的学术之路上,没有朝圣般的至诚,是走不下去的。

如果这区区十一篇论文,能够在学术界激起几圈涟漪,引起一点健康的学术批评或反思,幸何如之!

2024 年 4 月 9 日

---

① 此为陈寅恪先生"隋唐史"讲课之语,见于杨联陞、周一良、卞僧慧等听课笔记,参见胡文辉编《陈寅恪语录》,上海:上海文艺出版社 2021 年版,第 49 页。诸家所记颇有出入,此处也是檃栝。先生此语,我本来只记得大要,忘记出处,承蒙陈侃理先生指明出处,不胜感谢!

目　录

释"诗者天地之心"

徐兴无

　　汉儒自董仲舒起,改造战国以来道家等诸子学说中的"天心""天地之心"等观念,强调宇宙的道德禀性,又以儒家经典配合阴阳五行推算天道,占测天心,言说灾异,"六经"遂转为政治数术。故《齐诗》与《诗纬》创言"诗者天地之心",赋予《诗三百》以宇宙意义,又以"四始""五际""六情"之说,依孟京《易》学之例,以《诗三百》为律历,占知《诗》中之"天心",推测风俗性情。"天心""天地之心"渐而流为两汉以降政治、学术、宗教之话语,至刘勰《文心雕龙》,以"天地之心"为"道心",建构"文心"之观念,于文学形上学理论贡献至大。

一、谶纬与《齐诗》

先秦两汉诗说,多以诗出乎人心,《尚书·尧典》"诗言志"为其定说,郑玄注曰:"诗,所以言人之志意也。"①《左传》《国语》皆有"诗以言志"②、"诗所以合意"③之说。然先秦两汉儒家诗说,重在教化,《毛诗序》概括道:"先王以是经夫妇,成孝敬,厚人伦,美政教,移风俗。"④盖诗有作有用,作者"在心为志,发言为诗","情动于中而形于言"⑤;用者或赋诗言志、或献诗陈志、或教诗明志,然皆"发乎情,止乎礼义"⑥。后世诗人,遂由其中自觉出抒发情感怀抱之文学意识,朱自清先生《诗言志辨》论之甚详⑦,而刘若愚先生《中国文学理论》则将"诗言志"定义为中国"早期的表现理论"、"原始主义诗观"⑧。要之,此"诗言志"之说,其志为人之心志,或为合乎礼义、合乎伦理之心志。

然汉儒又创为新说,以诗为"天地之心"、"天心"、"天志",其说渊源何自?当作何解?其说于中国后世文学有何影响?本文试作阐释。

《诗纬》之《含神雾》曰:

---

① 孔颖达《毛诗正义·诗谱序》"然则《诗》之首放于此乎"句下引。阮元校刻《十三经注疏》,北京:中华书局1980年版,第262页。
② 襄公二十七年。孔颖达《春秋左传正义》,卷三八,《十三经注疏》,第1997页。
③ 《国语·鲁语下》,上海师范大学古籍整理研究所点校,上海:上海古籍出版社1998年版,第210页。
④ 《毛诗正义》,卷一,《十三经注疏》,第270页。
⑤ 同上注。
⑥ 同上书,第272页。
⑦ 参见朱自清《诗言志》第一篇《诗言志辨》,桂林:广西师范大学出版社2004年版。
⑧ 参见刘若愚著、杜国清译《中国文学理论》,南京:江苏教育出版社2006年版,第98—102页。

> 诗者，天地之心，君德之祖，百福之宗，万物之户也。①

又曰：

> 孔子曰：诗者，天地之心。刻之玉板，藏之金府。②

清儒陈乔枞《诗纬集证》卷三释此曰：

> 诗之为学，情性而已。情性者，人所禀天地阴阳之气也。天地之气，分为阴阳，列为五行。人禀阴阳而生，内怀五性、六情。仁义礼智信谓五性，喜怒哀乐好恶谓六情。六情所以扶成五性，性情各正，万化之原也……《诗》止性情而厚人伦，美教化而移风俗，推四始之义，明五际之要，此圣人所以统天地之心，顺阴阳之理，慎德行之用，著善恶之归，为万物获福于无方之原，故纬言此以明之。③

陈氏以为，"天地之心"即是人心，而人之性情，通于天地阴阳之气，圣人以《诗》教化人伦，即为统天地之心。陈氏虽云"汉世纬学多用《齐诗》"④，然《齐诗》缘何有此观念，缘何以阴阳五行阐释"五性""六情"，以与《齐诗》"四始""五际"说相配合，陈氏并未详加疏证，则其思想史的价值未能得以揭示，其中话语尚待推考。

---

① 安居香山、中村璋八《纬书集成》，上册，石家庄：河北人民出版社 1994 年版，第 464 页。按：本文所引谶纬悉据安居香山、中村璋八《纬书集成》，除有异文，不注明原始出处。
② 《纬书集成》，第 464 页。按：此条出《太平御览》卷八〇四《珍宝部》三引。《后汉书·崔骃列传》"乃将镂玄珪，册显功"李贤注引《诗含神雾》曰："刻之玉版，臧之金府"。范晔撰，李贤等注《后汉书》，卷五二，北京：中华书局 1965 年版，第 1713 页。
③ 清道光二十六年小嫏嬛馆刻本。
④ 《诗纬集证》，卷三，释"诗者持也"条。

汉儒视谶纬为"孔丘秘经,为汉赤制"①、"秘书微文"②、"谶书秘文"③,以纬学为"内学"④。上引《含神雾》两条,实为《齐诗》之说,《含神雾》中又有:

> 集微揆著,上统元皇,下序四始,罗列五际。⑤

故"四始""五际""天地之心"诸说均出自《齐诗》。按《汉书·眭两夏侯京翼李传》载翼奉上疏元帝曰:

> 臣闻之于师曰:天地设位,悬日月,布星辰,分阴阳,定四时,列五行,以视圣人,名之曰道。圣人见道,然后知王治之象,故画州土,建君臣,立律历,陈成败,以视贤者,名之曰经。贤者见经,然后知人道之务,则《诗》《书》《易》《春秋》《礼》《乐》是也。《易》有阴阳,《诗》有五际,《春秋》有灾异,皆列终始,推得失,考天心,以言王道之安危。⑥

《匡张孔马传》载匡衡上疏成帝曰:

> 臣又闻之师曰:"妃匹之际,生民之始,万福之原。"婚姻之礼正,然后品物遂而天命全。孔子论《诗》以《关雎》为始,言太上者民之父母,后夫人之行不侔乎天地,则无以奉神灵之统,而理万物

---

① 《后汉书·苏竟杨厚传》,卷三〇上,第 1043 页。
② 《论衡·效力篇》:"孔子,周世多力之人也,作《春秋》,删'五经',秘书微文,无所不定。"黄晖《论衡校释》,卷一三,北京:中华书局 1990 年版,第 580 页。
③ 《论衡·实知篇》:"谶书秘文,远见未然,空虚暗昧,豫睹未有,达闻暂见。"同上书,卷二六,第 1072 页。
④ 《后汉书·方术传》:"自是习为内学,尚奇文,贵异数,不乏于时矣。"《后汉书》,卷七二上,第 2705 页。
⑤ 《纬书集成》,上册,第 464 页。
⑥ 《汉书》,卷七五,北京:中华书局 1962 年版,第 3172 页。

之宜。……臣闻"六经"者,圣人所以统天地之心,著善恶之归,明吉凶之分,通人道之正,使不悖于其本性者也。故审六艺之指,则天人之理可得而和,草木昆虫可得而育,此永永不易之道也。①

据翼、匡之言可知,"神灵之统"即诗纬中所言"君德之祖";"万福之原"即诗纬中所言"百福之宗";"万物之宜"即诗纬所言"万物之户"。圣人以"六经""统天地之心"、"考天心",故须审"六艺(六经)之指"而得"天人之理",此理于《易》则为阴阳;于《春秋》则为灾异,而于《诗》则为"四始""五际"。故谶纬之中,不仅以《诗》为"天地之心",又以《易》考知"天心"。《易纬乾凿度》曰:"《易历》曰:'阳纪天心'。"②《易纬是类谋》曰:"命机之运,由孔出。天心表úr,悉如《河》《洛》命纪,通终命苞。"郑玄注曰:"纪数天之运,皆孔子出天之心意。"③

汉儒经学讲论阴阳五行,推测灾异祸福,当始自董仲舒。《汉书·五行志上》:"景、武之世,董仲舒治公羊《春秋》,始推阴阳,为儒者宗。"④《汉书·儒林传》载《齐诗》先师为辕固生,为景帝时的博士,武帝时复以贤良征,"诸儒多嫉毁固老,罢归之。时固已九十余矣"⑤,其人较之董仲舒当为前辈宿儒,故其诗学尚不涉及阴阳灾异之说。至其弟子夏侯始昌,《齐诗》遂有创发,《汉书·儒林传》载:"诸齐以《诗》显贵,皆固之弟子也。昌邑太傅夏侯始昌最明。"⑥《眭两夏侯京翼李传》载其:"通'五经',以《齐诗》《尚书》教授。自董仲舒、韩婴死后,武帝得始昌,甚重之。始昌明于阴阳……族子胜亦以儒显名……

---

① 《汉书》,卷八一,第3342—3343页。
② 《纬书集成》,上册,第43页。
③ 同上书,第284—285页。
④ 《汉书》,卷二七,第1317页。
⑤ 同上书,卷八八,第3612页。
⑥ 同上注。

从始昌受《尚书》及《洪范五行传》,说灾异。"①故始昌继董仲舒之后,发明《齐诗》与《尚书·洪范》中的天人之理。夏侯始昌授《齐诗》于后仓,后仓授翼奉、萧望之、匡衡等,匡衡又授师丹、伏理等,"由是《齐诗》有翼、匡、师、伏之学"②。翼、匡上疏皆称师说,其师当为夏侯或后仓。

且《齐诗》远绍《公羊》,旁通京氏《易》。《汉书·儒林传》载胡毋生与董仲舒同业,治公羊《春秋》,景帝时与董仲舒同为博士,后归教于齐,授东海嬴公等。嬴公授东海孟卿。孟卿又从萧奋受《礼》,授后仓。后仓创为后氏《礼》,昭帝时立于学官,故夏侯始昌弟子后仓之学亦渊源于《公羊》。《汉书·儒林传》又载孟卿又以《礼》与《春秋》多而繁杂,命其子孟喜从田王孙受《易》,创为孟氏《易》。焦赣(延寿)从其问学,京房又从焦赣受《易》,创为京氏《易》,宣、元以后皆立于学官,故《齐诗》与孟、京《易》学声气相通。《汉书》以《公羊》之眭孟,《尚书》之两夏侯、李寻,《易》之京房,《诗》之翼奉等同传,以其皆为善"推阴阳言灾异","纳说时君著明"者③,因此,倘考察《齐诗》之说,当旁及《公羊》、孟京《易》学等汉儒经说,方可得其肯綮。

二、"天心"、"天地之心"

"天心"与"天地之心"始见诸战国秦汉间文献,多属道家和阴阳家思想中的天道观念。这是一种新天道观,以"道"作为宇宙万物的根本和法则,《韩非子·解老》曰:"道者,万物之所然也,万理之所稽也。理者,成物之文也;道者,万物之所以成也。"④宇宙万物的构成和

---

① 《汉书》,卷七五,第3154页。
② 同上书,卷八八,第3613页。
③ 《眭两夏侯京翼李传·赞》,《汉书》,卷七五,第3195页。
④ 王先慎《韩非子集解》,北京:中华书局1998年版,第146—147页。

运行形式是阴阳五行,《解老》又曰:

> 天得之以高,地得之以藏,维斗得之以成其威,日月得之以恒其光,五常得之以常其位,列星得之以端其行,四时得之以御其变气,轩辕得之以擅四方,赤松得之与天地统,圣人得之以成文章。①

天地、日月、五常、四时、四方诸物并举,是战国时期宇宙论的话语特征,正如史华慈指出的那样,诸子百家当中"存在着这样一整套术语词汇,它们最终会获得相当不同的思想模式的认同。这些术语本身表现出了如下的特点:尽管它们也许拥有某些共同的涵义,但仍然可以导向极其不同的解释方向和侧重点"②。而在《管子》《吕氏春秋》《淮南子》等战国秦汉间文献中,讨论宇宙发生与构成时,大都排比宇宙万物,归纳到阴阳五行的严整框架中,甚至据此抛弃卜筮而占测天道。《管子·五行》曰:

> 故通乎阳气,所以事天也,经纬日月,用之于民;通乎阴气,所以事地也,经纬星历,以视其离。通若道然后有行,然则神筮(当为"筴")不灵(当为"筮"),神龟衍(当在下文"泽"字上)不卜,黄帝(二字衍)泽(读"释")参,治之至也(疑"衍释参"句,尚有脱字)。③

---

① 《韩非子集解》,第147页。

② 本杰明·史华慈(Benjamin I. Schwartz)著、程钢译《古代中国的思想世界》,第五章,南京:江苏人民出版社2004年版,第181页。原文见 Benjamin I. Schwartz, *The World of Thought in Ancient China.* (Camberidge, Massachusetts:Harvard University Press, 1985), p.174.

③ 颜昌峣《管子校释》引陈氏(奂)云:"此文及注,错误不可读。筮当为筴,灵当为筮,衍字当在下句内,黄帝二字又涉下文而衍。泽,读释。释犹舍也。凡每卜筮,必会人参立而占之。不筮不卜,故推演舍参,言不用设立占人以推衍也。"卷一四,长沙:岳麓书社1996年版,第363、364页。

因此，这种天道观念中的"天"，是自然之"天"，非西周宗法礼乐文化意涵中的上帝鬼神，故"天心"一词多见诸道家、阴阳家以及根据道家创发的法家之书，用以比喻天道。如《管子·版法解》：

> 法者，法天地之位，象四时之行，以治天下……故曰："凡将立事，正彼天植。"天植者，心也。天植正则不私近亲，不孽疏远……欲见天心，明以风雨。故曰："风雨无违，远近高下，各得其嗣。"①

又如《文子》一书，亦颇有此语。《道原》篇云："真人者……怀天道，包天心，嘘吸阴阳，吐故纳新，与阴俱闭，与阳俱开，与刚柔卷舒，与阴阳俯仰，与天同心，与道同体。"②《精诚》篇云："故大人，与天地合德，与日月合明，与鬼神合灵，与四时合信，怀天心，抱地气，执冲含和，不下堂而行四海，变易习俗，民化迁善，若出诸己，能以神化者也。"③《上仁》篇云："故不言而信，不施而仁，不怒而威，是以天心动化者也。"④《上礼》篇云："圣人初作乐也，以归神杜淫，反其天心。"⑤《淮南子》中亦有所见。《泰族》篇云："故圣人者，怀天心，声然能动化天下者也。"⑥《要略》篇云："乃原心术，理情性，以馆清平之灵，澄澈神明之精，以与天和相婴薄。所以览五帝三王，怀天气，抱天心，执中含和，德形于内，以莙凝天地，发起阴阳。"⑦儒家论礼说诗，亦有承道家意义之

① 《管子校释》，卷二一，第510页。
② 杜道坚《文子缵义》，卷一，《四部备要》本。
③ 同上书，卷二。按，《淮南子·泰族》作："故大人者，与天地合德，日月合明，鬼神合灵，与四时合信，故圣人怀天气，抱天心，执中含和，不下庙堂而衍四海，变习易俗，民化而迁善，若性诸己，能以神化也。"
④ 同上书，卷一〇。按，此句亦见诸《淮南子·泰族》。
⑤ 同上书，卷一二。按，《淮南子·泰族》作："唯圣人能盛而不衰，盈而不亏。神农之初作琴也，以归神；及其淫也，反其天心。"
⑥ 刘文典《淮南鸿烈集解》，北京：中华书局1989年版，第664页。
⑦ 同上书，第706页。

"天心"者。如《说苑·反质》曰："圣王承天心,制礼分也。凡古之卜日者,将以辅道稽疑,示有所先,而不敢自专也。"又曰:"《诗》云:'尸鸠在桑,其子七兮。淑人君子,其仪一兮。'《传》曰:'尸鸠之所以养七子者,一心也。君子之所以理万物者,一仪也。以一仪理物,天心也。五者不离,合而为一,谓之天心。'"①

钱宾四先生指出:"《易传》与《戴记》之宇宙论,实为晚周以迄秦皇汉武间儒家所特创,又另成为一种新的宇宙论。此种新宇宙论,大体乃采用道家特有之观点,而又自加以一番之修饰与改变,求以附合儒家人生哲学之需要而完成。"②故"天地之心"亦早现于这两部儒家文献中。

《易·复卦·彖传》曰:

> 反复其道,七日来复,天行也。利有攸往,刚长也。复,其见天地之心乎?③

《礼记·礼运》曰:

> 故人者,其天地之德,阴阳之交,鬼神之会,五行之秀气也……故人者,天地之心也,五行之端也,食味、别声、被色而生者也。④

"天心"不仅在天道中显现,亦体现为人类和人心,天与人在阴阳

---

① 向宗鲁《说苑校证》,卷二〇,北京:中华书局 1987 年版,第 512—513 页。
② 钱穆《〈易传〉与〈小戴礼记〉中之宇宙论》,载《中国学术思想史论丛·卷二》,合肥:安徽教育出版社 2004 年版,第 19 页。
③ 《周易正义》,卷三,《十三经注疏》,第 38 页。
④ 《礼记正义》,卷二二,《十三经注疏》,第 1423—1424 页。按,《大戴礼记》卷一一《少閒》亦云:"成汤卒受天命……发厥明德,顺民天心嗇地,作物配天,制典慈民。"王聘珍《大戴礼记解诂》,北京:中华书局 1983 年版,第 218—219 页。

五行构成的宇宙中同构相应,因而人道与伦理亦同侔于天道,此是儒家对于宇宙论的一大创发,而汉儒进而赋予天心以道德内涵。董仲舒始定"天心"为"仁"。《春秋繁露·俞序》曰:

> 《春秋》之道,大得之,则以王;小得之,则以霸。故曾子、子石,盛美齐侯安诸侯,尊天子。霸王之道,皆本于仁。仁,天心,故次以天心。①

他援用《墨子》中的"天志"一词代称"天心",《天地阴阳》篇曰:

> 天志仁,其道也义。②

故天之心为仁,天之道为义,天道即上引《象传》中所言"天行"。天有仁义二德,乃分而言之;若总而言之,天唯有一仁而已。《王道通三》篇曰:

> 是故王者唯天之施,施其时而成之,法其命而循之诸人,法其数而以起事,治其道而以出法,治其志而归之于仁。仁之美者在于天。天,仁也。③

由此可见,天即是仁,故天心与民志皆为仁。而董仲舒归仁于天,非唯思想的表述,且为推考天意、天志之术确立前提。《汉书·董仲舒传》载其《对策》曰:

> 陛下发德音,下明诏,求天命与情性,皆非愚臣之所能及也。

---

① 苏舆撰、钟哲点校《春秋繁露义证》,卷六,北京:中华书局1992年版,第161页。
② 同上书,卷一七,第467页。
③ 同上书,卷一一,第329页。

臣谨案《春秋》之中，视前世已行之事，以观天人相与之际，甚可畏也。国家将有失道之败，而天乃先出灾害以谴告之，不知自省，又出怪异以警惧之，尚不知变，而伤败乃至。以此见天心之仁爱人君而欲止其乱也。①

董仲舒不仅开创以《春秋》推证灾异，测知天意之术，且以《诗》作为占测之具。《春秋繁露·尧舜不擅移汤武不专杀》曰：

> 《诗》云："殷士肤敏，祼将于京。侯服于周，天命靡常。"言天之无常予，无常夺也。②

《必仁且智》篇曰：

> 灾者，天之谴也；异者，天之威也。谴之而不知，乃畏之以威。《诗》云："畏天之威"，殆此谓也。③

《天道无二》篇曰：

> 天之常道，相反之物也，不得两起，故谓之一。一而不二者，天之行也……人孰无善？善不一，故不足以立身。治孰无常？常不一，故不足以致功。《诗》云："上帝临汝，无二尔心。"知天道者之言也。④

《循天之道》篇曰：

---

① 《汉书》，卷五六，第 2498 页。
② 《春秋繁露义证》，卷七，第 220 页。
③ 同上书，卷八，第 259 页。
④ 同上书，卷一二，第 345—347 页。

夫德莫大于和,而道莫正于中。中者,天地之美(苏舆曰:"美"下疑夺一字)达理也,圣人之所保守也。《诗》云:"不刚不柔,布政优优。"此非中和之谓与?①

《天地阴阳》篇曰:

《春秋》举世事之道,夫有书天(卢文弨疑此处文有脱误)之尽与不尽,王者之任也。《诗》云:"天难谌斯,不易维王。"此之谓也。夫王者不可以不知天。知天,诗人之所难也。天意难见也,其道难理。是故明阴阳、入出、实虚之处,所以观天之志。辨五行之本末顺逆、小大广狭,所以观天道也。②

故在董仲舒看来,诗人正是知天心、知天道的人,而谶纬《齐诗》所谓"天心""天地之心"均承其绪而来,而如何"推得失,考天心"? 如何"统天地之心,著善恶之归,明吉凶之分,通人道之正,使不悖于其本性"?《齐诗》用力于此,遂将《诗三百》创发为律历占候之术。

三、"四始""五际""六情"

《齐诗》发明的《诗经》占候之术为"四始""五际"之说。《睢两夏侯京翼李传》载元帝初元元年地震,翼奉奏《封事》曰:

臣奉窃学《齐诗》,闻五际之要《十月之交》篇,知日蚀、地震之效昭然可明,犹巢居知风,穴处知雨,亦不足多,适所习耳。③

---

① 《春秋繁露义证》,卷一六,第444页。
② 同上书,卷一七,第467页。
③ 《汉书》,卷七五,第3173页。

《诗汜历枢》曰：

> 《大明》在亥，水始也。《四牡》在寅，木始也。《嘉鱼》在巳，火始也。《鸿雁》在申，金始也。①
>
> 卯酉为革政，午亥为革命，神在天门，出入候听。②
>
> 卯，《天保》也；酉，《祈父》也；午，《采芑》也；亥，《大明》也。然则亥为革命，一际也。亥又为天门，出入候听，二际也。卯为阴阳交际，三际也。午为阳谢阴兴，四际也。酉为阴盛阳微，五际也。③

《诗推度灾》亦曰：

> 建四时五际而八节通。卯酉之际为革政，午亥之际为革命。神在天门，出入候听。④
>
> 王者布德于子，治成于丑。兴运于寅，施化于卯。成纪于辰，震威于巳。德王于午，故子者孳也，自是渐孳生也。⑤
>
> 《十月之交》，气之相交，周十月，夏之八月。⑥

"四始"之说初见《史记·孔子世家》引孔子曰："《关雎》之乱以为《风》始，《鹿鸣》为《小雅》始，《文王》为《大雅》始，《清庙》为《颂》始。"⑦《齐诗》中则以其为天道德运之始，依律历学以十二地支划分时

---

① 《纬书集成》，上册，第 480 页。
② 同上注。按《后汉书·郎颛传》载郎颛曰："《诗汜历枢》曰：'卯酉为革政，午亥为革命。神在天门，出入候听。'言神在戌亥，司候帝王兴衰得失，厥善则昌，厥恶则亡。"《后汉书》，卷三〇下，第 1065 页。
③ 《纬书集成》，上册，第 480—481 页。
④ 同上书，第 469 页。
⑤ 同上书，第 475 页。
⑥ 同上书，第 469 页。
⑦ 司马迁《史记》，卷四七，北京：中华书局 1959 年版，第 1936 页。

空,配之以五行与《诗》篇,则亥、子、丑为水,亥为水始为《大明》;寅、卯、辰为木,寅为木始为《四牡》;巳、午、未为火,巳为火始为《嘉鱼》;申、酉、戌为金,申为金始为《鸿雁》;而辰、戌、丑、未皆为土。

"五际"则为阴阳交际之时节。清儒迮鹤寿《齐诗翼氏学》推考《齐诗》"四始五际"之术,以翼奉上封事,言"五际之要《十月之交》篇"在初元二年,是年岁在甲戌,《十月之交》当为戌土之际①。《汉书·睂两夏侯京翼李传》"《诗》有五际"颜师古注引孟康注云:"《诗内传》曰:'五际,卯酉午戌亥也,阴阳终始际会之岁,于此则有变改之政也。'"②故迮氏以"五际"之说非如《诗汜历枢》所言亥兼两际,当依翼奉与孟康注。陈乔枞《诗纬集证》亦以"《毛诗大序》正义引《诗汜历枢》"之说"于义为疏",认为:"戌、亥皆为天门,亥为革命,当一际,则天门候听,宜以戌当一际矣。"③

总之,"四始五际"之说,乃为运用阴阳五行占测天道之诗学,与汉代《易》学以乾坤八卦配阴阳五行,《春秋》学以春秋四时配阴阳五行,《书》学以《洪范》五行配阴阳五行如出一辙。陈乔枞释《诗推度灾》"建四始五际而八节通"曰:

> 考《易纬通卦验》,以八卦气配八节,始于乾主立冬,终于兑主秋分;始于乾者,乾在亥位,即《诗》"四始"之以亥为始也;终于兑者,兑居酉位,即《诗》"五际"之以酉为终也。周天三百六十五日四分日之一,一阴一阳,分之各得一百八十二日有奇;分为时得九十一日有奇;四正分而成八节,节四十五日二十一分;八节各三分之,各得十五日七分而为一气。《诗》之"始"、"际",集微揆著。天道三微而成著,三著而成体分,满三十二为一日,五日为微成一候,三微成著,则十五日为一气;三著成体,则四十五日为一

---

① 《清经解续编》,卷八四八,第17页。
② 《汉书》,卷七五,第3173页。
③ 《诗推度灾》,《诗纬集证》,卷一,释"建四始五际而八节通"条。

节。阴阳代嬗而成一岁,岁有四时,立为八节,以定二十四气而应七十二候。推而演之,自十一月冬至至正月立春,亦谓之三微之月,其间相距四十五日,则十五日为一微;四十五日成一著;三著体成;至四月为乾,纯阳之象也。故十一月、十二月、十三月,三正之始,皆为三微之月。又推之三统之正,若循连环,周则又始,得亦三微而成一著。五德之运,千五百二十岁(案:"岁"后似缺"一"字)纪,三纪四千五百六十岁,复于青龙为元,此五行相代,一终之大数,是亦三著而体成也。圣人受命而王,莫不承天地,法五行,修五事,而御宇宙,养苍生者也。四时之运,成于五行;五行之气,资于阴阳。"四始""五际"者,所以明阴阳五行、终始盛衰之理,建"四始""五际"而八节通。所谓尚消息盈虚,以裁成天地之道;辅相天地之宜,以左右民也。①

八卦配八节,出孟京《易》学和《易纬》,故《齐诗》之术,模仿《易》学以卦气配律历之法,以《诗》篇当卦爻。迮鹤寿认为,《齐诗》讲"四始五际"专用"二《雅》":

十五国风,诸侯之风也;三颂,宗庙之乐也;唯二《雅》皆述王者之命运政教,四始五际,专以阴阳之终始际会,推度国家之吉凶休咎,故止用二《雅》。亥,《大明》也;寅,《四牡》也;巳,《嘉鱼》也;申,《鸿雁》也。四始四部皆《雅》诗也。卯,《天保》也;酉,《祈父》也;午,《采芑》也;亥,《大明》也;戌,《十月之交》也。五际五部亦《雅》诗也。②

又曰:

---

① 《诗推度灾》,《诗纬集证》,卷一,释"建四始五际而八节通"条。
② 《清经解续编》,卷八四八,第 16 页。

二《雅》之诗百十一篇,分为八部,各从其部首,次第循环,数之各满其部之篇数,以下即为别部。①

"四始五际"皆推测得失成败之时,预知帝王改政革命之际。比如其以《大明》在亥,亥为革命,缘《大雅·大明》歌"肆伐大商,会朝清明",当武王革商之时。当然,革命之诗属于权变之象,而王道流行方为正经,故《诗推度灾》云"王者布德于子,治成于丑。兴运于寅,施化于卯。成纪于辰,震威于巳。德王于午",自子至午,皆为阳道。如董仲舒所云"阳者天之德也,阴者天之刑也"②,"天之任阳不任阴,好德不好刑","阳出而前,阴出而后,尊德而卑刑之心见矣"③,故王道居阳,"任阳不任阴",乃"天心"为仁之体现。

《齐诗》和《诗纬》中或有不限于二《雅》,而全用《诗三百》当六十四卦三百八十四爻以推求天心之法,如《诗推度灾》曰:

《关雎》恶露,乘精随阳而施,必下就九渊,以复至之月,鸣求雄雌。(宋均曰:随阳而施,随阳受施也。渊,犹奥也,九奥也,九喻所在深邃。复卦冬至之月。鸣求雄雌。鸣,鸣鸣相求者也。)④

孟京《易》学和《易纬》中以六十四卦气当值一岁,每月五卦,每卦六日七分,其中复、临、泰、大壮、夬、乾、姤、遁、否、观、剥、坤为十二月之"辟卦"或"天子卦",各主一月。十一月即冬至子月,乃一年之始,当值之卦为未济、蹇、颐、中孚、复,以复为辟卦,故曰"复至之月"或"复卦冬至之月"。《易·复卦·象传》"反复其道,七日来复",王弼注曰:"阳气始剥尽至来复时,凡七日。"孔颖达《正义》谓王弼注以"阳

---

① 《清经解续编》,卷八四八,第18页。
② 《阴阳义》,《春秋繁露义证》,卷一二,第341页。
③ 《天道无二》,同上书,第345页。
④ 《玉烛宝典》,卷一一引,商务印书馆《丛书集成初编》据《古逸丛书》本影印,《丛书集成初编》,第1339册,第367页。

气始于剥尽之后,至阳气来复时,凡经七日",乃用《易纬》之说,《正义》曰:

> (王弼注)用《易纬》六日七分之义,同郑康成之说。但于文省略,不复具言。案《易纬稽览图》云:"卦气起中孚。"故离、坎、震、兑,各主其一方,其余六十卦,卦有六爻,爻别主一日,凡主三百六十日。余有五日四分日之一者,每日分为八十分,五日分为四百分四分日之一又为二十分,是四百二十分。六十卦分之,六七四十二卦,别各得七分,是每卦得六日七分也。剥卦阳气之尽在于九月之末,十月当纯坤用事。坤卦有六日七分。坤卦之尽,则复卦阳来,是从剥尽至阳气来复,隔坤之一卦六日七分,举成数言之,故辅嗣言"凡七日"也。

《关雎》为《诗三百》之首,故当此复卦之位。《诗》计三百零五篇,近乎一岁日数,倘以一篇当值一日有余,亦近乎一卦六爻当值六日七分。此条见诸《玉烛宝典》的材料,不见迮氏、陈氏之考,亦无法复原其全貌,然足以据此推断《齐诗》或《诗纬》中有此占测"复,其见天地之心乎"之术。

《礼稽命征》曰:"王者制礼作乐,得天心,则景星见。"[1]《诗》既为"天地之心"、"天心",则与天文星象密切相关。《春秋说题辞》曰:

> 诗者,天文之精,星辰之度,在事为诗,未发为谋,恬淡为心,思虑为志,故诗之为言志也。[2]

律历星占之术以分野上应天官,推人间灾异祸福,故亦以《诗》之

---

① 《纬书集成》,中册,第510页。
② 《纬书集成》,中册,第856页。

封国对应占测,知民之情性声气风俗。《诗含神雾》曰:

> 齐地,处孟春之位。海岱之间,土地污泥,流之所归,利之所聚。律中太簇,音中宫角。
>
> 陈地,处季春之位,土地平夷,无有山谷,律中姑洗,音中宫徵。
>
> 曹地,处季夏之位,土地劲急,音中徵,其声清以急。
>
> 秦地,处中秋之位,男懦弱,女高臁,白色秀身,律中南吕,音中商,其言舌举而仰,声清以扬。
>
> 唐地,处孟春之位,得常山、太岳之风,音中羽。其地硗确而收,故其民俭而好畜,外急而内仁。
>
> 魏地,处季冬之位,土地平夷。
>
> 邶、鄘、卫、王、郑,此五国者,千里之城,处州之中,名曰地轴。
>
> 郑,代己之地也,位在中宫,而治四方,参连相错,八风气通。①

又《诗推度灾》曰:

> 邶国结蝓之宿,鄘国天汉之宿,卫国天宿斗衡,王国天宿箕斗,郑国天宿斗衡,魏国天宿牵牛,唐国天宿奎娄,秦国天宿白虎,气生玄武,陈国天宿大角,桧国天宿招摇,曹国天宿张弧。②

班固《汉书·地理志》亦承此《诗经》分野之学,以"民函五常之

---

① 《纬书集成》,上册,第460—461页。按,黄奭《黄氏逸书考》辑《诗含神雾》"白色秀身"下有"律中南吕",自注"四字从《书钞》增";"民俭而好畜"下有"外急而内仁",自注"五字从《太平寰宇记》增"。皆据补。《易纬·诗纬·礼纬·乐纬》,上海古籍出版社1993年影印1934年江都朱氏补刊《黄氏逸书考》本,第3页。

② 同上书,第472页。

性,而其刚柔缓急,音声不同,系水土之风气,故谓之风"①,于秦、魏、周、韩、赵、燕、齐、鲁、宋、卫、楚、吴、粤诸地,先述其星占分野,再述其在《诗》之封国、历史,人民的性情与风俗,多引《诗》为证。

儒家既以人为"五行之秀","天地之心",则人之性情亦具宇宙之义。《礼记·礼运》曰:"故圣人作则,必以天地为本,以阴阳为端,以四时为柄,以日星为纪,月以为量,鬼神以为徒,五行以为质,礼义以为器,人情以为田。"②《乐记》曰:"本之情性,稽之度数,制之礼义,合生气之和,道五常之行。"③董仲舒曰:"仁贪之气,两在于身。身之名取诸天,天两有阴阳之施;身亦两有贪仁之性。天有阴阳禁,身有情欲桎,与天道一也。……身之有性情,若天之有阴阳也。"④而《诗》《书》《礼》《乐》皆是正情性之术。《汉书·匡张孔马传》载匡衡上疏元帝曰:

> 《诗》始《国风》,《礼》本《冠》《婚》。始乎《国风》,原情性而明人伦也。⑤

故在《齐诗》与谶纬,人之性情,亦可以阴阳五行、律历数术推测节制。隋萧吉《五行大义》第十八《论情性》引翼奉曰:

> 五行在人为性,六律在人为情。性者,仁、义、礼、智、信也,情者,喜、怒、哀、乐、好、恶也。五性处内御阳,喻收五藏;六情处外御阴,喻收六体。故情胜性则乱,性胜情则治。性自内出,情从外来,情性之交,间不容系。⑥

---

① 《汉书》,第 1640 页。
② 《礼记正义》,卷二二,《十三经注疏》,第 1424 页。
③ 《礼记正义》,卷三八,《十三经注疏》,第 1535 页。
④ 《深察名号》,《春秋繁露义证》,卷一〇,第 294—299 页。
⑤ 《汉书》,卷八一,第 3340 页。
⑥ 钱杭点校《五行大义》,卷四,上海:上海书店出版社 2001 年版,第 106 页。

《诗》中亦有五行五性、六律六情，五者为"五际"，六者为"六情"或"六义"，以此推测人的性情。《毛诗正义》释《诗大序》"是谓四始，《诗》之至也"曰：

> 又郑（玄）作《六艺论》，引《春秋纬·演孔图》云："《诗》含五际、六情"者……其六情者，则《春秋》云"喜、怒、哀、乐、好、恶"是也。①

《文选》卷一七陆机《文赋》"及其六情底滞"，李善注曰：

> 《演孔图》曰："《诗》含五际六情，绝于申。"宋均曰："申，申公也。"仲长子《昌言》曰："喜、怒、哀、乐、好、恶，谓之六情。"②

"六情"亦释为"六义"。《初学记》卷二一《文部·经典第一》"五际六情"引宋均注曰：

> 六情即六义也。一曰风，二曰赋，三曰比，四曰兴，五曰雅，六曰颂。③

《汉书·眭两夏侯京翼李传》载翼奉对元帝问曰："《诗》之为学，情性而已。五性不相害，六情更兴废。观性以历，观情以律，明主所宜独用，难与二人共也。"又陈其术曰：

---

① 《毛诗正义》，卷一，《十三经注疏》，第 272 页。
② 萧统编、李善注《文选》，卷一七，上海：上海古籍出版社 1986 年版，第 772 页。陈乔枞《齐诗翼氏学疏证·一》曰："宋均云：'申，谓申公也。'申公之说《诗》，不云五际六情之说，与《齐诗》异义，故《演孔图》云然耳。"《清经解续编》卷一一七六，第 97 页。
③ 按，《太平御览》卷六〇九《学部》引《春秋演孔图》文，将此宋均注误入正文。

臣闻之于师,治道要务,在知下之邪正。我诚乡正,虽愚为用;若乃怀邪,知益为害。知下之术,在于六情十二律而已。北方之情好也;好行贪狼,申子主之。东方之情,怒也;怒行阴贼,亥卯主之。贪狼必待阴贼而后动,阴贼必待贪狼而后用,二阴并行,是以王者忌子卯也。《礼经》避之,《春秋》讳焉。南方之情,恶也;恶行廉贞,寅午主之。西方之情,喜也;喜行宽大,巳酉主之。二阳并行,是以王者吉午酉也。《诗》曰:"吉日庚午。"上方之情,乐也;乐行奸邪,辰未主之。下方之情,哀也;哀行公正,戌丑主之。辰未属阴,戌丑属阳,万物各以其类应。今陛下明圣虚静以待物至,万事虽众,何闻而不谕,岂况乎执十二律而御六情!①

四、"文心"与"道心"

"天地之心""天心"等观念本为不断建构之话语,故亦随语境之变迁而转化。谶纬之外,这些观念集中体现于汉代及后世的政治、学术、宗教与文学之中。

汉儒通经致用,经学成为政治的根据,至"以《禹贡》治河,以《洪范》察变,以《春秋》决狱,以三百五篇当谏书"②,检点史籍,可见董仲舒《对策》之后,"天心""天地之心"之辞,屡见于诏令奏议,流行为政治话语,两《汉书》、两《汉纪》乃至后世有关政治、社会生活的史籍所载,不胜枚举,兹不赘列。

儒学亦以汉儒创发之"天心"理解传统经典中相关概念。所谓"考之文理,稽之《五经》,揆之圣意,以参天心"③。如《论语·尧曰》

---

① 《汉书》,卷七五,第3167—3168页。
② 皮锡瑞《经学历史》,北京:中华书局1959年版,第90页。
③ 《眭两夏侯京翼李传》,《汉书》,卷七五,第3184页。

曰:"敢昭告于皇皇后帝:有罪不敢赦。帝臣不蔽,简在帝心。"①按"帝心"一词亦见《墨子·兼爱下》引汤之言曰:"有善不敢蔽,有罪不敢赦,简在帝心。"②"帝心"即"上帝之心",《尚书·汤诰》曰:"尔有善,朕弗敢蔽;罪当朕躬,弗敢自赦,惟简在上帝之心。"孔颖达《正义》引郑玄注《论语》云:"简阅在天心,言天简阅其善恶也。"③则郑玄以"天心"释"帝心"。此外,在后世的《易》学、宋明理学中,"天心"与"天地之心"乃关涉天道与天理之重要观念,讨论频繁,兹亦不展开论述。

汉代道教文献中亦多"天心""天地之心",然其义仍承接先秦道家之绪。如《老子河上公章句》云"一人吁嗟,则失天心"④。严遵《老子指归》更为多见。如《身名孰亲》篇云"圣人上原道德之意,下揆天地之心"⑤。《天下有道》篇云:"天心和洽,万物丰熟,嘉祥屡臻,吉符并集,非天降福,世主道德也。"⑥唯其为宗教,其"天心"已被神化为有天的意志,东汉道经《太平经》出现之时,正值谶纬流行之际,其中"天心"、"天地之心"等观念层出不穷,影响了后世道经。《太平经》将"天"视为包含儒道思想的道德象征,其阴阳五行观念和占测法术皆受汉儒经学与纬学的影响。如《太平经钞》己部《阳尊阴卑诀》曰:"天者,仁贤明儒道术圣智也……是以古者圣人独深知皇天意。"⑦又以道经为"得天心"之文。如丙部《试文书大信法》曰:"试取上古人所案行得天心而长吉者书文,复取中古人所案行得天心者书策文,复取下古

---

① 邢昺《论语注疏》,卷二〇,《十三经注疏》,第 2535 页。
② 孙诒让《墨子间诂》,卷四,北京:中华书局 1986 年版,第 113 页。
③ 孔颖达《尚书正义》,卷八,第 162 页。
④ 王卡点校《任契》,《老子河上公章句》,卷四,北京:中华书局 1993 年版,第 301 页。
⑤ 严遵著、王德有点校《老子指归》,卷二,北京:中华书局 1994 年版,第 24 页。"天地之心",又见《以正治国》《善为道者》《用兵》诸篇。
⑥ 严遵著、王德有点校《老子指归》,卷二,北京:中华书局 1994 年版,第 29 页。"天心"又见《上德不德》《大成若缺》《为学日益》《圣人无常心》《方而不割》《天下谓我》《勇敢》诸篇。
⑦ 王明编《太平经合校》,北京,中华书局 1960 年版,第 388—389 页。

人所思务行得天意而长自全者文书,宜皆上下流视考之,必与重规合矩无殊也。"①又如己部《拘校三古文法》曰:"是故正言正文,乃见是正天地之心也。"②

　　然而就"诗者天地之心"而言,此虽为汉儒经学、纬学之义,但亦创为诗歌之形而上学。刘若愚先生《中国文学理论》曰:"不论我们将'心'解释为'心智'(mind)或'心情'(heart),这句话表现出一种诗的形上概念。"③而真正将"天地之心"阐发、转变为文学理论者,乃刘勰之《文心雕龙》,首篇《原道》两言"天地之心",以原文学之道。其曰:

　　　　文之为德也大矣,与天地并生者何哉?夫玄黄色杂,方圆体分,日月叠璧,以垂丽天之象;山川焕绮,以铺地理之形:此盖道之文也。仰观吐曜,俯察含章,高卑定位,故两仪既生矣。惟人参之,性灵所钟,是谓三才,为五行之秀,实天地之心。心生而言立,言立而文明,自然之道也。④

　　刘勰《原道》篇以《易经》为主要文献依据,如王元化先生所言:"《原道篇》的理论骨干是以《系辞》为主,并杂取《文言》《说卦》《象传》《象辞》以及《大戴礼记》等一些片断拼凑而成。"⑤《文心雕龙》全书五十篇,"位理定名,彰乎大易之数,其为文用,四十九篇而已"⑥。是亦比照《系辞》所谓"大衍之数五十,其用四十有九"⑦,当以首篇《原道》为太极⑧。汉儒立言,倡言"考之于经传"⑨,无论是否拼凑,刘

① 王明编《太平经合校》,第 56 页。
② 同上书,第 358 页。
③ 《中国文学理论》,第 25 页。
④ 范文澜《文心雕龙注》,卷一,北京:人民文学出版社 1958 年版,第 1 页。
⑤ 王元化《文心雕龙创作论》,上海:上海古籍出版社 1984 年版,第 61 页。
⑥ 《文心雕龙注》,卷一〇,第 727 页。
⑦ 孔颖达《周易正义·系辞上》,《十三经注疏》,第 80 页。
⑧ 参见王元化《文心雕龙创作论》,第 61 页。
⑨ 《律历志上》,《汉书》,卷二一上,第 956 页。

勰对经典的理解包含了时代内涵。魏晋时期，儒家的《易经》之学经过玄学的改造，成为融通先秦道家思想，阐发自然之道的工具，因此，黄季刚先生《文心雕龙札记》认为，庄子和韩非子之言道，"犹万物之所由然。文章之成，亦由自然，故韩子又言圣人得之以成文章。韩子之言，正彦和所祖也"①。黄氏之论，重在阐释刘勰所言之"道"乃自然之道，非儒家礼教或理学之理，反对当时桐城派的文学观念②。朱东润先生亦云："彦和因文言道之说，与昌黎因文见道之说不同，昌黎所言者尧、舜、禹、汤、文、武、周、孔之道，而彦和所言者为天地自然之道，故昌黎所言者为文之中心思想，而彦和所言者仅借以说明文体应尔而已。"③然黄氏、朱氏等未加阐明者，在于此"道"和"道之文"何以能被认识？而刘勰之论正在此处落脚，所谓"惟人参之，性灵所钟，是谓三才，为五行之秀，实天地之心"一语，其要在揭示人类能够附察仰观，参天与地，展开精神活动，唯赖此性灵，宇宙之意义方得以认识，道之文理可得以阐发，故此性灵可视为天地之心，继而由心生言，由言生文，乃循道之自然。刘勰此语固然根据《礼运》"故人者，天地之心也，五行之端也"，但是《礼运》以此作为人类道德自觉之根据，而《原道》则将此转变为人类文学自觉之根据。此为刘勰一大创发。《原道》又曰：

> 人文之元，肇自太极，幽赞神明，易象惟先。庖牺画其始，仲尼翼其终。而乾、坤两位，独制《文言》。言之文也，天地之心哉！若乃《河图》孕乎八卦，《洛书》韫乎九畴，玉版金镂之实，丹文绿

---

① 黄侃《文心雕龙札记·原道第一》，上海：上海古籍出版社 2005 年版，第 1 页。
② 黄氏曰："今曰文以载道，则未知所载者即此万物之所由然乎，抑别有所谓一家之道乎？"（《文心雕龙札记·原道第一》，第 2 页）这是黄氏针对推崇理学的桐城派而言，说详见周勋初师《黄季刚先生〈文心雕龙札记〉的学术渊源》（黄侃《文心雕龙札记》，第 1 页）。
③ 朱东润《中国文学批评大纲》，上海：上海古籍出版社 2006 年版，第 49 页。

牒之华,谁其尸之,亦神理而已。①

"人文"一词当源自《易经·贲卦》之《彖传》:"文明以止,人文也。观乎天文以察时变,观乎人文以化成天下。"②斯波六郎先生认为:

> "人文之元"的"元"是指"人文"所生之本或根源,而不是"人文"的肇始。"元"本来解作"气之始也"(《易九家注》),也就是尚未获得具体形象的物之本原。"太极"或是"道"初生时的名称。《易纬·乾凿度》郑氏注云"气象未分之时,天地之所始也",晋顾荣亦云"太极者,盖谓混沌时朦昧未分"(《晋书·纪瞻传》),彦和之意大致类此。故"人文之元,肇自太极"即是说人文之本与道的起源相关,非但悠久,兼亦自然。③

吉川幸次郎先生进而指出,"人文之元,肇自太极"比之"文之为德也大矣,与天地并生"的思想"更进一层,指人文之理在天地未分之时即已存在"④。他们都认识到了"元"所具有的根源意谓,但如果进一步考察"元"的思想渊源,我们或可对其中所含根本或根源的义涵有更为融通的认识。

其实,"人文之元,肇自太极"一语是刘勰综合汉儒《春秋》学与《易》学而成的范畴。董仲舒最早以"元"代表"道"。《春秋繁露·玉英》释《公羊春秋》"元年",既以其为宇宙万物之本,亦以其为人道之

---

① 《文心雕龙注》,卷一,第2页。
② 孔颖达《周易正义》,卷三,《十三经注疏》,第37页。
③ 斯波六郎《文心雕龙札记》,载《日本研究〈文心雕龙〉论文集》,济南:齐鲁书社1983年版,第44—45页。
④ 吉川幸次郎《评斯波六郎〈文心雕龙原道、征圣札记〉》,载《日本研究〈文心雕龙〉论文集》,第32页。

本,其曰:"元者为万物之本,而人之元在焉。安在乎,乃在乎天地之前。"①这个"元"就是根本的意思。不过,"元"既是《春秋》纪年之始,也就同时具有初始发生之义,"元"与"太极"一样,都是"道"的代称,俱在天地产生之前,既为宇宙之本,亦为宇宙之始,张岱年先生《中国哲学大纲》认为,"宇宙中之最究竟者,古代哲学中谓之'本根'"②。"本根"包含三项意谓,"第一,始义";"第二,究竟所待义";"第三,统摄义"③。"在中国哲学,本根与事物的关系,不是背后的实在与表面的假象之关系,而是源流根枝之关系。"④因此,我们本不必按照现代哲学的逻辑,刻意地认为"元"中只有根源之义而无起始之义,其"肇始于太极",即与太极并生之意。董仲舒也将"元"视为开始,视其本质为元气。《春秋繁露·王道》曰:"《春秋》何贵乎元而言之?元者,始也,言本正也。道,王道也。王者,人之始也。王正则元气和顺、风雨时、景星见、黄龙下。"⑤何休注《公羊春秋》"元年"曰:"变一为元,元者气也,无形以起,有形以分,造起天地,天地之始也。"⑥又《春秋元命包》曰:"元者,端也,气泉。"⑦《春秋说题辞》:"元,清气以为天,混沌无形体。"⑧汉儒已经将《春秋》之"元"对应《易》之"太极",既指根本之道,又指发生之始,如《汉书·律历志上》曰:"《(春秋)经》'元'一以统始,《易》'太极'之首也……故《易》与《春秋》,天人之道也。"⑨《汉书·眭两夏侯京翼李传·赞》曰:"幽赞神明,通天人之道者,莫著乎《易》《春秋》。"⑩由此可见,汉儒始以"元"和"太极"两个

---

① 《春秋繁露义证》,卷三,第69页。
② 张岱年《本根论》,《中国哲学大纲》,第一篇,北京:中国社会科学出版社1982年版,第6页。
③ 同上书,第8页。
④ 同上书,第15页。
⑤ 《春秋繁露义证》,卷四,第100—101页。
⑥ 徐彦《春秋公羊传注疏》,卷一,《十三经注疏》,第2196页。
⑦ 《纬书集成》,中册,第604页。
⑧ 同上书,第858页。
⑨ 《汉书》,卷二一,第981页。
⑩ 同上书,卷七五,第3194页。

观念,阐明天人相应之理,而刘勰继踵而进,创为文学发生之论,即文学之原理(人文之元)与太极(道)并生,文学现象(文之为德)与天地并生。

正缘如此,《易》的卦象才是最初的文学现象,是"太极"(道)、"人文之元"的体现,所以"幽赞神明,易象为先"。形而下的乾坤两卦则象征天地,圣人为其独制《文言》,因此刘勰以《文言》为文学修辞之始,释其为"言之文",这样的"文",就是"与天地并生"的"文",就是"仰观吐曜,俯察含章,高卑定位,故两仪既生矣"的"文",刘勰称赞这样的"文"也是"天地之心",以其为文学修辞的根据。清儒纪昀不解其意,于此评曰:"此解《文言》,不免附会。"① 刘若愚先生指出此处所言"天地之心",指的是文学现象而不是指人类的性灵,因此当不源自《礼运》,而"似乎是受了《诗纬》的影响"②,其分析论述似更有助于我们理解刘勰之意:

> "文言"这一篇名,可有而且已有不同的解释:指"文章之言"(words on the text)或指"文饰之言"(embellished)。刘勰自然采取后一解释,而且灵巧地将此一复合词变成"言之文",语言的"图样"或"表像"或"修饰"——"文学"的一个便利的定义!然后他重述"天地之心"这句话,这次将它应用于文学(文)而非应用于"人",而将"文"调适于前面指出的多重互应之中(宇宙——心灵——语言——文学)。③

刘勰所谓"《河图》孕乎八卦,《洛书》韫乎九畴,玉版金镂之实,丹文绿牒之华",亦出汉儒经学、纬学之说,《易·系辞上》云:"河出图,

---

① 周振甫《文心雕龙注释》,第3页。
②《中国文学理论》,第34页,注释②。
③《中国文学理论》,第34页。

洛出书,圣人则之。"①汉儒遂神化其说,以构建经典的先天起源。《汉书·五行志上》曰:"刘歆以为虑羲氏继天而王,受《河图》,则而画之,八卦是也。禹治洪水,赐《洛书》,法而陈之,《洪范》(九畴)是也。"②《尚书中候握河纪》曰:"神龙负图出河,虑羲受之,以其文画八卦。"③《尚书中候考河命》曰:"天乃悉禹《洪范九畴》,洛出龟书五十六字,此谓洛出书者也。"④谶纬之中,五帝三王受天之瑞,皆有《河图》《洛书》之出。如《尚书中候》曰:"帝尧即政七十载,修坛河洛。仲月辛日,礼备至于日稷,荣光出河,龙马衔甲,赤文绿色,临坛吐甲图。"⑤故《诗含神雾》造作孔子曰"诗者,天地之心。刻之玉板,藏之金府"之说,与以《河图》《洛书》神化《易》与《洪范》等经典之说如出一辙。刘勰所处时代,纬学亦盛,而刘勰却视谶纬为文学修辞之取资,其有《正纬》之篇,以谶纬"无益经典,而有助文章"⑥。故于此类《河》《洛》之奇异,刘勰则归之于不可测知的自然显现,所谓"谁其尸之,亦神理而已"。于是《河图》《洛书》便与《文言》相对,《文言》为"天地之心",《河》《洛》为"神理";一出"六经",一出谶纬;一为圣人的创作,一为自然的显现。此一分别,亦可证之于《正纬》之篇,其中比较经纬之异,即云:"经显,圣训也;纬隐,神教也。圣训宜广,神教宜约;而今纬多于经,神理更繁。"⑦接着,《原道》又提出了"道心"的观念:

> 玄圣创典,素王述训,莫不原道心以敷章,研神理而设教,取象乎《河》《洛》,问数乎蓍龟,观天文以极变,察人文以成化;然后能经纬区宇,弥纶彝宪,发辉事业,彪炳辞义。故知道沿圣以垂

---

① 孔颖达《周易正义》,卷七,《十三经注疏》,第82页。
② 《汉书》,卷二七上,第1315页。
③ 《纬书集成》,上册,第422页。
④ 同上书,第432页。
⑤ 同上书,第402页。
⑥ 《文心雕龙注》,第31页。
⑦ 同上书,第30页。

文，圣因文而明道，旁通而无滞，日用而不匮。《易》曰："鼓天下
之动者存乎辞。"辞之所以能鼓天下者，乃道之文也。赞曰：道心
惟微，神理设教。①

黄季刚先生《文心雕龙札记》指出"道心惟微"乃"荀子引《道经》
之言，而梅赜伪古文采以入《大禹谟》"②。刘勰所言"天地之心"，其
实也是"道心"。在刘勰看来，"道心"出乎孔子所作"六经"；而"神
理"则出乎孔子所设神教，即"取象乎《河》《洛》，问数乎蓍龟"之事。
刘勰于此分判经、纬，既为以下《征圣》《宗经》《正纬》诸篇张本，又发
明文学之道并出天人之理。倘刘勰"天地之心"之语源自《诗纬》，则
细析其文，可见其旨意侧重于阐发"诗者天地之心"之义，而将天人感
应等占术内涵屏弃一旁，即将《诗纬》中所谓"君德之祖，百福之宗，万
物之户"，"刻之玉板，藏之金府"等义涵划归"神理"与"神教"之中。
刘勰论"文心"之旨趣，不在发明"神理""神教"，而在阐论文学根源
于"道"，以"文心"源自"道心"或"天地之心"。是亦可证诸《序志》篇
之言：

> 盖《文心》之作也，本乎道，师乎圣，体乎经，酌乎纬，变乎骚，
> 文之枢纽，亦云极矣。③

"文心"既"本乎道"，此道上承汉儒《齐诗》之说，为象征仁义道
德之宇宙根本之道，下融魏晋玄学之义，为宇宙自然，孕育人文之道，
则儒家"诗言志"之"志"，既非一般生理意义上的心志或情志，亦非拘

---

① 《文心雕龙注》，第2—3页。
② 《文心雕龙札记·原道第一》，第7页。《荀子·解蔽》："故《道经》曰：'人心之危，
道心之微。'"王先谦《荀子集解》，北京：中华书局1988年版，第400页。伪古文《尚
书·大禹谟》："人心惟危，道心惟微。惟精惟一，允执厥中。"孔颖达《尚书正义》，卷
四，《十三经注疏》，第136页。
③ 《文心雕龙注》，卷一〇，第727页。

执于早期儒家诗教所言"止乎礼义"的道德之志。"志"与"文心",不仅成为"天地之心"而获得形而上之义蕴,亦转而变为文学之形而上观念。刘勰之时,伪古文《大禹谟》"人心惟危,道心惟微"一语已流行天下,而刘勰以"文心"为"道心",便超越了形而下意义上的"人心"①。刘永济先生曾以"言志与明道"二事,于中国文学"为根柢,为本基","志之与道,易词言之,则情与理耳。情与理,人心作用之异名也"。由于"志之所向无定,道之所存亦无定",因此"'志于道'②一义,实通贯此二论之枢机"③。然永济先生以此义出自唐宋诸贤之口,刘勰"虽已唱原道之论,但转移时尚之力未著"④。今若由汉儒诗说观之,刘勰的转移之力亦不可谓不著。

从《文心雕龙》对"天地之心"的阐发,可见刘勰综合了诸多思想与文献资源,兼收并用,其目的在于来建构有体系的文学理论。其自言此法曰:"有同乎旧谈者,非雷同也,势自不可异也。有异乎前论者,非苟异也,理自不可同也。同之与异,不屑古今,擘肌分理,唯务折衷。"⑤这种"折衷"之法,绝非一些文献或思想的片段拼凑,而是体大虑周的思辨和经营,正如周勋初师所指出的那样:

> 刘勰的主要研究方法,正是从儒家学术和玄学中得来的。"唯务折中",由此建立了严整的体系,这不但见之于刘勰的自白,而且核之《文心雕龙》全书,都是信而有征的。儒家学派采用"叩其两端"的方法,玄学中人辨析概念分析问题的辩难方法,都曾给他以滋养,只是他在使用这些方法上有发展,因而观察问题

① 按,蔡沈《尚书集传》解"人心"与"道心"最为恳切,曰:"心者,人之知觉,主于中而应于外者也。指其发于形气者而言,则谓之人心;指其发于义理者而言,则谓之道心。"蔡沈《尚书集传》,北京:中国书店1994年版,第21页。
② 按,此语见《论语·述而》。邢昺《论语注疏》,卷七,《十三经注疏》,第2481页。
③ 参见刘永济《文学通变论》,载《刘永济集·文学论·默识录》,北京:中华书局2010年版,第426—431页。
④ 同上书,第428页。
⑤ 《文心雕龙注》,卷一〇,第727页。

更深入,分析问题更细致,使用这项方法更熟练罢了。这就说明,他所继承的主要是先秦两汉以来的优秀传统,在我国古代哲人提供的思想资料的基础上,取得了新的成就,作出了新的贡献。①

(作者单位:南京大学文学院)

---

① 周勋初《刘勰的主要研究方法——"折中"说述评》,载《文史探微》,上海:上海古籍出版社1987年版,第153—154页。

从出土文献论诗六义之"赋"

徐　刚

　　"诗六义"的"赋"绝非"直言之"之意,而是基于"隐"的观念或手法的一个概念。《诗经》中的确有"敷陈其事而直言之"的方法,但当时并不叫做"赋",而是叫做"直"。诗的"六义"讲的是诗歌的六种功能,而不是某些修辞手段和某些诗体的混杂物。上博简《孔子诗论》"诗亡隐志"之说,实际是针对当时的"诗有隐志"之观念而发,但二者并不对立,它们分别是从表达论和理解论的角度来立论的。"隐"不但跟当时称为"讔"的一种文体有关,而且跟《诗经》的"风""赋""比""兴"都有关,也跟楚辞、汉赋、寓言等各类文体有关。更深层次的"隐"涉及《春秋》之微言大义和《周易》之探赜索隐。

一、帛书《五行》篇的"直"

一般认为诗六义的"赋"是跟"比""兴"相对的铺陈直言的修辞手法。把"赋"解释为铺陈，见于郑玄的《周礼注》："赋之言铺，直铺陈今之政教善恶。"朱熹《诗集传》说："赋者，敷陈其事而直言之也。"(《葛覃》注)这样，"赋"实际就是一种跟"比""兴"相对的，无标记的修辞方式。这种解释成为后世占统治地位的流行观念。

但这种解释不可信。"敷陈其事而直言之"的这种概念，早先与"赋"并无关系。先秦时代的确有"比""兴"这样的修辞名称，也已经意识到存在着一种跟"比""兴"相对的、铺陈直叙的"无标记"修辞手法，但那叫做"直"，而不是"赋"。这一点，可以在出土文献《五行》篇中得到证明。

《五行》篇有郭店楚简本，也有马王堆帛书本。帛书本既有原文，也有对原文的解说。一般把原文叫做"经文"，把解说部分叫做"说文"。说文在解说经文的时候，有三段论述用了"直之"一语，一共出现了四次：

(1) 经文引《诗经》："鸤鸠在桑，其子七也，淑人君子，其仪一也。"说文云：

> "鸤鸠在桑"，直之。"其子七也"，鸤鸠二子耳，曰七也，与〈兴〉言也。"淑人君子，亓义一也"，淑人者，□□；[义]者，义也，言亓所以行之义之一心也。

(2) 经文云："不简不行，不匿不辩于道。有大罪而大诛之，简。有小罪而赦之，匿也。有大罪而弗诛，不行。有小罪而弗赦，不辩于道。简之为言也犹贺（加），大而罕者。匡之为言也犹匡匡，小而轸者。简，义之方也。匡，仁之方也。刚，义之方殴。柔，仁之方也。"说文云：

> "闲为言犹衡也，大而炭〈罕〉者"，直之也。……"匡之为言也犹匡匡，小而轸者"，直之也。"简，义之方也。匡，仁之方也"，言仁义之用心之所以异也。义之尽，闲也。仁之尽，匡。大口加大者，大仁加仁小者。故义取简而仁取匡。

（3）经文云："君子，知而举之，谓之尊贤。君子，从而事之，谓之尊贤。前，王公之尊贤者也。后，士之尊贤者也。"说文云：

> "前，王公之尊贤者也。后，士之尊贤者也。"直之也。

"直之"是什么意思？庞朴云："说文屡言直也、直之也，即文意自明、毋庸赘言之意。"池田知久说，这是"当经文的文意是自明的，而不需要加以任何说明的场合所用的术语"。裘锡圭认为庞朴与池田的意见"皆可从"①。其实池田知久的意见就是庞朴的意见。

庞朴之说的确有一定道理，说文凡言"直之"，就没有进一步作解释。不过，如果仅仅是因为文意自明，毋庸赘言的话，说文也可以根本不提，不加解释就可以了，似乎没有必要特别以"直之"说明。例如第二个例子中，经文的"刚，义之方殴。柔，仁之方也"这两句，在说文中就根本没有提及。所以我们怀疑这个解释可能过于表面化，没有揭示根本原因。

我们认为，"直"是与"比""兴"等相对而言的表达方式，"直"是

---

① 诸说见裘锡圭主编《长沙马王堆汉墓简帛集成》，北京：中华书局 2014 年第 1 版，第 4 册，第 72 页，注 1。

直言其事，并无任何隐微之义，因此无须特别说明，其义自明。《五行》的说文对于经文所用的表达方式有很细致的阐释，其中也包括《诗经》所用的"比""兴"。说文有两次用了"兴"这个术语，一处是对经文所引《鸤鸠》一诗的解说："'鸤鸠在桑'，直之。'其子七也'，鸤鸠二子耳，曰七也，與〈興〉言也。"这是将"直"与"兴"对举，很能说明问题。另一处是对经文所引《燕燕》一诗的解说："'婴婴（燕燕）于飞，差沱其羽'，婴婴，與〈興〉也，言其相送海也。方其化，不在其羽矣。"兴的意思也比较明显。

《五行》的说文也用"比"和"目"这两个概念，二者意思相同：

> "目而知之，胃之进之"，弗目也，目则知之矣，知之则进耳。目之也者，比之也。"天监在下，有命既集"者也，天之监下也，集命焉耳。循草木之性则有生焉，而无好恶焉。循禽兽之性则有好恶焉，而无礼义焉。循人之性则巍然知其好仁义也。不循其所以受命也，循之则得之矣。是目之已。故目万物之性而□□独有仁义也，进耳。"文王在上，於昭于天"，此之谓也。文王原耳目之性而知其好声色也，原鼻口之性而知其好臭味也，原手足之性而知其好逸豫也，原心之性则巍然知其好仁义也。故执之而弗失，亲之而弗离。故卓然见于天，著于天下，无它焉，目也。故目人体而知其莫贵于仁义也，进耳。

其中的"比"和"目"，其基本意思是比较，含有通过比较进而懂得更深层次的道理的意思。不过，我们通常说的比喻的比，其实也包含比较和比拟两个方面，任何比喻都含有比较的意义。在比喻的意义上，《五行》的说文用"譬（写作辟）"，或者"譬比"连用：

> "辟而知之，胃之进之"，弗辟也，辟则知之矣，知之则进耳。辟丘之与山也，丘之所以不□名山者，不积也。舜有仁，我亦有

仁,而不如舜之仁,不积也。舜有义,而我亦有义,而不如舜之义,不积也。辟比之而知吾所以不如舜,进耳。

也用"喻(写作榆)":

"榆而知之,胃之进之",弗榆也,榆则知之矣,知之则进耳。榆之也者,自所小好榆乎所大好。"窈窕淑女,寤寐求之",思色也。"求之弗得,寤寐思服",言其急也。"悠哉游哉,辗转反侧",言其甚□□□如此其甚也。交诸父母之侧,为诸?则有死弗为之矣。交诸兄弟之侧,亦弗为也。交诸邦人之侧,亦弗为也。畏父兄,其杀畏人,礼也。繇色榆于礼,进耳。

由此更可见"比"的意思。比较的比,加上"辟(譬)"或"喻",就完全可以跟比兴的"比"相当了。过去把比兴的"比"仅仅理解为比喻,其实是不全面的,"比"应当包括了比较和比喻两种意义。

可见,《五行》的说文中,已经完整地出现了相当于过去一般称作"赋""比""兴"的这三种修辞方式,只不过不见"赋"名,而称为"直"。所谓"直",是直叙其事、直陈己志。我们知道,"比"和"兴"是真正的修辞手法,直陈其事其实算不上一种修辞手法,它只是相对于"比""兴"而言,可以算作一种无标记的修辞手法。把它称作"直",是名副其实的。又《礼记·乐记》云:"夫歌者,直己而陈德也。动己而天地应焉,四时和焉,星辰理焉,万物育焉。"所谓"直己而陈德",就是直抒胸臆,不加修饰。"直"与"陈"互文见义,与《五行》"直之"之义相近①。

---

① 孔颖达疏:"正直己身而敷陈其德"(《十三经注疏》,杭州:浙江古籍出版社1998年第1版,第1545页下),把这里的"直"理解为正直,似未妥。此段是论述什么样的人应该唱什么样的歌,"声歌各有宜",歌与人之性相符,乃本性之流露。"直"是直接的意思,不是正直的品德。

二、风赋与"隐"

　　先秦时代,"赋"跟"比""兴"的关系远,跟"风"的关系密切。"赋"是赋诗言志,这是诗歌在先秦贵族社会中最重要的功能之一。通过赋诗来言志,就是把自己的志意隐藏在诗歌之中,曲折地表达出来。因此,"赋"跟"直"恰恰相反,它的特征是"隐"。而"风"是微言相感,婉而刺谏,与"赋"同属"隐"的范畴。

　　《毛诗》的大序讲到诗有六义,首先就是风,"风,风也":

　　　　上以风化下,下以风刺上,主文而谲谏,言之者无罪,闻之者足以戒,故曰风。

"下以风刺上"的"风",其实就是"讽"。"谲谏",郑笺:"咏歌依违不直谏。"不直谏就是"微谏""几谏",就是"隐"。"主文而谲谏",就是要委婉地谏刺,把真正的意图"文饰"起来。"谲"是不直,是隐,与之相对的"直",就是直陈其事。所以"讽"跟"隐"属同一范畴。

　　《汉书·艺文志》这样说"诗赋"的功能:

　　　　古者诸侯卿大夫交接邻国,以微言相感,当揖让之时,必称诗以谕其志,盖以别贤不肖而观盛衰焉。故孔子曰"不学诗,无以言"也。春秋之后,周道寝坏,聘问歌咏不行于列国,学诗之士逸在布衣,而贤人失志之赋作矣。大儒孙卿及楚臣屈原,离谗忧国,皆作赋以风,咸有恻隐古诗之义。①

何谓"恻隐"? 师古无注。隐有测度、推测的意思,《尔雅·释言》:

---

① 班固《汉书》,北京:中华书局 1962 年第 1 版,第 1755—1756 页。

"隐,占也。"郭璞注:"隐,度,隐之言意也。"《广雅·释诂一》:"隐,度也。"《文选·崔瑗〈座右铭〉》:"隐心而后动。"李善注引刘熙《孟子注》云:"隐,度也。"《管子·禁藏》:"下观不及者,以自隐也。"尹知章注:"隐,度也。"可见隐可训"度"。隐藏曰隐,测度所隐之义亦曰隐。《荀子·赋篇》云:"君子设辞,请测意之。"测意也是恻隐,即测度。因为诗歌之中,隐含着作诗者或者赋诗者的志意,需要读者或听者去测度。赋诗言志,既包括赋诗的人能否合适地表达自己,也包括听的人能否正确地理解,这中间就需要"恻隐"诗义。"作赋以风",就是把作者的志意隐藏在诗赋中,与"恻隐古诗"是同样的原理①。

"恻隐古诗"的说法,可能来源于孟子的"以意逆志"说,《万章上》云:

> 故说诗者,不以文害辞,不以辞害志,以意逆志,是为得之。

所谓"逆",也是"恻隐"之义。孟子认为,诗歌的意义,是隐藏在诗歌的表面的语言文字之后的,是需要我们去测度的②。

---

① "恻隐"最为人所熟知的意义,可能是《孟子》所讲的"恻隐之心,仁之端也",一般理解为同情。理解为同情,当然是对的,但是孟子其实有更深的意思。通常我们对一个人怀有同情之心,首先就是因为我们能度度并理解他人。如果对一个人并不真正了解,那大概只能说是"可怜",而不是真正的"同情"。事实上,孟子的"恻隐之心",是从孔子讲的"恕"引申出来的。"恕"是"己所不欲,勿施于人"(《论语·卫灵公》),也就是推己及人,拿孟子自己的话来说,就是"老吾老以及人之老,幼吾幼以及人之幼"(《梁惠王》),也即梁惠王所引的《诗》:"他人有心,予忖度之。"孟子真正的意思是,推己及人的恻隐之心,是"仁"的开端。看到孺子将入于井,就会有推己及人的感受,因而自然会产生同情之心。这样来理解《孟子》,似乎更准确些。

② 《左传·僖公二十三年》记载公子重耳流亡在秦:"他日,公享之。子犯曰:'吾不如衰之文也,请使衰从。'公子赋《河水》,公赋《六月》。赵衰曰:'重耳拜赐!'公子降拜,稽首,公降一级而辞焉。衰曰:'君称所以佐天子者命重耳,重耳敢不拜?'"子犯特意要善于"文"的赵衰辅佐重耳,可见准确地理解赋诗者的意思,挑选合适的诗来交流,并不是一件容易的事情。在《左传》中,没能合理地赋诗,或者不能正确理解对方赋诗之意的例子也屡见不鲜。昭公十二年《传》云:"夏,宋华定来聘,通嗣君也。享之,为赋《蓼萧》,弗知,又不答赋。昭子曰:'必亡!宴语之不怀,宠光之不宣,令德之不知,同福之不受,将何以在?'"

　　既然诗歌的功能是"讽",诗歌的理解需要"以意逆志",那么,在一定程度上,诗歌的理解跟猜谜有相似之处。在战国时代,流行着一种叫做"隐"的语言游戏,有点像今天的猜谜。这种"隐"也写作"讔"。《汉书·艺文志》的"杂赋"有《隐书》十八篇,颜师古注引刘向《别录》云:"《隐书》者,疑其言以相问,对者以虑思之,可以无不谕。"①可见"赋"与"隐"的密切关系。刘勰《文心雕龙·谐隐》对"隐"有过总结:

　　　　讔者,隐也,遁辞以隐意,谲譬以指事也。昔还社求拯于楚师,喻智井而称麦麹;叔仪乞粮于鲁人,歌佩玉而呼庚癸;伍举刺荆王以大鸟,齐客讥薛公以海鱼,庄姬托辞于龙尾,臧文谬书于羊裘。隐语之用,被于纪传。②

所谓"谲譬",就是不直指之譬喻,"谲"即《毛诗序》"主文而谲谏"之谲。

　　"诗六义"的说法出自《毛诗序》,但是诗序仅仅说"故诗有六义焉:一曰风,二曰赋,三曰比,四曰兴,五曰雅,六曰颂",并未说明六义的具体内涵。六者也见于《周礼·春官·大师》,只是不叫"六义",而称"六诗"。郑玄注云:

　　　　风,言贤圣治道之遗化。赋之言铺,直铺陈今之政教善恶。比,见今之失,不敢斥言,取比类以言之。兴,见今之美,嫌于媚谀,取善事以喻劝之。雅,正也,言今之正者,以为后世法。颂之言诵也,容也,诵今之德,广以美之。

---

① 《汉书》,第 1753 页。
② 周振甫《文心雕龙注释》,台北:里仁书局 1994 年再版,第 232 页。

郑玄的解释可谓捉襟见肘,用古(贤圣遗化)和今(今之政教)来区分风赋,用善恶来区分比兴,用今之正和今之德来区分雅颂,在《诗经》中都难以得到验证,因而鲜有人信从。只有风的"风化"和赋的"直铺陈",为后世绝大多数学者所接受,成为两千年来的流行观点。孔颖达对郑玄的解释做了调整,他采用了"三体三辞"的说法:"风雅颂者,诗篇之异体,赋比兴者,诗文之异辞。"即风雅颂是诗歌的三种体裁,而赋比兴则是诗歌的三种修辞。但三体三辞既然是两种截然不同的东西,何以能统一为"六义"或"六诗"?"六义"的"义"又是什么意义?何以其排列的顺序,是将"赋比兴"插在"风雅颂"的中间?孔说实是一个不能自圆其说的理论①。郑玄对六义的具体内容的解释虽然不可取,但是他显然认为风赋比兴雅颂六者应该是同类的概念,所以才能统称为"六诗"或者"六义"。这一点,窃以为比后世的异质说要合理得多。

看来,把诗六义的"赋"说成是跟"比""兴"相对的、铺陈直叙的修辞手法,不但没有什么根据,也难以自圆其说。从帛书《五行》篇来看,当时的确有"比""兴"这样的修辞名称,也已经意识到一种跟比兴相对的、铺陈直叙的"无标记"修辞手法,但那叫做"直",而不是"赋"。

我们认为:《诗序》的"六义",跟《周礼》的"六诗",都是指诗的六种功能。所谓的"义",就是功能,不是什么六种诗体,甚至也不仅仅是修辞手法(单独的"比""兴"可以作为修辞方法,但诗六义的"比""兴"是两种功能,虽然这两种功能跟修辞方法有关)。这六种功能是:

风,《诗序》讲得最清楚,是风教(上对下)和讽谏(下对上)。

---

① 关于"六义"不同质的说法,尚有很多,例如分为风赋、比兴、雅颂三类,参见欧天发《以"风赋"、"比兴"、"雅颂"三纲目阐述诗六义之探究》,载《诗经研究丛刊》第8辑,北京:学苑出版社2005年第1版,第154—165页;马昕《诗经六义新解:风赋、比兴、雅颂》,载《儒家典籍与思想研究》第3辑,北京:北京大学出版社2011年版,第1—30页。本文不再详细评述。

赋，是社交场合的赋诗言志。这大量见于《左传》，人所共知，不烦具引。无论是风还是赋，都需要讲究委婉含蓄。

比，是通过具体的事物，来比较或比喻风俗或政教之善恶得失。

兴，是通过诗歌来感发志意，抒怀共鸣。

雅，是"正"，是树立典范，正己正人。

颂，是歌功颂德，祭祀神明。

以上，风赋相近，都属于抒发隐志；比兴相近，都借助修辞；雅颂相近，都属于政教典范。诗的这六种功能跟《论语》中孔子讲的"兴观群怨"的性质相近。所谓兴，是兴发志意，相当于六义的兴；所谓观，是考见政教之善恶得失，接近于六义的风之风教、比、雅和颂；所谓群，是交流感情，协调关系，接近于六义的赋；所谓怨，是怨刺，接近于六义的风之讽谏。尤其值得注意的是，孔子说兴观群怨这四个功能，也是针对"小子"学诗应当掌握的各种功能来立说的，《论语》云：

> 子曰："小子何莫学夫诗？诗可以兴，可以观，可以群，可以怨。迩之事父，远之事君。多识于鸟兽草木之名。"（《阳货》）

这跟《周礼》太师教国子"六诗"一样，都是要教导学生掌握诗的六种用途。无论是太师还是孔子，他们教学的目的性是很明确的，孔子就经常强调学诗要善于应用，《论语》云：

> 诵诗三百，授之以政，不达；使于四方，不能专对，虽多，亦奚以为？（《子路》）

授之以政，这是诗的风教功能；使于四方，这是诗的赋的功能。当然，这样的区分不是一种严格的分类，只是随事而发。风之风教、比、雅、颂都是朝廷宗庙的事情；在交际场合赋诗的功能，在后代也不流行。所以对于普通人的文学创作来说，大概只有兴发志意和讽刺现实这两项功能是比较常用的。就"兴发志意"而言,不仅是诗歌,所有的文学创作都有这个功能,孔子把"兴"列于"兴观群怨"之首,恐怕就是因为它的普遍性。但无论是六分,还是四分,还是二分,都是对诗的功能的分类,不是对诗体的分类,也不是修辞手法的分类。当然,从客观上讲,不同的功能,多少会影响到诗的体裁和修辞手法①,但那不是决定性的,二者之间没有必然的联系。

从语源上讲,"赋"与"敷"有关。诗六义的"赋",是赋诗言志,就是要把自己的心志展布出来。从语源上来解释,恐怕只能说:赋,敷也,敷其心志也,《尚书》所谓"敷奏以言"也;赋,布也,布其腹心也,《论语》所谓"布在方策"也。更重要的是,这种"敷"或者"布",不但不是直陈式的敷陈,反而要求委婉的、不直接的、隐喻式的敷陈。而汉以后作为文体的"赋"之所以得名,应当是来源于"赋诗言志"之赋,其本义就是不歌而颂的"言志"方式。它与诗的异同在于:二者都是"言志"之辞,但诗是可以歌唱的"言志"之辞,而赋是不歌而诵之"言志"之辞。但由于汉赋中大量的铺张排比现象过于突出,"赋"与"铺"又音近,因而引起学者从"铺张"的角度来重新解释"赋"的概念。赋的铺张的特点,到了汉代才突出。《文心雕龙·诠赋》云:"《诗》有六义,其二曰赋。赋者,铺也,铺采摛文,体物写志也。"这显然是汉赋之赋,岂是风人所有?所以"铺张"这个概念,用来说汉代的"赋"这种文体非常合适,但用来说《诗经》六义的"赋",其实是风马牛不相及的。这是汉赋兴起之后的一个"俗词源",施之汉赋则可,施之《诗经》则万万不可。

---

① 孔颖达"诗六义"疏又引《郑志》郑玄答张逸问云:"比赋兴,吴札观诗已不歌也。孔子录诗,已合风雅颂中,难复摘别。"(《十三经注疏》,第271页)这是把赋比兴风雅颂都看成是诗体。从《周礼》称"六诗"的情况来看,这种可能性不能说完全没有。但赋比兴作为诗体的分类,在先秦古籍中绝无痕迹,季札观诗有风雅颂,而不涉及赋比兴,这恐怕不是赋比兴已经不能歌的问题,而是根本就没有这种诗体。不过,就算真的有过这种诗体的分类,也必定是根据赋比兴风雅颂六种功能做的分类,不影响我们这里对诗六义的阐释。

　　我们这样解释"诗六义"的"赋",不是要否定《诗经》中有"敷陈其事而直言之"的修辞方法,而是说,跟"比""兴"这样的修辞方法相对而言的直陈其事的修辞方法,当时叫做"直"或"直言",跟"赋"没有关系;诗六义的"赋"只是赋诗言志的功能。我们这样解释"诗六义"的"比"和"兴",也不是要否定"比""兴"在《诗经》中是两种修辞方法,而是说,"比""兴"既是两种修辞手法,也是诗歌的两种功能。

三、作为文体的赋之"隐"

　　事实上,作为文体的"赋",它的特征也仍然是要表达"隐志"。

　　《诗经》的诗歌,时代大致在春秋中叶以前。战国时代,《楚辞》兴起之后,质朴的诗歌语言逐渐被靡丽的文辞代替,对于辞章的要求越来越高,这是文学的自觉时代的来临。但是,对于辞章的追求,如果没有合理的功能为目的,辞章就毫无意义。所以,文学的创作者一方面要讲究优美的辞章,另一方面又要赋予自己的作品以存在的意义。辞章的追求到了极致,就产生汉代司马相如、扬雄为代表的大赋,极度的铺张排比。这种赋很容易沦为纯粹的写作的技巧,文字的游戏。扬雄自己就说赋是雕虫篆刻,壮夫不为。为了使这种华丽的辞章有存在的价值,就要求遵循"曲终奏雅"的原则,在过度的铺张之后,能够提出一个有益于社会的功能,也就是"讽"。《汉书·扬雄传》说:"雄以为赋者,将以风也,必推类而言,极丽靡之辞,闳侈巨衍,竞于使人不能加也,既乃归之于正,然览者已过矣。"[1]这样,华丽的辞章就被"讽谏"的功能托举起来,有了存在的必要性,提高了赋的地位。

　　所以,"隐"才是汉赋的本质,具体表现就是"讽喻"。《汉书·艺文志》叙述屈原之后,"宋玉、唐勒,汉兴枚乘、司马相如,下及扬子云,

---

① 《汉书》,第3575页。

竞为侈丽闳衍之词,没其风喻之义。"所谓"没其风喻之义",绝不是说赋没有讽喻之意,而是说,这些竞为侈丽闳衍的大赋,过于渲染夸张,讽喻的功能被淹没在这种夸张渲染之中,隐而不彰。《汉书·司马相如传》赞曰:"司马迁称,'……相如虽多虚词滥说,然要其归,引之于节俭,此亦诗之风谏何异?'扬雄以为靡丽之赋,劝百而风一,犹骋郑卫之声,曲终而奏雅,不已戏乎!"①《汉志》的"没其风喻之义",就是扬雄说的"劝百而讽一"。司马相如的《上林赋》,本来是想要讽谏汉武帝之多欲,可是汉武帝看了以后,反而"飘飘有凌云之气",可见"没其风喻"之言非虚。扬雄说:"诗人之赋丽以则,辞人之赋丽以淫。"(《法言·吾子》)"则"是法度,"淫"是过度。诗人之赋不仅追求辞章,也讲究法度,即风赋比兴雅颂之类的"义";辞人之赋则过分追求辞章之丽,而"没其风喻之义"。

《汉书·艺文志》说赋是古诗之流裔,至少有两方面的意思。一是形式上,赋是有跟诗歌类似的节奏韵律的,不歌而诵谓之赋,它是诗歌脱离音乐的歌唱而独立以后的形式。二是内容或功能上,它继承了诗歌的政治功能,至少可以通过讽谏,以观风俗,正得失。所以,汉代的"赋"这种文体,也完全跟"直言之"的修辞方法无关,反倒是跟《诗经》"隐言之"的"风赋"的传统一脉相承。

赋的"隐微"的讽谏功能远绍诗的赋诗以讽的传统,近承《楚辞》托物言志的传统。《史记·屈原传》:"屈原既死之后,楚有宋玉、唐勒、景差之徒者,皆好辞而以赋见称,然皆祖屈原之从容辞令,终莫敢直谏。"②"终莫敢直谏"就是《毛诗序》所说"风"的特点是"主文而谲谏"。

《楚辞》的托物言志,是连接诗经和汉赋的桥梁。淮南王《离骚叙传》说屈原:"其文约,其辞微,其志洁,其行廉。其称文小而其指极

---

① 《汉书》,第 2609 页。
② 《史记》,北京:中华书局 1982 年第 2 版,第 2491 页。

大,举类迩而见义远。"所谓"其辞微",就是托物言志,也是《诗经》的比兴传统。"微"也是"隐"。王逸《楚辞章句》说得更为具体:"《离骚》之文,依《诗》取兴,引类譬谕。故善鸟香草,以配忠贞;恶禽臭物,以比谗佞;灵修美人,以媲于君;宓妃佚女,以譬贤臣;虬龙鸾凤,以托君子;飘风云霓,以为小人。"《楚辞》中的《橘颂》,也是托物言志的典型。

赋在《诗经》时代是一种表达功能,到战国晚期已经独立成为一种文体。"隐"本来也只是一种表达功能而已,但是从《汉书·艺文志》"《隐书》十八篇"的记载来看,当时也已经成为一种独立的文体。前些年北京大学入藏的一批秦简中,有一篇隐书,记录了三个隐语,而且明确说"此之谓隐书"①。可见,作为文体的"隐书"在秦以前就已经形成了。《汉志》将"隐书"置于"杂赋"类之末,实际已经揭示了"赋"与"隐"之间的相似关系。今天所见的比较早的赋,是《荀子》的《赋篇》,这一篇包括几个独立的小赋,文体与北大藏秦简《隐书》相同,所以《赋篇》的每篇小赋实际上就是一篇"隐书"。从宋玉到汉代早期的赋,常设主客问答的形式。荀子的《赋篇》也是如此。《云赋》当中明言"君子设辞,请测意之",可见作者自己就是把它当作一篇"隐书"的。从理论上说,任何一种表达功能都可以作为不同文体的表达方式,任何一种文体也可以运用不同的表达功能。在先秦时期,功能与文体之间并不存在一一对应关系,它们之间互相交叉的情况是一个普遍现象。

比兴,或者说托物言志这种手法,也不仅仅是诗赋的常用手法,任何文学创作,都可以使用。庄子的寓言,就是把它发挥到极致的代表。寓言就是托物言志。但是寓言在先秦始终没有独立成体,它是作为各类文体所用的一种表达方式而出现的;可能要到近代,受到西方的独立的寓言体裁的影响,它才开始独立成体。所以寓言亦隐之流变。

---

① 李零《隐书》,《简帛》第八辑,上海:上海古籍出版社2013年版,第11—16页。

《庄子·寓言》篇说:"寓言十九,重言十七,卮言日出,和以天倪。"庄子的寓言有一个很明显的特点,就是经常用诙谐的笔法。比如众所熟知的蜗角之国的故事:"有国于蜗之左角者曰触氏,有国于蜗之右角者曰蛮氏,时相与争地而战,伏尸数万,逐北旬有五日而后反。"非常幽默。《天下》篇说:"以天下为沈浊,不可与庄语,以卮言为曼衍,以重言为真,以寓言为广。"不可与庄语,因而经常要用一些诙谐隐晦的笔法。而先秦时候的隐,也常常具有诙谐的特点,所以《史记》把很多设隐的故事记载在《滑稽列传》中,例如淳于髡的故事:

> 威王八年,楚大发兵加齐。齐王使淳于髡之赵请救兵,赍金百斤,车马十驷。淳于髡仰天大笑,冠缨索绝。王曰:"先生少之乎?"髡曰:"何敢!"王曰:"笑岂有说乎?"髡曰:"今者臣从东方来,见道旁有禳田者,操一豚蹄,酒一盂,祝曰:'瓯窭满篝,污邪满车,五谷蕃熟,穰穰满家。'臣见其所持者狭,而所欲者奢,故笑之。"于是齐威王乃益赍黄金千溢,白璧十双,车马百驷。①

这个故事融合了隐、寓言、俳优的各个特点,其幽默滑稽的特色极其鲜明。焦循批评司马迁把"隐"归入《滑稽列传》中,以"隐"为"滑稽",是"未识古人之学"②,这是不对的。隐与寓言、俳优都有密切关系,《史记》并没有错。

不但先秦的"隐"具有诙谐的特点,早期的赋也是如此。刘勰《文心雕龙·谐隐》已经揭示了隐与赋的俳谐之一面:

> 谐之言皆也,辞浅会俗,皆悦笑也。昔齐威酣乐,而淳于说甘酒;楚襄宴集,而宋玉赋好色;意在微讽,有足观者。及优旃之讽

---

① 《史记》,第3198页。

② 焦循《礼记补疏》,见《雕菰楼经学九种》,南京:凤凰出版社2015年第1版,第332—333页。

漆城，优孟之谏葬马，并谲辞饰说，抑止昏暴。是以子长编史，列传滑稽，以其辞虽倾回，意归义正也。但本体不雅，其流易弊。于是东方枚皋，铺糟啜醨，无所匡正，而诋嫚媟弄；故其自称为赋，乃亦俳也，见视如倡，亦有悔矣。①

游国恩也提到赋的俳谐特点，例如宋玉的《登徒子好色赋》云："登徒子则不然，其妻蓬头挛耳，齞唇历齿，旁行踽偻，又疥且痔。登徒子悦之，使有五子。王孰察之，谁为好色者矣？"又如扬雄的《逐贫赋》云："我行尔动，我静尔休。岂无他人，从我何求？"这是把贫穷比拟为影子。游国恩说："从前的滑稽家用隐语来讽谏，还不失于理义之正，所以刘勰说他'辞虽倾回，意归义正'（《文心雕龙·谐隐》）。至于汉代的辞赋家则专用'谐辞'开玩笑，所以往往被人鄙视为优倡。例如班固说东方朔应谐似优（《汉书·东方朔传》赞）；又如《汉书·枚皋传》云：'皋不通经术，诙笑类俳倡，为赋颂好嫚戏。'又云：'皋赋辞中自言为赋不如相如，又言为赋乃俳，见视如倡，自悔类倡也。故其赋有诋娸东方朔，又自诋娸。其文骫骳……颇诙笑，不甚闲靡。'由此看来，那时的赋家不但别人看不起他，就连他自己也看不起了。所以扬雄也说辞赋'颇似俳优淳于髡、优孟之徒，非法度所存，贤人君子诗赋之正也'（《汉书·扬雄传》）。这说明汉代的辞赋家已经变成了滑稽家了。"②

公平地说，幽默滑稽只是表达的手段，并不是体裁的标记，更不能成为划分作者身份的依据。所以，说汉代的辞赋家已经变成滑稽家，这是不符合事实的，无论从早期的枚乘、司马相如，还是晚期的扬雄、张衡等，说他们是滑稽家是没有意义的。但是御用文人往往是要讨主子的欢心的，难免要通过自己的智慧来取悦主子，因此，凡是御用文人，都带有俳优或者滑稽家的特征。从早期的宋玉、唐勒，到西汉的东

① 周振甫《文心雕龙注释》，第231页。
② 游国恩《屈赋考源》，《游国恩楚辞论著集》，北京：中华书局2008年第1版，第3卷，第286—287页。

方朔,都有这种特征。司马相如作赋以讽,其讨好主子的目的也是很明显的,因此也多少带有一些滑稽的色彩。司马迁说:"文史星历,近乎卜祝之间,固主上所戏弄,倡优畜之,流俗之所轻也。"(《报任安书》)这话虽是愤激之辞,但也基本合乎事实。在传统社会中,文学的社会功能其实主要就是在讽喻上表现出来,白居易特重讽喻诗,也是这个原因。对于旧时代的文人来说,一旦"没其风喻之义",文学就成为纯粹个人的事情,向上超拔则成就自由性灵之品格,向下沦落则跌入情色自恋之风尘。诗歌、辞赋、谐隐、寓言、俳优、滑稽,各种文体之间关系如此紧密,无非因为不同的文体都要借助类似的表达方式,都要达成类似的个人或社会功能。尤其在早期社会,文学的意识尚未充分自觉,相关的文体、艺术手法、目的功能之间必然有千丝万缕的纠缠。但也正是因为它们剪不断理还乱的错综关系,才需要我们今人抽丝剥茧,去整理出一个相互关联的网络来。

四、诗有隐志

我们说了很多诗赋的"隐"的特征,但是 20 世纪末发现的上海博物馆藏战国竹简《孔子诗论》,似乎跟传统的诗学观念相反,它的开篇就说:

> 孔子曰:"诗亡隐志,乐亡隐情,文亡隐言。"

不过,这句话是以否定的形式说出来的。我认为这一点很值得重视,因为否定是有标记的形式,一般是相对于肯定形式而言的。"诗亡隐志"这个论断,其实有一个预设,那就是当时应该存在着一种较为普遍的观念,即"诗有隐志,乐有隐情,文有隐言",而"诗亡隐志"就是针对这种观念而发的。但这种说法,与传统的隐微的诗学观念并不矛盾。

　　以意逆志的诗学很容易造成"诗无达诂"的倾向。诗人既然要把自己的真实意图通过某种方式隐藏起来,那么,听的人怎么能保证自己是否"射"中了诗人的真实意图呢?《孔子诗论》非常明确地提出"诗亡隐志"的命题,这个命题倒不是说,诗人绝不会将自己的真实意图隐藏起来;而是说,不管隐藏得多么深的志意,都会通过某种方式表现出来,因而,诗歌的意义是可以被认识的,孔子所论每一篇诗歌的主旨,也就是非常可信的。简文说:

　　　　……币帛之不可去也,民性固然,其隐志必有以俞(喻)也,其言有所载而后内,或前之而后交,人不可 軒 也。

"其隐志必有以喻也",可证简文所谓的"隐志"的意思,跟《毛诗序》的"主文而谲谏"一样,是不直接表达出来的"志";或者说,是通过某种修辞方式,曲折地表现出来的志意。所以"诗亡隐志"的真正意思,跟"诗有隐志"其实是一致的,只是二者言说的角度不同。"诗有隐志"是从作诗者或赋诗者将志意隐藏而不直言的角度而言的;"诗亡隐志"是从诗歌的隐志必然会通过某种手段表达出来的角度而言的。简文评论《关雎》说:"《关雎》以色俞(喻)于礼。"又说:

　　　　……两矣。其四章则俞(喻)矣。以琴瑟之说,拟好色之顾,以钟鼓之乐……

"顾"字原从元从心,整理者读为表示贪爱之义的"忨",不顺;李零先生读为"愿",比较好。"拟"字原从矣从心,李零先生读为"凝",又读"俞"字为"逾",都很难通①。从全篇的内容来看,"俞"读为反复出现的"喻"应该是没有问题的;从矣从心的字,当读为"拟",即比拟之拟。

①　李零《上博楚简三篇校读记》,北京:中国人民大学出版社 2007 年第 1 版,第 18 页。

隐藏的志意，即"隐志"，往往是通过某种比拟的方式来晓喻的，这也就是为什么"喻"既有晓喻的意思，又有比喻的意思。简文评论《木瓜》一诗时，又有"因《木芯》之保（报），以俞其怨者也"之语，"俞"也是晓喻、比喻的意思。

"隐"和"喻"之间的密切联系，也可以从传世文献中得到验证。《礼记·学记》曾经讲到"博依"与诗的关系：

> 大学之教也，时教必有正业，退息必有居学。不学操缦，不能安弦；不学博依，不能安诗；不学杂服，不能安礼；不兴其艺，不能乐学。故君子之于学也，藏焉，修焉，息焉，游焉。

郑玄注："博依，广譬喻也。"孔颖达疏："博，广也。依谓依倚也，谓依附譬喻也。若欲学诗，先依倚广博譬喻。若不学广博譬喻，则不能安善其诗，以诗譬喻故也。"孔颖达把"依"说成是"依倚譬喻"，有增字解经之嫌。其实"依"就是"隐"，郑玄是直接把"依"解作"譬喻"的，"依"乃"隐"之借字。清代学者焦循有非常精审的论述：

> 《说文》："衣，依也。"《白虎通》云："衣者，隐也。"《汉书·艺文志》诗赋家有《隐书》十八篇，师古引刘向《别录》云："《隐书》者，疑其言以相问对者，以虑思之，可以无不谕。"《韩非子·难篇》云："人有设桓公隐者曰：一难二难三难。"《吕氏春秋·重言篇》云："荆庄王立，三年不听而好谲。"高诱注云："谲，谬言。"下载成公贾之谲……《史记·楚世家》亦载此事，为伍举曰"愿有进隐"。裴骃《集解》云："隐谓隐藏其意。"时楚庄王拒谏，故不直谏，而以鸟为譬喻，使其君相悦以受，与诗人比兴正同。故学诗必先学隐也。其后淳于髡、钟离春、东方朔皆善隐。[1]

---

① 焦循《礼记补疏》，见《雕菰楼经学九种》，第 332—333 页。

焦循说"依"为"隐",即譬喻,是不刊之论。

所以,"隐志"的"隐"是跟"喻"相关的,"喻"既是晓喻,又是比喻;"隐"又是跟"直"相对的,是曲折的表达,而不是直陈己志。把这两方面结合起来看,"隐志",讲的是一种修辞的方式,是指不直陈诗人之志,而是通过某种方式曲折委婉地晓喻读者或听者。这种"隐"的特征跟"比""兴"密切相关,运用比兴的方式,诗人的意旨就隐含在具体事物的背后了。隐的反面就是"直"。

五、余 论

关于"隐"的问题,其实不仅仅涉及《诗经》或文学的问题,也有资格成为儒学中的核心问题之一。司马迁说:"《春秋》推见至隐,《易》本隐之以显。"(《史记·司马相如列传》)《春秋》微言与《周易》索隐,可以说就是关于"隐"的政治学和哲学。

孟子说:"王者之迹熄而诗亡,诗亡然后《春秋》作。""世衰道微,邪说暴行有作。臣弑其君者有之,子弑其父者有之。孔子惧,作《春秋》。《春秋》,天子之事也。是故孔子曰:'知我者,其惟《春秋》乎!罪我者,其惟《春秋》乎!'……孔子成《春秋》而乱臣贼子惧。"战国以降的儒者,都认为孔子作《春秋》,其中有微言大义,探讨《春秋》的微言大义,一直是儒生的最重要的追求之一。"微言大义"的"微",其实就是"隐"。

所以,《孔子诗论》的"诗亡隐志"的背景,很可能跟当时儒者对于《春秋》微言大义的看法有关。《中庸》说"知远之近,知风之自,知微之显",晚出古文《尚书》"人心惟危,道心惟微",也都跟"隐"有关。

如果更进一步,"隐"的问题还涉及语言是否能够达意的哲学问题,这在老庄哲学中是比较突出的。老子讲可道非常道,可名非常名;庄子讲得意而忘言;佛教,尤其是禅宗,更要打破语言的束缚,直指人

心。在早期的儒学思想中,也提出过类似的命题,那就是《周易》。《系辞上》云:

> 书不尽言,言不尽意。然则圣人之意,其不可见乎? 子曰:
> 圣人立象以尽意,设卦以尽情伪,系辞焉以尽其言,变而通之以尽
> 利,鼓之舞之以尽神。

这里明确提出了"言不尽意"的命题,因此需要"立象""设卦""系辞"。不过,立象、设卦之后,还是要"系辞",可见要达意,最终还是离不开语言。在儒者看来,《易》已经是最幽深的学问,关乎神明:"夫易,圣人之所以极深而研几也。唯深也,故能通天下之志;唯几也,故能成天下之务;唯神也,故不疾而速,不行而至。"(《系辞上》)

但是天地间不管存在多么幽深的意义,总是会通过某种方式,将这种精微的大义呈现出来,而圣人就是这种幽微的"赜"或"隐"的先知先觉者,并且总能通过某种方式,告诉我们普通人。这是儒家跟道家和佛家不太一样的地方。《系辞上》云:"探赜索隐,钩深致远,以定天下之吉凶,成天下之亹亹者,莫大乎蓍龟。是故,天生神物,圣人则之;天地变化,圣人效之。天垂象,见吉凶,圣人象之;河出图,洛出书,圣人则之。易有四象,所以示也。系辞焉,所以告也。定之以吉凶,所以断也。"这种思想,跟"诗亡隐志,乐亡隐情,文亡隐言"是相通的。《系辞下》云:

> 夫易,彰往而察来,而微显阐幽。开而当名辨物,正言断辞,
> 则备矣。其称名也小,其取类也大。其旨远,其辞文,其言曲而
> 中,其事肆而隐。因贰以济民行,以明失得之报。

旨远而辞文,言曲而中,事肆而隐,这跟《诗》之风赋比兴,《春秋》之微言大义,《楚辞》之托物起兴,古人之赋诗言志,汉人之作赋以风,乃是同一精神之贯注,也正是经典之所以源远流长的根本原因。

华夷之辨、华夷之辩：从《左传》谈起

李惠仪

蛮、夷、戎、狄等称谓可以是具体专指，亦可以是类别泛称，但是中文没有一个字或词涵盖所有外族，同时贯彻始终地包罗"外来"与"野蛮"的语意。论者多谓《左传》以及其他载籍中"我者"与"他者"的分际是文化习俗而非种族。但是文化习俗差异如何精准地界定，并不容易。本文探究三个问题。（1）华夷之"辨"：如何界定华夷之辨？战事方式、土地运用、礼制仪节是否为决定因素？楚、吴形象，为何游移于"华化"与"夷化"之间？鲁与"东夷"的关系，显示"他者"的描摹与自我定位不可分割。同源近俗似乎正是衍生突显差异的原动力。（2）文化联系的存在或否定，往往建基于历史回顾。承认"戎化"或刻意淡化与周的历史渊源，可以是抗拒周王之要求、不受其羁縻的方法。相反的，重写历史，泯灭"他者"身份，也许是图霸的途径。作者分析"有史为证"的辩论方式，探讨华夷同、异的观点如何借重塑历史寻找论据。（3）贬损蛮、夷、戎、狄的论点往往出现于人物的言说，所以我们应该考虑"他者"属性道德化背后的修辞框架。辩论的焦点可能是军事策略、和与战的选择、"献捷"的仪节、周王与盟主的关系等等。《左传》透过追捕历史事件的因果关系及历史人物的动机，超越了简单化、道德化的华夷之辨程式，呈现了一个复杂而多元的画面。

英文 barbarian 及其他欧洲语言的同源词(如法文 barbare,捷克文、瑞典文、德文 barbar,义大利文 barbaro,西班牙文 bárbaro,波兰文 barbarzyńca)溯源希腊文 barbaros 及拉丁文 barbarus,其义为外来、愚昧、怪异,而其印欧词根为 barbar,即他方外来者不知所云的语音①。中文没有等同类别的词汇。蛮、夷、戎、狄等称谓可以是具体专指,亦可以是类别泛称,但是中文没有一个字或词涵盖所有外族,同时贯彻始终地包罗"外来"与"野蛮"的语意。一自汉初(约公元前二三世纪),蛮、夷、戎、狄往往被认为是分属四方(即东夷、南蛮、西戎、北狄),但这种系统分布并未出现于春秋战国的文献。《左传》(约成书于公元前四世纪)的经典地位,对我们思考所谓"华夷之辨"有特殊意义。我们应该如何理解《左传》乃至其他先秦典籍中内与外、我者与他者的对立?此等理念与构想如何发展?对后世"华夷之辨"的论争有何影响?

崔述(1740—1816)在《考信录》指出,以蛮、夷、戎、狄分属四方的说法始自《礼记》(《曲礼》《王制》《明堂位》诸篇),并举反证说明西亦有夷(《孟子·梁惠王下》云"文王事昆夷"),而《春秋》经传提到的"戎"则遍布东西南北。崔述作出如下结论:

> 盖蛮夷乃四方之总称,而戎狄则蛮夷种类部落之号,非以四者分四方也……《尧典》亦云:"蛮夷猾夏。"则是九州之外,皆为蛮夷,初未尝分戎与狄也。盖夷犹裔也,裔犹边也……故《春秋

---

① Online Etymological Dictionary, https://www.etymonline.com/search?q=barbarian (2019 年 10 月 11 日查看)。该解释又指出:"希腊文 barbaroi(复数)意指'非希腊人',尤其是迈德人(古伊朗居住者)和波斯人。"

传》称"用夷礼"，是夷未尝无礼，但不及中原文物之盛耳。蛮则蠢然无知，故但谓之荒服。然则蛮夷以内外分，不以东南分。四方皆有夷，亦皆有蛮，不得专属之东南也……而《春秋传》吴、楚、郑、莒往往称为"蛮夷"，亦从未有称为戎狄者。然则是"戎""狄"为国名，而"蛮""夷"乃其通称，彰彰明矣。①

童书业赞同"蛮夷为四方之总称"的说法，但他认为："夷蛮固四方皆有，而戎狄亦遍布于四方；夷、蛮、戎、狄四名之意义实近似，非有大异。"②在《左传》里，"蛮、夷、戎、狄"作为总称出现一次（成公二年），"夷狄"作为泛称未见。一般来说，"蛮夷"的指涉较为宽泛，然而亦有具体指涉（如成公六年之"蛮氏"、昭公十六年及哀公四年之"蛮氏""蛮子"）。"戎狄"虽亦可泛指，但"戎"或"狄"往往联系国名或族群名字（如北戎、山戎、骊戎、犬戎、伊雒之戎、陆浑之戎、姜戎、白狄、赤狄）。"蛮"的贬损意味似稍浓于"夷"③，文献足征。但崔述由于笃信五经，以致别生盲点。《尚书·禹贡》云："五百里要服，三百里夷，二百里蔡。五百里荒服，三百里蛮，二百里流。"④依此夷居"要服"，蛮居"荒服"，蛮离中央"王化"最远，亦最"野蛮"。但是"五服"（甸服、侯服、绥服、要服、荒服）以王都为中心自近及远的地理想象，与《礼记》用四方分处蛮、夷、戎、狄，实是殊途而同归。稽之《左传》，这种远

① 崔述：《考信录·丰镐考信别录》，台北：世界书局1960年版，卷三，第8—9页。
② 童书业著，童教英整理：《童书业历史地理论集》，北京：中华书局，2004年版，第177页。
③ 夷，《说文》的解释是："平也。从大从弓。东方之人也。"甲骨文 金文 从"矢"从己。陈秉新说："己象绳索之形，用绳索缠束箭矢，以便射猎时取回箭矢及猎物，本义为缴射。"引自《汉语多功能字库》http://humanum.arts.cuhk.edu.hk/Lexis/lexi-mf/search.php？word=%E5%A4%B7（2020年5月20日查看）。"夷"与"戎"均与兵器有关。蛮从虫，狄从犬，贬义较明显。
④ 屈万里：《尚书集释》，台北：联经出版事业公司1983年版，第71页。《正义》曰："要者，约束之义。"《左传》定公四年："王于是乎杀管叔而蔡蔡叔。"杜预注云："蔡，放也。"杜预注，孔颖达疏：《春秋左传注疏》《重刊宋本十三经注疏附校勘记》，第6册，卷五四，第949页。

近规划及其潜在的中央边缘对立想象,在《左传》成书的时代尚未成立。如前所述,《左传》中蛮、夷、戎、狄的称谓,时而宽泛,时而具体,其中华夷杂处的局面,与后世中央边缘的地理想象相去甚远。所谓"华"——亦称"中国"①"诸华""诸夏""华夏"——包括周、鲁、卫、宋、郑、齐、晋等国,其领土涵盖今河北、河南、山东、江苏、安徽、山西、陕西等省份②。华夏诸国理论上尊周室,是周之"兄弟"或"甥舅"之国,亦即受周封建并与周有血缘或姻亲关系,同时肯定共有的文化与典籍传统。楚、吴、越多次与诸华盟会,并在某些场合显示对诗书礼乐之传统的认识,但他们有时候被指斥为蛮夷(说见下)。秦在战国及汉的文献中往往被形容作无礼义之心"戎化"的"虎狼之国",但《左传》只云秦穆公(公元前 659—公元前 621 在位)能用人,"遂霸西戎"(文公三年)③,并未说秦染戎俗。

虽然对蛮夷的批评及坚持严分华夷的论点在《左传》间歇出现,但诸夏与蛮夷联盟攻伐其他华夏国家的例子屡见不鲜。如成公六年(公元前 585),晋、卫、郑与伊雒之戎、陆浑之戎及蛮氏侵宋。联军经过卫国城邑,晋国两位将领辩论是否应趁卫国未设防备而突袭卫,结果反对突袭失信于卫的一方胜出。这段记载的关注点亦止于此,对华夷联盟别无论断。华夷联姻的现象亦颇为普遍。周襄王(公元前 651—公元前 619 在位)娶狄女为后(僖公二十四年,公元前 636),晋景公(公元前 599—公元前 581 在位)之姊下嫁赤狄首领潞子婴儿(宣公十五年,公元前 594),晋献公(公元前 677—公元前 651 在位)先后娶四戎女(庄公二十八年,公元前 666),重耳(晋文公,公元前 636—

① 关于"中国"的称谓,参看葛兆光:《宅兹中国:重建有关"中国"的历史叙述》,北京:中华书局 2011 年版;胡阿祥:《伟哉斯名:中国古今称谓研究》,武汉:湖北教育出版社 2000 年版;于省吾:《中华学术论文集·释中国》,北京:中华书局 1981 年版,第 1—10 页。

② 《童书业历史地理论集》,第 18—22 页。

③ 杨伯峻:《春秋左传注》,北京:中华书局 1990 年修订版,第 530 页。以下引文均以此书为准。英文原文引用的是 *Zuo Tradition/Zuozhuan*, trans. Stephen Durrant, Wai-yee Li, David Schaberg (Seattle:Washington University Press, 2016)。

公元前 628 在位）及其从者赵衰在流亡"奔狄"期间均娶狄女为妻（僖公二十三年，公元前 637）。互盟与联姻是否间接质疑华夷界限？我们应该如何厘清《左传》关于"华夷之辨"的叙述？这些叙述的背景和作用及其衍生的论题应如何理解？

一、华夷之辨、华夷之辩

辨者，分也，判也，别也①。"华夷之辨"使人联想到华夏与外族的分别、尊卑与对立。但"华夷之辨"涵盖的种种模棱与矛盾，实衍生潜在的"华夷之辩"。所辩者即华、夷如何定义？华夷界限是固定的还是游移的？虽则所谓"兄弟""甥舅"之国指向血缘关系，论者多谓《左传》以及其他载籍中"我者"与"他者"的分际是文化习俗而非种族。但是文化习俗差异如何精准地界定，并不容易。先以作战方式为例。《左传》两次提到戎人作战用步兵，异于诸夏用车兵。隐公六年（公元前 714）北戎侵郑，郑庄公说："彼徒我车，惧其侵轶我也。"他担心郑国军队习于车战，可能不及戎人步兵灵活调动，可以前后突围。但《左传》三次提到郑用徒兵②。昭公元年（公元前 541），晋与群狄战于太原。晋国将领魏舒认为战场地势险阻，如依"彼徒我车"的旧规，晋将失利，于是不用战车，纯用步兵，晋之所以能大败群狄，正是因为"崇卒"（即崇尚、提倡用步兵）③。换句话说，晋取法戎狄改用步兵。

---

① 许慎《说文解字》："辨，判也。"《说文解字注》卷四下："辨读为别。古辨、判、别三字义同也。辨从刀，俗作辨。"段玉裁注：《说文解字注》（经韵楼藏版），上海：上海古籍出版社 1981 年版，第 45 页上。
② 《左传》隐公四年、襄公元年、昭公二十年。《春秋左传注》，第 37、917、1421 页。参看童书业著，童教英校订：《春秋左传研究》，北京：中华书局 2006 年版，第 186 页。
③ 杜预："崇，聚也。"这里训"崇"为"尚"，是依俞樾说。竹添光鸿：《左氏会笺》，台北：天工书局 1998 年版，第 1361 页。

另一方面,金文资料显示,戎狄亦用战车①。另外吴、越多用步卒与水军,但成公七年(公元前584),逃奔晋国的楚国大夫屈巫臣出使于吴,带了兵车三十辆,留十五辆于吴,"与之射御,教吴乘车,教之战阵,教之叛楚"②。亦即吴亦学会车战。

再以生产方式及与土地的关系为例。襄公四年(公元前569),晋大夫魏绛论和戎有五利,其一即"戎狄荐居,贵货易土,土可贾也"③。魏绛认为戎狄逐水草而居,重视财货,轻视土地,正好予以晋国买其土地的机会。"荐居"符合我们对历代北方游牧民族的理解,但襄公十四年(公元前559)戎子驹支陈说戎人历史时,形容戎人披荆斩棘,使荒瘠之地变成安居之所(详解见后),又离"荐居""易土"的意象甚远。另外一个蛮夷"重土"的例子见于哀公四年(公元前491)。当时晋受楚胁逼,助楚克戎蛮。晋用土地诱敌:"士蔑(晋大夫)乃致九州之戎,将裂田以与蛮子而城之,且将为之卜。蛮子听卜,遂执之,与其五大夫,以界楚师于三户。"依此戎蛮亦有类似大夫的官制,并与诸夏一般重视土地城邑。楚人又诈为蛮子作邑,立其宗主:"司马致邑立宗焉,以诱其遗民,而尽俘以归。"④戎蛮遗民被一网打尽,是因为建城邑、立宗庙,对他们来说也是极大的吸引。蛮夷的文化场域,似乎包涵"荐居"与"立宗主"两极。华夷界限,并不能以"耕""牧"简单划分⑤。

更常见的论点是以"礼"决定"华夷之辨",但这也是复杂多元的问题。春秋时代的楚国,官制、语言、礼俗均异于诸夏。据《史记·楚

---

① 童书业说:"周初金文载周与鬼方作战,获车至百乘之多。"《春秋左传研究》,第186—187页。
② 《春秋左传注》,第835页。
③ 《春秋左传注》,第939页。
④ 《春秋左传注》,第1627—1628页。
⑤ 关于华夷战事方式及土地运用的同异,参看魏千钧《夷夏观研究:从春秋历史到〈春秋〉经传的考察》,台湾大学博士论文,2013年,第47—48、57—61页。

世家》，楚王熊渠立其子为王，理由是"我蛮夷也，不与中国之号谥"①。楚武王侵随，要求随代向周请求尊楚："我蛮夷也。今诸侯皆为叛相侵，或相杀。我有敝甲，欲以观中国之政，请王室尊吾号。"②但在《左传》，楚从没有自称或被指称为蛮、夷、蛮夷、夷狄。③《左传》中的楚国也有"观中国之政"的野心，但仍弭其锋，隐然接受礼的约制。宣公三年（公元前606），"楚子伐陆浑之戎，遂至于雒，观兵于周疆，定王使王孙满劳楚子，楚子问鼎之大小轻重焉"④。在这个有名的问鼎故事里，楚庄王固然是剑拔弩张（"观兵"即陈列军容扬威耀武），但楚庄王出师毕竟名义上是伐陆浑之戎，周定王派王孙满犒劳楚师，也是以礼义言辞、搬出"德"与"天命"的严正议论应变，招架问鼎的威胁，他辩称鼎之轻重"在德不在鼎"，"德之休明，虽小，重也。其奸回昏乱，虽大，轻也。天祚明德，有所底止……周德虽衰，天命未改。鼎之轻重，未可问也"⑤。记载至此戛然而止，似乎王孙满果然折服楚庄王，使之不敢窥伺，而楚退兵不言而喻⑥。

昭公四年（公元前538），楚灵王图霸中原，合诸侯于申。楚大夫伍举告诫他："臣闻诸侯无归，礼以为归。今君始得诸侯，其慎礼矣。霸之济否，在此会也。"伍举列举夏启、商汤、周武王、成王、康王、齐桓公、晋文公的盟会，问楚灵王选择何种范式，楚灵王说："吾用齐桓。"即楚虽有侈心，尚不敢自比夏、商、周圣王。楚灵王又依从伍举建议，问礼于宋向戌与郑子产。但是，楚灵王与伍举对诸夏盟会礼仪仍然多

① 司马迁撰，裴骃集解，司马贞索隐，张守节正义：《史记》，台北：鼎文书局1981年版，第1692页。
② 《史记》，第1695页。
③ 《国语》则曾称楚为"蛮夷"。《国语·鲁语下》记鲁襄公在楚国时，鲁卿季武子袭卞，襄公欲借楚师伐鲁，荣成伯反对，理由是若襄公"以蛮夷伐鲁"，必然失去国人支持。徐元诰撰：《国语集解》，北京：中华书局2002年版，第186页。
④ 《春秋左传注》，第669页。
⑤ 《春秋左传注》，第671—672页。
⑥ 《史记·周本纪》《楚世家》明写楚兵离去，是司马迁以意补之。参看《史记》，第155、1700页。

所未谙:"王使椒举(伍举)侍于后,以规过,卒事不规。王问其故,对曰:'礼,吾所未见者有六焉,又何以规。'"①这似乎坐实楚的"他者"身份,但楚灵王与伍举的对话亦可看作他们追求仪节合礼的愿望。楚灵王要求伍举警惕自己有否违反礼仪,显得步步为营。伍举承认自己孤陋寡闻,也算是"不知为不知"。(当然楚灵王渴慕的只是仪节威严,并非真的服膺礼义精神,他在申之会的表现终归汰侈。)

成公四年(公元前587),鲁成公自晋返鲁,因不获晋景公礼遇而欲叛晋附楚。鲁卿季文子反对,他说:"不可。晋虽无道,未可叛也。国大臣睦,而迩于我,诸侯听焉,未可以贰。史佚之志有之,曰:'非我族类,其心必异。'楚虽大,非吾族也,其肯字我乎?"②但楚并不认同这"非我族类"的标签。襄公十三年(公元前560),楚共王因为自己在鄢陵之战领兵而楚败绩,故临终时请求群臣予以恶谥如"灵""厉"。但他死后,楚大夫子囊认为楚王的谥号应是"共":"君命以共,若之何毁之? 赫赫楚国,而君临之。抚有蛮夷,奄征南海,以属诸夏,而知其过。可不谓共乎? 请谥之共。"③楚王归罪于己,自请恶谥,显示他的谦恭。而他的"共(恭)德"又表露在他镇抚蛮夷,远征南海,使之从属诸夏的功劳。楚的自我定位,似乎是诸夏与蛮夷的中介,使"王化"无远弗届的功臣。《左传》又记载楚国君臣娴熟典籍,博学多闻。宣公十二年(公元前591),邲之战楚败晋后,楚庄王不肯收晋尸以为京观(即积尸而封土,建表木而书之)彰显武功,引《周颂》诗句解释"止戈为武"的大义。庄王说:"武有七德,我无一焉,何以示子孙? 其为先君宫,告

---

① 《春秋左传注》,第 1250—1251 页。
② 《春秋左传注》,第 818 页。理雅各(James Legge)把"族类"翻译成"race", Frank Dikötter 甚至据此认为"种族歧视在一定程度存在于古代中国文明"。See Frank Dikötter, *Discourse of Race in Modern China* (Hong Kong: Hong Kong University Press, 1992), p.3. 但"族类"与现代所谓"种族"其实相去甚远。当时鲁国似乎有"亲楚"与"亲晋"两派。孟献子(仲孙氏、孟氏)及公孙归父(东门氏)亲楚,季文子(季氏)亲晋。宣公十五年(公元前594),鲁以贡物朝聘于楚,成公二年(公元前589),孟献子往楚求成,并把公衡(可能是鲁宣公之子)留在楚当人质。
③ 《春秋左传注》,第 1002 页。

成事而已。"①在这段文字里,楚庄王俨然是体现《左传》道德理想的贤君。

另外,吴也是值得考索的"华夷之间"的例子。据《史记·吴太伯世家》,吴始祖吴太伯、仲雍是太王(古公亶父)之子,王季历之兄。"季历贤,而有圣子昌,太王欲立季历以及昌,于是太伯、仲雍二人乃奔荆蛮,文身断发,示不可用,以避季历。"②《左传》也提到太伯让国,但奔吴后"断发文身"被描摹成"蛮化"过程,而非如《史记》所云"示不可用"的让国决心。哀公七年(公元前488),在吴对鲁诛求无厌的情况下,鲁卿季康子派遣子贡怨愤地斥责吴无礼:"大伯端委以治周礼,仲雍嗣之,断发文身,嬴以为饰。岂礼也哉? 有由然也。"③吴太伯衣冠巍然地执行周礼,但其弟仲雍却断发文身。"兄华弟夷"是否因为"以夷治夷"的需要? 无论如何,子贡认为断发文身即是"失礼"的开端。吴虽屡被指斥为贪婪僭越的蛮夷,但吴公子季札让国予兄弟,观乐审礼,知人论世(襄公二十九年,公元前544),是《左传》最理想化的人物之一。季札、楚庄王(起码论止戈为武的楚庄王),还有下文舍己为民的邾文公,均属于"夷而夏"的典型。这些形象的缘起,可能是当地传说或记载(如楚史),但基本的思维模式是"夷"亦可实现道德理想。

"文化他者"的身份似乎游移而随语境或故事变动。另一方面,泯灭华夷分界或"变于夷"是凶兆。鲁襄公适楚,好其宫,故于鲁建筑楚式宫室。鲁大夫叔孙豹说:"君欲楚也夫,故作其宫。若不复适楚,必死是宫也。"④襄公三十一年(公元前542),襄公死于楚宫。哀公十

---

① 《春秋左传注》,第 746 页。
② 《史记》,第 1445 页。
③ 《春秋左传注》,第 1641 页。《左传》僖公五年(公元前 655),虞国宫之奇说:"太伯,虞仲,大王之昭也。大伯不从,是以不嗣。"童书业指出:"据此则大伯、虞仲皆虞国之初祖,大伯、虞仲所奔为山西之虞,而非'荆蛮'或江苏之吴。"《春秋左传研究》,第 31 页。
④ 《春秋左传注》,第 1185 页。

二年(公元前 483),卫出公被拘留于吴,归国后"效夷言"。卫公孙弥牟预言:"君必不免,其死于夷乎! 执焉而又说其言,从之固矣。"①卫出公后来出亡,卒死于越(哀公二十六年,公元前 469)。

蛮夷或夷如非作专有名词使用,便即用以指吴、越及杞、鄫、邾、莒、莱等东方小国。夷狄也可作泛称,《公羊传》《穀梁传》都曾用以贬斥楚,但《左传》无此例。吴、越贬为蛮夷,通常出现于敌国卿大夫的言说,借以指责他们的狂妄、挑衅、贪婪。就东方诸夷而言,华夷界限显得额外有流动性。兹以处于鲁国北方的郯国为例。昭公十七年(公元前 525),郯子朝鲁,飨宴时畅论远古官名与制度,获得孔子称许。

> 昭子(鲁大夫叔孙婼)问焉,曰:"少皞氏鸟名官,何故也?"郯子曰:"吾祖也,我知之。昔者黄帝氏以云纪,故为云师而云名;炎帝氏以火纪,故为火师而火名;共工氏以水纪,故为水师而水名;大皞氏以龙纪,故为龙师而龙名。我高祖少皞挚之立也,凤鸟适至,故纪于鸟,为鸟师而鸟名:凤鸟氏,历正也;玄鸟氏,司分者也;伯赵氏,司至者也;青鸟氏,司启者也;丹鸟氏,司闭者也。祝鸠氏,司徒也;鴡鸠氏,司马也;鸤鸠氏,司空也。爽鸠氏,司寇也;鹘鸠氏,司事也。五鸠,鸠民者也。五雉为五工正,利器用、正度量,夷民者也。九扈为九农正,扈民无淫者也。自颛顼以来,不能纪远,乃纪于近。为民师而命以民事,则不能故也。"仲尼闻之,见于郯子而学之。既而告人曰:"吾闻之:'天子失官,官学在四夷',犹信。"

郯子的知识,不限于他的祖先少皞氏及其相关的大皞氏,还涵盖其他氏族(黄帝、炎帝、共公)及他们以某物名官的缘起。黄帝与炎帝

---

① 《春秋左传注》,第 1672 页。

分别被视作姬姓、姜姓祖先①。无论夏或夷，都是取近物为纪，列举过程暗示其相等地位。郯子叙述的故实是否暗示华夷分庭抗礼？在解释少皞氏何以"以鸟名官"的过程中，除了述说"凤鸟适至"的历史传说，还阐明鸟名的象征意义。五种鸠鸟联系不同治理范围的官职，是因为"鸠"有"安集""聚合"的意思②。九种扈鸟成为管领九项农事的官名，是因为"扈"有"约制、防止淫纵"的含义。换句话说，郯子不仅通晓掌故，更进一步驾驭后世对以物名官的理性化解释③。孔子要学习郯子陈说的知识系统，让我们联想到《汉书·艺文志》引孔子的话："礼失而求诸野。"④中央与边鄙有共同的文化渊源，所以文化记忆可以存留于僻陋东夷小国。

郯是东夷，可能曾为商属国，也有可能先商存在。《诗经·商颂》："天命玄鸟，降而生商。"商与郯都有跟鸟有关的起源神话。据《史记·秦本纪·索隐》，郯是嬴姓，与秦同祖。⑤《秦本纪》记嬴姓源流，也牵连类似商的玄鸟故事："秦之先，帝颛顼之苗裔孙曰女修。女修织，玄鸟陨卵，女修吞之，生子大业。"⑥司马迁说嬴姓是在周孝王时西迁。鲁视郯为"夷"，是否因为郯承继商的传统，而鲁则秉持周的典籍礼仪？昭公二年（公元前540），韩起聘于鲁，"观书于大史氏，见《易

---

① 《国语集解》，第333—338页。《左传》没有类似《国语》的解说，但亦有相关暗示。僖公二十五年晋文公卜筮"遇黄帝战于阪泉之兆"。晋文公自以为吉兆应于己身，但卜偃答云："周礼未改，今之王，古之帝也。"他认为黄帝指周襄王，阪泉得胜预兆周襄王平定其弟王子带之乱，亦即承认黄帝与周王有特殊关系。

② "鸠"训为"安""安集"，又见《左传》隐公八年，"以鸠其民"；襄公十六年，"敢使鲁无鸠乎？"《春秋左传注》，第60、1029页。

③ 杜预对鸟名的解释(本于贾逵)，依循类似原则，联系鸟的特性与官职的需求，如谓祝鸠"孝，故为司徒主教民"，雎鸠"鸷而有别，故为司马主法制"，鸤鸠"平均，故司空平水土"，爽鸠"鹰也，鸷，故为司寇主盗贼"，鹘鸠"春来冬去，故为司事"。《春秋左传注疏》，卷四八，第836页。

④ 班固撰，颜师古注：《汉书》，北京：中华书局1983年版，第1746页。

⑤ 《史记》，第173页。《索隐》说本《汉书·地理志》："郯，故国。少昊后，盈姓。"《汉书》，第1588页。

⑥ 《史记·秦本纪》，第173页。

象》与鲁《春秋》,曰:'周礼尽在鲁矣,吾乃今知周公之德与周之所以王。'"①可见说到周朝典章文物,晋不如鲁。然而鲁与商亦有极深的联系。定公四年(公元前 506),卫国祝佗陈述周初封建,说鲁国始祖伯禽(周公之子)被封于"少皞之虚",统领"殷民六族"。②司马迁认为鲁都曲阜即"少昊之虚"③。也许同源类似正是衍生突显差异的原动力。也可以说,"文化他者"的塑造与自我定位不可分割,互为因果。④郯被指称为"夷",也许正是由于鲁本身继承商、周文化,而鲁有意压抑前者,推扬后者。鲁大夫臧文仲祀海鸟爰居被批评为淫祀⑤;昭公十年(公元前 532)鲁卿季平子伐莒,献俘,"始用人于亳社"(即用莒俘作为牺牲献祭)被指斥为背叛周公遗训,(臧武仲说:"周公其不飨鲁祭乎!周公飨义,鲁无义。"⑥)二例似乎依循一样的逻辑批判鲁背离周礼。杜预说"亳"是"殷社",祭海鸟和杀人以祭都是违反周礼的商遗俗。

郯与鲁有姻亲关系⑦。虽然一直到襄公七年(公元前 566)郯始朝鲁,但郯、鲁关系甚为密切。成公七年(公元前 584)吴伐郯,诸夏之国并未救援,郯求成。季文子说:"中国不振旅,蛮夷入伐,而莫之或恤。无吊者也夫。"⑧次年,晋因为郯"事吴"而讨伐之,并对鲁施加压力,要求鲁参与伐郯,鲁不得已而从之。由此看见华夷对比的流动性

① 《春秋左传注》,第 1227 页。

② 《春秋左传注》,第 1536—1537 页。

③ 《史记·鲁周公世家》,第 1515 页。杜预注依司马迁:"少皞虚,曲阜也。"《春秋左传注疏》,卷二五,第 948 页。马骕引田俅子(或即墨者田鸠):"少昊都于曲阜。"马骕:《绎史》,上海:上海古籍出版社 1993 年版,卷六,第三页下。

④ See Yuri Pines, "Beasts or Humans," in *Mongols, Turks, and Others: Eurasian Nomads and the Sedentary world*, eds. Amitai and Biran (Leiden: Brill, 2005), pp.59‑102; di Cosmo, *Ancient China and Its Enemies* (Cambridge: Cambridge University Press, 2002); Poo, *Enemies of Civilization* (Albany NY: SUNY Press, 2005).

⑤ 《春秋左传注》,第 526 页。《国语集解》,第 154—162 页。

⑥ 《春秋左传注》,第 1318 页。

⑦ 《左传》宣公十六年(公元前 593),"郯伯姬来归"。郯伯姬即鲁君之女嫁给郯国之君而被弃并遣回娘家者。

⑧ 《春秋左传注》,第 832—833 页。

与相对性。被蛮夷之吴侵伐之际，郯可算与中国同气连枝，应受诸夏庇护而竟未获怜恤。但当鲁要强调鲁秉周礼时，郯只能算是边鄙东夷。

文化差异的论断，有时候刻意重新界定华夷分际，以下关于另一"东夷"邾国之定位的叙述便是一例①：

> 任、宿、须句、颛臾，风姓也，实司大暤与有济之祀，以服事诸夏。邾人灭须句。须句子来奔，因成风也。成风为之言于公曰："崇明祀，保小寡，周礼也；蛮夷猾夏，周祸也。若封须句，是崇暤、济而修祀纾祸也。"（僖公二十一年，公元前639）②

成风是鲁庄公妾，鲁僖公生母。须句是成风母家，邾人灭须句，须句国君投奔鲁国求援，成风因为之请命。依照成风的说法，邾灭须句，是"蛮夷猾夏"。猾者，乱也。这句话亦见于《尚书·尧典》。但须句与其他三个风姓国都是出自大暤的东夷③，不见得要比邾濡染"王化"，但于此因"服事诸夏"（即依附鲁国）而重新定义为"夏"，而邾侵须句亦被渲染为蛮夷对周的威胁和祸患（"周祸"）。四风姓国大概地近济水，故世祀之。祭祀大暤与济，本与"周礼"无涉，但成风巧言成

---

① 据王鸣盛，战国时邾又称邹。参王鸣盛撰，黄曙辉校点：《十七史商榷》，上海：上海古籍出版社2013年版，第234页。《史记》中邾又称邹、驺，详《史记》第1545、1471页。"邹鲁之士"是娴熟典籍与礼义的群体。《史记》中"邹、鲁"屡次并提，详《史记》第1733、1900、2719页。有关邾国地理与文化，参看王献唐：《春秋邾分三国考、三邾疆邑图考》，济南：齐鲁书社1982年版；逄振镐：《东夷文化研究》，济南：齐鲁书社2007年版。

② 《春秋左传注》，第391—392页。

③ 参看傅斯年《夷夏东西说》，载于傅斯年：《史学方法导论》，北京：中国人民大学出版社2014年版，第210—269页；徐旭生：《中国古史的传说时代》，台北：里仁书局1992年版。有关太暤与少暤，参看崔述《考信录·补上古考信录》卷之下，第9—14页；李零《帝系、族姓的历史还原》，载于《文史》第3期（2017年），第5—33页。顾颉刚与童书业均认为太暤风姓与少暤尊风有关。顾颉刚《鸟夷族的图腾崇拜及其氏族集团的兴亡》，载于《史前研究》（2000年），第148—210页；童书业《春秋左传研究》，第4页。

说,声称鲁救须句是通过尊崇明德之祀、安顿寡民之小国实现"周礼"。成风的说辞显示"他者"的身份可以借修辞操控。鲁僖公接纳他母亲的建议,翌年伐邾,夺回须句,让须句国君返国,《左传》许之为"礼也"。当然,"存亡国"的大义背后亦有政治考量,须句实是鲁、邾争锋的焦点之一。须句子复国后再受邾侵袭,十九年后(文公七年),鲁再伐邾,占领须句,"真文公子焉",据杜预注:"邾文公子叛在鲁,故公使为守须句大夫也。"邾文公子叛国奔鲁,鲁僖公让他代表鲁管辖须句,是正式把须句变成鲁的附庸国。这里没有提须句子,大概"大暤之祀"也从兹而绝。《左传》对这事件的评语是"非礼也"①。

成风称邾为"蛮夷"。据孔颖达(574—648)疏,邾曹姓,颛顼之后,被周武王封于邾。杜预解释成风贬邾为夷,指出邾的"夷化":"邾虽曹姓之国,迫近诸戎,杂用夷礼,故极言之。"②邾的"夷化"与"周礼"及其代表的道德理想并存,具见于邾文公的多面向形象。侵须句两年前(僖公十九年,公元前641),邾文公遵从宋襄公(公元前650—公元前637在位)之命,"用鄫子于次睢之社",即在次睢之社杀鄫国国君以祭。宋襄公的目的是"欲以属东夷",即示威于东夷,使之震慑③。邾文公受宋襄公驱使杀人以祭,似乎是"夷"的作为。但二十七年后(文公十三年,公元前614),邾文公昭示他舍己为民的德行。那一年邾文公卜迁都于绎,得到"利于民不利于君"的卜筮结果,但他仍然坚持迁都,理由是:"苟利于民,孤之利也。天生民而树之君,以利之也。"左右劝他以自己寿命为重,他回答:"命在养民。死之短长,时也。民苟利矣,迁也,吉莫如之。""五月,邾文公卒。君子曰'知命。'"④邾文公坚执民为贵,是《左传》最理想化的人物之一。

邾国在鲁国东边,极为邻近。哀公七年(公元前488),一位邾大

---

① 《春秋左传注》,第555页。《春秋左传注疏》,卷一九上,第316页。
② 《春秋左传注疏》,卷一,第31页;卷一四,第242页。
③ 《春秋左传注》,第381页。
④ 《春秋左传注》,第597—598页。

夫曾说:"鲁击柝闻于邾。"①邾小于鲁,军力较弱(春秋末年,鲁赋八百乘,邾赋六百乘),但亦可为劲敌。邾、齐多次联盟攻伐鲁。鲁第一次伐邾复须句后不久,邾反击伐鲁。鲁轻敌败绩,邾人获得鲁僖公的头盔,把它悬挂在邾国城门。襄公四年(公元前569),邾人、莒人伐鄫,鲁大夫臧武仲救鄫,侵邾,败于狐骀。国人作歌讥讽臧武仲:"臧之狐裘,败我于狐骀。我君小子,朱儒是使。朱儒朱儒,使我败于邾。"②被邾这东夷小国打败,鲁人以为耻,所以才有此解嘲之歌——幼小的鲁君(其时鲁襄公七岁)错派矮小的臧武仲主战,以致大小易位而鲁败绩。也许正是因为邾邻近且构成威胁,鲁才更刻意贬之为夷。换句话说,立"异"背后往往有关于"同"的忧虑。

在外交场合中,华夷界线往往基于权势与利益的考量。昭公十三年(公元前529)平丘之会,邾与另一东夷小国莒向晋国控诉鲁连年挑衅压迫,以致不能缴纳贡赋于晋。晋不让鲁君参与盟会,鲁大夫子服惠伯对晋大夫叔向抗议:"君信蛮夷之诉,以绝兄弟之国,弃周公之后,亦唯君。寡君闻命矣。"③晋、鲁是同为姬姓、同出于周文王的"兄弟之国",但叔向不为所动,反而用武力恐吓威胁鲁。晋人又在平丘拘捕鲁卿季平子,"以幕蒙之,使狄人守之",把他带回晋国,俨然人质。子服惠伯私底下对晋大夫中行穆子说:"鲁事晋,何以不如夷之小国? 鲁,兄弟也,土地犹大,所命能具。若为夷弃之,使事齐、楚,其何瘳于晋? 亲亲、与大,赏共、罚否,所以为盟主也。子其图之! 谚曰:'臣一主二。'吾岂无大国?"中行穆子转告韩宣子,劝他不要"为夷执亲",晋终于送季平子归鲁④。在国际关系的协商过程中,"亲亲""兄弟"是常用的词汇,但这并不代表内与外、"亲亲"与"远夷"的对立是实际执行的政治方针。晋国关注的是鲁国扩张势力,影响东夷小国进

① 《春秋左传注》,第1643页。
② 《春秋左传注》,第940—941页。
③ 《春秋左传注》,第1357页。
④ 《春秋左传注》,第1359—1362页。

贡于晋。鲁国大夫终能说服晋释放季平子,是因为表明鲁国大可改事齐、楚。(其时晋国势已稍弱,盟主地位已动摇。)十年后(昭公二十三年,公元前 519),晋再次调停鲁与邾的纷争。鲁大夫叔孙婼不肯与邾大夫平起平坐,声称"固周制也,邾又夷也……不敢废周制故也"①。其时鲁方败邾,邾再向晋国控诉鲁,晋左袒邾而声讨鲁,所以叔孙婼的宣言,实为维护鲁国权益而发。"周制"这堂皇的名义终不能打动晋国的卿大夫,他们差点要把叔孙婼送到邾国,最后因惧怕形势不可收拾而作罢。简言之,"周"与"夷"的讨论是外交辞令的一部分,牵连利害关系,并非决定行为的原则。

另外一个对鲁自我定位有特殊意义的东夷是莱国。《左传》记载齐数次攻伐莱,终于在公元前 567 年(襄公六年)灭莱。定公十年(公元前 500)齐、鲁会于夹谷,孔丘相。王猛对齐景公献计:"孔丘知礼而无勇。若使莱人以兵劫鲁侯,必得志焉。"齐侯依计而行,但孔子以勇毅、果决及礼仪识见阻挠齐的诡计。

> 孔丘以公退,曰:"士兵之! 两君合好,而裔夷之俘以兵乱之,非齐君所以命诸侯也。裔不谋夏,夷不乱华,俘不干盟,兵不逼好——于神为不祥,于德为愆义,于人为失礼,君必不然。"齐侯闻之,遽辟之。将盟,齐人加于载书曰:"齐师出竟而不以甲车三百乘从我者,有如此盟!"孔丘使兹无还揖对,曰:"而不反我汶阳之田,吾以共命者亦如之!"②

莱虽然邻近齐、鲁,但孔子形容莱为边鄙夷人("裔夷")③。在场

---

① 《春秋左传注》,第 1442 页。
② 《春秋左传注》,第 1578 页。
③ 据《史记·管晏列传》,晏婴是"莱之夷维人"。智者来自鄙夷之地,与贤人出身卑微的故事有类似的逻辑,如:"夫百里奚之饭牛,伊尹之负鼎,太公之鼓刀,宁戚之商歌,其美有存焉者矣。众人见其位之卑贱,事之污辱,而不知其大略,以为不肖。"刘文典撰:《淮南鸿烈集解》(新编诸子集成),北京:中华书局 1989 年版,卷一三,第 405 页。

的莱人是齐灭莱所获俘虏的遗种，是齐国兵力强盛扩展势力的表征。齐侯为何用莱人而不用齐兵？孔颖达认为："齐不自使齐人，而令莱人劫鲁侯者，若使齐人执兵，则鲁亦陈兵当之，无由得劫公矣。使此莱夷，望鲁人不觉，出其不意，得伺间执之。"①也有可能莱人作为"蛮夷"属于礼仪的"灰色地带"，其中规则模糊，齐人可以乘间出击。孔子的策略是先下手为强，攻击齐违礼。在一些战国与汉的记载中，齐鲁成对比，齐代表注重实效，甚或不惜投机的适应能力，鲁代表循古守礼，可能流于不合时宜的坚执②。《左传》哀公二十一年（公元前 474）齐、鲁、邾盟会，齐代表责备鲁大夫不肯稽首，嘲笑他们墨守典章旧规，因歌之曰："鲁人之皋，数年不觉，使我高蹈。唯其儒书，以为二国忧。"③孔子的夹谷形象，或即针对这些论点背后的视野——孔子表明，守礼与实效没有矛盾，斥责用莱夷为"失礼"，是圆融的外交手段，亦是果断的政治策略。鲁国可以据礼争取失地并与齐分庭抗礼。借指称"裔不谋夏，夷不乱华"，斥责莱夷不应出场，孔子表明鲁对礼的掌握超越齐④，同时又肯定齐鲁作为华夏平等盟友的身份。

二、有史为证

郯、邾、莒、莱等东夷曾是商的附庸国，《左传》两次提到商与东夷

---

① 《春秋左传注疏》，卷五六，第 976 页。
② 《吕氏春秋·长见》对比齐始封君太公望主张"尊贤上功"与鲁始封君周公坚持"亲亲上恩"。陈奇猷撰：《吕氏春秋集释》，上海：上海古籍出版社 2002 年版，第 605 页。《淮南子》亦说周公用"尊尊亲亲"的原则治鲁，齐太公治齐则依靠"尊贤而上功"。卷一一，第 346 页。《史记·鲁周公世家》："鲁公伯禽之初受封之鲁，三年而后报政周公。周公曰：'何迟也？'伯禽曰：'变其俗，革其礼，丧三年然后除之，故迟。'太公亦封于齐，五月而报政周公。周公曰：'何疾也？'曰：'吾简其君臣礼，从其俗为也。'及后闻伯禽报政迟，乃叹曰：'呜呼，鲁后世其北面事齐矣！夫政不简不易，民不有近；平易近民，民必归之。'"《史记》，第 1524 页。
③ 《春秋左传注》，第 1717—1718 页。
④ 这也是鲁的自我期许，参看《论语·雍也》："齐一变，至于鲁。鲁一变，至于道。"朱熹集注：《四书集注》，台北：世界书局第 1990 年版，《论语》卷三，第 39 页。

的关系:"商纣为黎之蒐,东夷叛之"(昭公四年,公元前 538);"纣克东夷,而陨其身"(昭公十一年,公元前 544)①。东夷的历史,起码可上溯至商或更早。杞为夏后,也曾被称为夷和"用夷礼"(僖公二十三年、二十七年,公元前 637、公元前 633)。晋平公之母的母家是杞,襄公二十九年(公元前 544),她要求晋司马女叔侯对鲁施加压力,把鲁侵占杞的土地还给杞,鲁没有尽数归还,晋平公母责备女叔侯,他反驳说晋也曾兼并小国,并进一步比较鲁、杞:"杞,夏余也,而即东夷。鲁,周公之后也,而睦于晋。以杞封鲁犹可,而何有焉。"②杞有悠久的历史,但因与周无涉被贬为夷。

与周的亲疏关系决定夷夏之分,是常见的话题。盟主的身份往往建基诸夏与周的历史渊源,但亦有例外。刻意淡化与周的关系,可以是抗拒周王之要求、不受其羁縻的方法。昭公十五年(公元前 527),周景王穆后死,晋卿荀跞与及其副使籍谈往周吊唁。丧礼后,周王与晋使饮宴,用鲁国进贡的壶做酒樽,并借机质问晋为何没有贡器于周。

> 王曰:"伯氏,诸侯皆有以镇抚王室,晋独无有,何也?"文伯(荀跞)揖籍谈。对曰:"诸侯之封也,皆受明器于王室,以镇抚其社稷,故能荐彝器于王。晋居深山,戎狄之与邻,而远于王室,王灵不及,拜戎不暇,其何以献器?"③

籍谈回溯周初封建历史,说明当初诸侯受封时曾得"明器"的赏赐,所以能够把"彝器"进贡给周天子。在这种礼尚往来的交易语境下,籍谈暗示晋没有贡礼器是因为当初受封时周室并未赐器。周晋关系疏远是由于地理阻隔,晋处于"深山",为了对付戎狄应接不暇,怎

---

① 《春秋左传注》,第 1252、1323 页。
② 《春秋左传注》,第 1160 页。
③ 《春秋左传注》,第 1371 页。

能有余力"献器"？所谓"王灵不及"，指周室威武没有延伸到晋，晋与戎狄周旋，周室没有予以实际帮助。另一层意思可指晋没有得到周王宠惠（即"明器"）。为了抗拒周室需索，晋不惜自等于戎狄。晋与戎狄为邻，所以晋公子大夫有难时往往"奔狄"。定公四年（公元前506）的一次盟会中，卫国祝佗述说晋国历史："命以《唐诰》而封于夏虚，（杜注谓："即太原晋阳。"）启以夏政，疆以戎索。"①晋的始封君是周武王之子、成王之弟唐叔虞，封地在夏墟，故受夏政启迪，而规划约束的依归则因地理环境用戎的法度。杜注谓："大原近戎而寒，不与中国同，故自以戎法。"②在《尚书》《诗经》里，周有时候也自称"夏"③，但这里"夏政"似乎指向异于周的典章制度。更关键的是籍谈聚焦保卫晋的权益，声称晋为了应付戎狄，不得不远离周王室。

周景王回应籍谈，如数家珍地追叙周赐唐叔虞及晋文公的礼物，并指称唐叔虞借之"匡有夷狄"，晋文公用以"抚征东夏"。籍谈利用戎狄建构一"另类"晋国史，周景王反驳他，说晋邻近戎狄的领土本为周室所赐，而且赐晋的宝器亦有镇抚夷狄的功效。他们的论争，关乎周对晋的需索与晋对周的义务④。周景王与籍谈陈说的历史各自基于周、晋权益。在这对话的结尾，双方均受谴责。景王谓籍谈抹杀周予晋的封赠，犹如"数典而忘其祖"，因为籍谈的远祖管理晋之典籍历史，所以称为籍氏。但同时周景王亦受批评。籍谈返晋，告诉叔向对话始末。叔向认为周王必然不得善终，因为一年之内丧妻丧子，本极悲哀，不应宾宴或求彝器。叔向总结说："礼，王之大经也。一动而失

---

① 《春秋左传注》，第1539页。
② 《春秋左传注疏》，卷五四，第949页。
③ 如《尚书·康诰》《多士》《君奭》《立政》，《诗经·皇矣》《时迈》《思文》。参看陈致《夷夏新辨》，载于《诗书礼乐的传统：陈致自选集》，上海：上海人民出版社2012年版，第330—353页。
④ 参看冯李骅《左绣》对这段的评论："此篇前后相对……王求彝器，却不重责其无，而单责其忘典。晋论失礼，亦不重讥其求，而单讥其忘经。都是将冠冕处来做个话柄，其实一贪一吝，满肚皮意思都注在彝器上，当于言外得之。"载于李卫军编著：《左传集评》，北京：北京大学出版社2016年版，第1715页。

二礼,无大经矣。言以考典,典以志经,忘经而多言,举典将焉用之?"叔向认为这种"非礼"的作为,是不祥的预兆。果然景王翌年(公元前520)在一场继位纷争中得"心疾"而死。

与籍谈论晋史"外周"相映成趣的是楚灵王(公元前541—公元前529在位)述楚史时锐意发掘周、楚渊源,而两个故事的核心都是"求器"。楚灵王与楚大夫然丹的对话,昭示他无涯的权力意志(昭公十二年,公元前530):

> "昔我先王熊绎与吕伋、王孙牟、燮父、禽父并事康王,四国皆有分,我独无有。今吾使人于周,求鼎以为分,王其与我乎?"对曰:"与君王哉!昔我先王熊绎,辟在荆山,筚路蓝缕以处草莽,跋涉山林以事天子,唯是桃弧、棘矢以共御王事。齐,王舅也;晋及鲁、卫,王母弟也。楚是以无分,而彼皆有。今周与四国,服事君王,将唯命是从,岂其爱鼎?"①

周初封建最常提到的是周武王及周成王。楚灵王为何特意聚焦成王之子康王②?为何楚的祖先熊绎不是与齐、卫、晋、鲁的祖先并提,而是与他们的儿子并列?(吕伋是齐太公之子丁公、王孙牟即卫康叔子康伯、燮父是晋唐叔之子、禽父即鲁周公子伯禽。)也许楚灵王故意避开人所习知的周初封建历史,另外营造一幕楚国祖先与诸侯共事周康王的场景。前述楚庄王问鼎,有试探虚实的意味,这里楚灵王预想求鼎,则是明目张胆的需索,理由是楚国祖先居功比美诸夏的第二代领袖,但没有得到相应的报酬。极尽谲谏能事的然丹,阳诣阴讽,通过迎合楚灵王的姿态暴露他权力梦

---

① 《春秋左传注》,第 1339 页。

② 据《史记·楚世家》:"熊绎当周成王之时,举文、武勤劳之后嗣,而封熊绎于楚蛮,封以子男之田,姓芈氏,居丹阳。楚子熊绎与鲁公伯禽、卫康叔子牟、晋侯燮、齐太公子吕伋俱事成王。"《史记》,第 1691—1692 页。

想的荒诞①。然丹形容熊绎处于僻远的荆山草莽，乘柴车穿破衣，不辞长途跋涉去事奉周康王，他的贡品是桃木弓和荆棘箭。熊绎的僻陋简朴，可以解释为他事周的忠诚，但同时也暗示楚的"蛮夷"身份②。（然丹本是郑国贵族，他是郑穆公之孙，子然之子，因郑国内乱奔楚，成为楚国右尹。）然丹提醒楚灵王，齐、晋、鲁、卫与周室有血缘及姻亲关系，不过又以反话作结论：周与齐、晋、鲁、卫都服事楚灵王，只有唯命是从，怎么敢吝啬一鼎？这场对话还有精彩的延续，而告终时楚灵王有短暂的悔悟。楚灵王的定霸野心与然丹旁敲侧击的讽谏，都是通过"熊绎事康王"这段"历史"的塑造与想象。前述鲁季文子说楚"非我族类"，楚灵王却着意刻画楚、周的共有历史，借泯灭夷夏之分来达成楚国的非分之求。如前所述，在《史记》里两位楚王自称"蛮夷"，目的是蔑视周室，拒绝遵守周礼制。但在《左传》，楚国对诸夏的凌逼，是通过伸张楚与周的历史关系达成的。

总言之，"华""夷"定位往往是策略性的。肯定或否定华夷联系或华夷分际，因为种种时机有特定的作用，关键在于掌握有关言说的流动性，在外交场合或政策讨论时趋利避害。另外一个值得考索的例子是戎子驹支——通过整合陈述戎人历史，他阐明戎与诸夏同中有异、异中有同。襄公十四年（公元前559），晋国召集诸侯于向，谋伐楚国，晋卿范宣子指责戎子驹支泄露晋国机密，兼且散布谣言，致使诸侯对晋国萌生异心。他援引历史，指出晋国曾经帮助姜戎抵御秦国的侵略：

　　将执戎子驹支，范宣子亲数诸朝，曰："来！姜戎氏！昔秦人迫

---

① 关于讽谏，参看拙作 "Riddles, Concealment, and Rhetoric in Early China," in *Facing the Monarch: Modes of Advice in the Early Chinese Court*, ed. Garret Olberding (Cambridge, MA: Harvard University Asia Center, 2013), pp.100–132.

② 蒋铭《古文汇钞》评道："说楚甚微贱，说四国甚尊贵，以名有分无分之故，言下轻重自见。"载于《左传集评》，第 1669 页。

逐乃祖吾离于瓜州,乃祖吾离被苫盖,蒙荆棘,以来归我先君,我先君惠公有不腆之田,与女剖分而食之。今诸侯之事我寡君不如昔者,盖言语漏泄,则职女之由。诘朝之事,尔无与焉。与,将执女。"①

照范宣子的述说,昔日秦国逼迫驱逐姜戎。姜戎祖先吾离在狼狈艰困中依附晋惠公。晋惠公慷慨地把田地分给姜戎,但姜戎忘恩负义,竟然在这次盟会离间晋国与诸侯的关系。为了惩戒姜戎,范宣子禁止驹支参与盟会。作为回应,驹支先表明戎基本上忠于晋,但他也指出戎有独立权。他承认历史上戎曾受恩于晋,不过晋给戎的土地原本是蛮荒之地,一切都是戎人自身努力才发展起来:

> 对曰:"昔秦人负恃其众,贪于土地,逐我诸戎。惠公蠲其大德,谓我诸戎,是四岳之裔胄也,毋是翦弃。赐我南鄙之田,狐狸所居,豺狼所嗥。我诸戎除翦其荆棘,驱其狐狸豺狼,以为先君不侵不叛之臣,至于今不贰。昔文公与秦伐郑,秦人窃与郑盟,而舍戎焉,于是乎有殽之师。晋御其上,戎亢其下,秦师不复,我诸戎实然。譬如捕鹿,晋人角之,诸戎掎之,与晋踣之。戎何以不免?自是以来,晋之百役,与我诸戎相继于时,以从执政,犹殽志也,岂敢离逖?今官之师旅,无乃实有所阙,以携诸侯,而罪我诸戎!我诸戎饮食衣服不与华同,贽币不通,言语不达,何恶之能为?不与于会,亦无瞢焉。"赋《青蝇》而退。宣子辞焉,使即事于会,成恺悌也。于是子叔齐子为季武子介以会,自是晋人轻鲁币而益敬其使。②

① 《春秋左传注》,第 1005—1006 页。关于戎子驹支的讨论,我曾于以下文章提及: "Poetry and Diplomacy in Zuozhuan," *Journal of Chinese Literature and Culture* 1 (2014):242‑262, "Anecdotal Barbarians in Early China," in *Between Philosophy and History: Rhetorical Uses of Anecdotes in Early China*, eds. Queen and van Els (Albany: SUNY Press, 2017), pp.113‑144.

② 《春秋左传注》,第 1006—1007 页。

在《左传》里，戎狄鲜有发言，这是绝无仅有的戎狄外交辞令。晋惠公赐给戎的土地，荒芜僻远，狐狸豺狼遍野。戎人披荆斩棘，是把"文明"带到蛮荒之地的垦荒者。谓戎"不贰"，即是表明基本上忠于晋国。但所谓"不侵不叛之臣"，说得不亢不卑，即是既不叛离晋国，也不会侵犯晋国（但亦即谓戎有能力侵晋），只是希望保持距离，维持互不干扰的政策。驹支承认晋曾助戎抵御秦，但他强调戎、晋的互助平等关系，在秦晋纷争中戎助晋制服强秦，六十八年前（公元前 627）的殽之战，晋败秦，戎有莫大功劳①。驹支申辩华夷异中有同，诸戎是"四岳之裔胄"。诸夏中齐、许、申、吕与姜戎同为四岳之后。据杜预注，四岳是尧时姜姓方伯。《国语·周语下》，谓四岳乃共（或谓即共公）之从孙，曾佐禹治水。此外《尚书·尧典》称尧谘四岳，问谁可治水②。姜戎既是姜姓的四岳苗裔，便与诸夏同源。（《史记》系统化地写各族群同源，于《左传》此段已见端倪。）

但华戎毕竟同源异流。诸戎与诸夏饮食、衣服、赘币、言语都不同，无法挑衅或调停诸夏之间的矛盾，离间晋与其同盟国之协定，所以范宣子的控诉不成立。同时，戎要与晋"划清界线"，表明对晋不准与会的威胁无动于衷。驹支陈述华戎同异及其历史纠缠后，"赋《青蝇》而退"。《诗经·小雅·青蝇》："营营青蝇，止于樊。岂弟君子，无信谗言。营营青蝇，止于棘。谗人罔极，交乱四国。营营青蝇，止于榛。谗人罔极，构我二人。"③郑玄、孔颖达、朱熹都认为此诗以青蝇起兴，让诗人痛斥谗人致乱，构陷忠良。因为青蝇有颠倒黑白的习性，这一意象和进谗小人有直接的寓意联系。通过赋《青蝇》，驹支要求晋不可轻信谗言，妄生嫌隙，亦即把"他者"的身份转嫁到那些挑拨离间的谗人身上。驹支强调华戎言语不同的交流障碍，却借赋诗肯定华戎的

---

① 《左传》僖公三十一年殽之战的记述，并未提到姜戎。
② 《春秋左传注疏》，卷三二，第 558 页。《国语集解》，第 95—97 页。《尚书集释》，第 14—15 页。参看童书业《春秋左传研究》，第 28 页。
③ 郑玄注，孔颖达疏：《毛诗正义》，《重刊宋本十三经注疏（附校勘记）》，第二册，卷一四下，第 489—490 页。

共同价值和文化渊源,重新建立友好关系,抹去戎人的"他者"定义。范宣子辞谢,让戎与会,"成恺悌也",即成就了驹支赋《青蝇》对范宣子作为不轻信谗言之恺悌君子的期待。晋亦因此减轻对附属国如鲁国的要求,更加敬重他们的使节。驹支这席话,是惠及诸小国、极有功效的进谏。

驹支(间接而言也是《左传》这段话的作者或编者)代表华夷论述的两面性:戎是"野蛮"的,亦是"文明"的;是"他者",但又与诸夏同源;不干预诸夏之间的关系,却能改进联盟的合理性。借论证"戎史",驹支重新界定华戎同异与华戎分际,捍卫戎的自主与权益。

三、他者属性的道德化解释与其修辞框架

上述驹支的陈词,把道德判断带进华戎同异的论述——进谗之小人(而非戎狄)是国际关系恶化的罪魁。不过更常见的情况,是蛮夷戎狄被形容为不道德。因为这些论点往往出现于人物的言说,我们应该考虑其修辞框架。如隐公九年(公元前714),郑戎对垒,郑公子突(后来即位为郑厉公)说:"戎轻而不整,贪而无亲。胜不相让,败不相救。"[1]公子突的判断,是当时策略讨论的一环。郑庄公(公子突之父)担心郑用战车,戎用步兵,郑不能灵活应战。公子突建议先派遣"勇而无刚者"突袭诱敌后赶紧后退,郑设三面埋伏等待戎兵,结果郑人打败戎军。这不能证明轻率、缺乏纪律被广泛认同为戎之特性,我们只能说在这场论辩策略的过程中,公子突用戎的属性顺带为他的军事决定下注脚,毕竟诱敌埋伏的伎俩在诸夏战争中也多次出现。

---

[1]《春秋左传注》,第65—66页。类似的策略判断又见于僖公八年(公元前652),晋败狄,晋将梁由靡想乘胜追击:"狄无耻。从之,必大克。"《春秋左传注》,第322页。但夷狄的道德缺陷亦可用以解释妥协,如哀公十三年(公元前482),晋国将领认为晋不应与吴争锋,因为"夷德轻,不忍久,请少待之"。《春秋左传注》,第1677页。

有些时候,贬斥诬蔑蛮、夷、戎、狄是为了证明战事合理。闵公元年(公元前661),狄人伐邢,管仲(公元前643年死)劝齐桓公救邢拒狄:"戎狄豺狼,不可厌也。诸夏亲昵,不可弃也。宴安酖毒,不可怀也。"①邢国始祖是周公第四子,齐始祖是周文王、武王的名臣,诸夏同声相应,同气相求。邢狄对立,理所当然,这也是齐桓公取威定霸的第一步。但"戎狄豺狼""诸夏亲昵"的论点并非贯彻始终地左右政策。十九年后(僖公十八年,公元前642),邢与狄联盟攻卫,而卫是与邢同为姬姓的兄弟之国。(卫始祖是周武王之弟。)翌年,卫报仇伐邢。僖公二十年(公元前640),齐、狄盟于邢,为邢准备如何对付卫国的攻伐。五年后,卫灭邢(僖公二十五年,公元前635)。换句话说,齐、狄、卫、邢的错综关系,并非禽兽比拟戎狄前提下的夷夏对垒。

禽兽的比喻,不但是征伐的合理化,也兼及和议②。襄公四年(公元前569),无终子嘉父(山戎一支,或曰北戎)派孟乐去晋国,通过晋大夫魏绛献上虎豹之皮,请求晋与诸戎达成和议。晋悼公(公元前573—公元前558在位)疑虑戎不可信:"戎狄无亲而贪,不如伐之。"魏绛陈词谏阻,但其出发点并非否决"戎狄无亲而贪"的批评。相反的,他更彻底地贬低戎狄:"诸侯新服,陈新来和,将观于我。我德则睦,否则携贰。劳师于戎,而楚伐陈,必弗能救,是弃陈也。诸华必叛。戎,禽兽也。获戎失华,无乃不可乎?"③其时晋方欲重振霸业,必须保护新附庸的陈国,解除楚对陈的威胁。如果因伐戎顾此失彼无力救陈,便会"获戎失华",这是轻重倒置,得不偿失。在谏词中段,魏绛提到有穷后羿的故事。后羿曾一度取得夏的政权,但由于沉湎狩猎,误信寒浞,以致败亡。寒浞灭斟灌氏与斟寻氏,二氏族遗民在夏臣靡的

① 《春秋左传注》,第256页。

② 在《史记》里,汉对匈奴的征伐与和亲政策,均取譬于夷狄禽兽的比拟。参看拙著,"Historical Understanding in 'The Account of the Xiongnu' in Shiji," in *Views from From Within, Views from Beyond: "Shiji" as an Early Work of Historiography*, ed. Shaab-Hanke, Lomova, van Ess (Wiesbaden: Harrassowitz, 2015), pp.79 – 102.

③ 《春秋左传注》,第936页。

领导下灭寒浞,立少康为夏君。魏绛引警戒耽溺田猎的《虞人之箴》作结。这一段夏代逸史与上下文似乎不相连贯①。我们也许可以猜想其中的比喻关系——伐戎的错误,是否可以比拟后羿沉湎打猎、误信奸邪? 后羿与寒浞的败亡,是否概括性地指向重武的祸害及德政的必要②? 此段的作者或编者也似乎意识到首尾不相应的问题,所以特地解释:"于是晋侯好田,故魏绛及之。"晋悼公有田猎之癖,魏绛借题发挥,一石二鸟,把伐戎与"好田"连在一起。军事与田猎,本来相关,若戎为"禽兽",那关联可能更顺理成章。另一方面,伐戎与耽溺田猎的比拟,表示两者均为恣纵重武,必须敛抑。接下来魏绛论和戎有五利,说服晋侯。晋、戎联盟后,晋、周关系恶化。和戎翌年,周灵王派遣王叔陈生到晋国控诉戎人,晋人执之。晋大夫士鲂去周京,声称王叔陈生有贰心,与戎勾结。何焯(1661—1722)以为:"晋新和诸戎,将与楚争陈、郑,又无以谢王之愬,明以贰戎诬使人,使王惭而自止。"③晋是否因为盟戎,不肯代周讨戎,因此诬蔑王叔陈生,由于记载简略,我们无从确知。可以断言者,是晋盟戎后拒绝听从周王控诉及讨戎的请求。这是"尊王攘夷"的原则的反面。

昭示我者与他者壁垒森严最显著的例子,是襄公二十四年(公元前 636)周大夫富辰谏周襄王不可与狄联盟伐郑。富辰提出"亲亲"的原则,回顾周初"封建亲戚以蕃屏周"的历史,并援引《诗》颂兄弟情谊的篇章。对比郑、狄,富辰认为郑有四德——"庸勋、亲亲、昵近、尊贤",狄有四奸——"即聋、从昧、与顽、用嚚"。郑之"四德"以历史、地理及其行为为依归。"庸勋"即酬报功勋,因周平王东迁,周惠王出奔,都曾得到郑的帮助。"亲亲"指亲近亲戚,盖郑的始封君为周厉王

---

① 参看童书业《春秋左传研究》,第 22—24 页。《国语·晋语七》魏绛论和戎三利,谏词简短,没有提到夏代逸史。《国语集解》,第 411—412 页。
② 说详竹添光鸿《左传会笺》:"言羿之不修民事,浞之不德于民,以回照获戎失华之语也。浞不好田而家亦详序之者,浞不德于民,使浇灭斟灌与斟寻,靡因收二国之烬以灭浞。时晋侯欲伐戎,故因羿事以及浞,规用师不可不慎耳。"第 983 页。
③ 《左传集评》,第 1108 页。

之子，周宣王的同母弟。"昵近"即靠拢亲近者，于此或指周、郑接壤。"尊贤"指郑用人得当。相比之下，狄之"四奸"因为关乎性情智力与身体感官而显得绝对化。"耳不听五声之和为聋，目不别五色之章为昧，心不则德义之经为顽，口不道忠信之言为嚚。狄皆则之，四奸具矣。"①周襄王不听富辰劝谏，与狄人联盟攻打郑国，败郑后又娶狄女为后。襄王弟王子带与狄后私通，以狄师伐周，大败周师，襄王出奔。这些后续的事件似乎坐实了富辰的言论，然而"亲亲"原则亦是王子带之乱的肇因。僖公十一年（公元前 649），王子带召戎伐周京，入王城，焚东门，秦、晋伐戎救周，王子带出奔齐。十一年后（僖公二十二年，公元前 638），富辰劝襄王召王子带归京师，理由是"吾兄弟之不协，焉能怨诸侯之不睦？"②然则"亲亲"可以是致乱之由。再者，终春秋之世，周郑交恶，例子具在。狄之奸邪，只是谏词的脉络，而"亲亲"原则的失败，更使基于诸夏与戎狄敌对的政策显得前后矛盾。

我们亦可以在《左传》找到一些顺带提出的轻蔑蛮夷的论点。看似偶然、无须特别坚持的意见，恰好反映共识。以下单襄公代表周定王（公元前 606—公元前 586 在位）对晋国使节士庄伯所发怨言，便是一例。成公二年（公元前 589），晋败齐于鞌，派士庄伯去周京进献战利品。周定王不肯接受，派单襄公辞谢：

> "蛮夷戎狄，不式王命，淫湎毁常，王命伐之，则有献捷。王亲受而劳之，所以惩不敬、劝有功也。兄弟甥舅，侵败王略，王命伐之，告事而已，不献其功，所以敬亲昵、禁淫慝也。今叔父克遂，有功于齐，而不使命卿镇抚王室，所使来抚余一人，而巩伯（士庄伯）实来，未有职司于王室，又奸先王之礼。余虽欲于巩伯，其敢废旧典以忝叔父？夫齐，甥舅之国也，而大师之后也，宁不亦淫从

---

① 《春秋左传注》，第 420—425 页。
② 《春秋左传注》，第 395 页。

其欲以怒叔父,抑岂不可谏诲?"士庄伯不能对。①

诸夏奉王命讨伐蛮夷戎狄而得胜,则有献捷礼,讨伐"兄弟甥舅"之国,则只有报告成事而已。周定王严分内外,似乎直截了当。鞌之战,齐、晋以私怨相攻,无涉"王命",周定王责献捷非礼,暗示伐齐之非,隐然有"重振天威"的意味。但问题的症结是周、晋关系,而非当时的"夷夏观"。从献捷非礼,定王转移视线到晋派士庄伯为使节的失策。士庄伯非"命卿",在周王室并未有职分,派遣他是对周室不敬。定王降低仪节接待士庄伯,但仍与之宴,并私下送他礼物,遣相礼者告诉他:"非礼也,勿籍。"周定王的反应,显示他欲振王纲,对晋之轻慢表示艴然,但同时又畏晋之强,曲为周旋。既送礼又明知非礼,所以要求其事不要记载在史册上。严分内外华夷的议论背后,是周天子与盟主相互所持的期待如何平衡与协商。

四、结　论

上述例子显示,有关蛮、夷、戎、狄的议论及故事,因应种种修辞需要,在辩论政策和处理外交各方面起作用。在战国晚期至汉初文本中,多种立场与观点,包括文质之辩与变法论争,都是通过蛮夷故事演绎②。他者身份,可以正常化、异化、转化为道德属性,目的可能是支持某策略或措施、协商分歧立场、完成某族群的自我定位。凡此种种,不限于《左传》,中国传统载籍中类似言论比比皆是。《左传》成书于秦汉统一之前,所以问题的流动性较大。在大一统的视野下,中央与

---

① 《春秋左传注》,第809—810页。
② 戎使由余使秦的故事(《韩非子》《吕氏春秋》《韩诗外传》《史记》《说苑》)及赵武灵王胡服骑射的叙述(《战国策》《商君书》《史记》),都跟文质之辨及变法论争有关。参看拙著"Anecdotal Barbarians in Early China"。

边缘对立的意识提高，"他者"问题往往牵连边疆扰乱，外族入侵。如前所述，华夷之辨逐渐演绎成一种空间秩序——离中央愈远，"蛮化"程度愈显著。这观点见于《尚书·尧典》《国语·周语上》和《荀子·正论》，而在《礼记·王制》得到系统性的发挥。

边缘联系罪恶与刑罚。《尚书·尧典》："（舜）流共公于幽州，放欢兜于崇山，窜三苗于三危，殛鲧于羽山，四罪而天下咸服。"[1]《孟子·万章上》所云同。幽州、崇山、三危、羽山分别指北、南、西、东。舜命皋陶掌刑法："皋陶。蛮夷猾夏，寇贼奸宄。汝作士，五刑有服，五服三就。五流有宅，五宅三居。惟明克允。"[2]传说中刑法的起源正是针对蛮夷侵扰华夏带来的祸乱，而秩序重整是依靠五刑、五流，即用刑罚与流放重新划定中央与边鄙蛮夷的界线。《国语·周语上》中，内史过论先王以敬慎为政，却仍不免有剩余的"不良份子"，也是把蛮夷与罪人并列："犹有散迁懈慢，而著在刑辟，流在裔土，于是乎有蛮、夷之国，有斧钺、刀墨之民。"[3]《左传》文公十八年（公元前609），鲁太史克述舜立帝基的传说。舜建立理想秩序的根基是把"四凶"流放四方边缘："舜臣尧，宾于四门。流四凶族，浑敦、穷奇、梼杌、饕餮，投诸四裔，以御螭魅。"[4]太史克并未把"四凶"或"螭魅"联系外族，那关系是在《史记》建立的。《史记·五帝本纪》记流放四凶，紧扣其与蛮夷戎狄的关系：

> 三苗在江淮、荆州数为乱。于是舜归而言于帝，请流共公于幽陵，以变北狄。放欢兜于崇山，以变南蛮。迁三苗于三危，以变西戎。殛鲧于羽山，以变东夷。四罪而天下咸服。[5]

---

① 《尚书集释》，第 23 页。
② 《尚书集释》，第 26—27 页。
③ 《国语集解》，第 34 页。
④ 《春秋左传注》，第 641 页。
⑤ 《史记》，第 28 页。《大戴礼记》有类似记载，参看方向东：《大戴礼记汇校集解》，北京：中华书局第 2008 年版，第 714—715 页。

流四凶的故事,似乎严分华与夷、中央与边鄙,使之联系秩序与失序、德行与过犯。但四凶分别是帝鸿氏、颛顼氏、少皞氏、缙云氏之"不才子",亦即表明四凶与主要氏族同源。"螭魅",杜预解释为"山林异气所生,为人害者"①。以四凶御螭魅,即以之对抗更严重的威胁,似乎间接对中央秩序有贡献。这多重语意的模棱,在《史记》更明显。《史记》谓四罪人"变"蛮夷戎狄,亦有御乱之意。所谓"变",是四罪人变作蛮夷戎狄? 还是变化蛮夷戎狄? 据《史记索隐》的解释:"变谓变其形及衣服,同于夷狄也。"《史记正义》则说:"言四凶流四裔,各于四夷放共公等为中国之风俗也。"《史记集解》引徐广,云"变"一作"燮"。燮即燮理、调和。据徐广,四罪人调和华夷矛盾而建立靖乱的缓冲地。但无论四凶流四裔的经历是他们的"蛮夷化",还是边缘的"华化",中央依然是秩序根源,这秩序可以把华夷分际消融或使其极端化。

《左传》记僖公二十五年(公元前635),晋文公建霸,围攻阳樊。阳樊人仓葛不服,他说:"德以柔中国,刑以威四夷,宜吾不服也。此谁非王之亲姻,其俘之也?"②晋文公因此让阳樊人离城,没有把他们当作战俘。中国与四夷对立,前者需服之以德,后者可用武力对付。认为"四夷"联系边缘、危险、过犯(即武力对付的合理化)的观点间歇出现于《左传》,不过如前所述,这观点时隐时显,并非贯彻始终。试比较《左传》与《公羊》《穀梁》二传,便可察知后者更接近严辨华夷尊卑,并强调华夷之辨取决于礼义的视野。《公羊传》明言霸业的定义是尊王攘夷。《春秋》僖公四年(公元前656)云:"楚屈完来盟于师,盟于召陵。"《公羊传》解释和议两用"盟"字:"则曷为再言盟?喜服楚也。何言乎喜服楚? 楚有王者则后服,无王者则先叛。夷,狄也。而亟病中国。南夷与北狄交,中国不绝若线。桓公救中国而

① 《春秋左传注疏》,卷二〇,第355页。
② 《春秋左传注》,第434页。

攘夷狄。"①召陵之盟，《公羊传》认为是中国与夷狄抗争的转折点。齐桓公定霸服楚，扭转了中国屡被南夷北狄侵犯的命运。

中国与夷狄概括地分为两大阵营，中喻圣人褒贬与夺，是《公羊传》《穀梁传》的解经特色②。《春秋》记庄公十年（公元前684），"荆败蔡师于莘，以蔡侯献舞归"。《公羊传》说："荆者何？州名也。州不若国，国不若氏，氏不若人，人不若名，名不若字，字不若子。蔡侯献舞何以名？绝。曷为绝之？获也。曷为不言其获？不与夷狄之获中国也。"③即谓言荆不言楚或楚子（楚文王）是贬斥的意思，蔡侯被执而不言获，是因为圣人不忍承认夷狄擒拿诸夏国君，亦即以蔡侯代表中国。《穀梁传》记同一事件亦认为称楚为荆是"狄之也"④。《春秋》记成公十二年（公元前579），"晋人败狄于交刚"。《穀梁传》的解说是"中国与夷狄不言战，皆曰败之"⑤。《春秋》哀公十三年（公元前482）记"公会晋侯及吴子于黄池"。《左传》记吴王夫差图霸未遂，于黄池之会与晋争歃血先后，并凌逼鲁臣。其时越已入吴，故夫差面有墨色，仓促回国，吴不旋踵而灭。《公羊传》认为吴称"子"是因为"吴主会"。吴子"排名"在晋侯之后，是因为《春秋》"不与夷狄之主中国也"，但还是说"会吴子"，是承认"两伯"之实情，表示"重吴"："吴在是，则天下诸侯莫敢不至也。"据何休注：这是"恶诸侯君事夷狄"⑥。

《公羊》《穀梁》二传惯称吴、楚为"夷狄"，但"夷狄"也可因行为"合礼"而受赞扬。如《公羊传》定公四年（公元前506），谓吴伐楚是

---

① 何休注云："南夷，谓楚灭邓、穀，伐蔡、郑。北夷，谓狄，灭刑、卫，至于温。交乱中国。"何休解诂、徐彦疏，刁小龙整理：《春秋公羊传注疏》，上海：上海古籍出版社2014年版，第390—392页。"北夷"也可能指齐桓公北伐山戎。

② 以下有关《公羊传》《穀梁传》的讨论，与拙著《华夷之辨与异族通婚》有重复的地方。该文载于乔健、邱天助、罗晓南编：《谈情说异：情、婚姻、与异文化的跨界论述》，台北：世新大学出版中心2012年版，第45—63页。

③ 《春秋公羊传注疏》，第260—264页。

④ 范宁集解、杨士勋疏：《春秋穀梁传注疏》，《重刊宋本十三经注疏（附校勘记）》第7册，卷五，第51页。

⑤ 《春秋穀梁传注疏》，卷一四，第139页。

⑥ 《春秋公羊传注疏》，第1181—1184页。

因为"救蔡",所以"称子"是褒义,"夷狄也,而忧中国"①。黄池之会,《榖梁传》认为吴是自称"子",特别值得称许:

> 黄池之会,吴子进乎哉,遂子矣!吴,夷狄之国也,祝发文身,欲因鲁之礼,因晋之权,而请冠端而袭,其藉于成周,以尊天王,吴进矣。吴,东方之大国也,累累致小国以会诸侯,以合乎中国,吴能为之,则不臣乎?吴进矣。王,尊称也。子,卑称也。辞尊称而居卑称,以会乎诸侯,以尊天王。吴王夫差曰:"好冠来。"孔子曰:"大矣哉。夫差未能言冠,而欲冠也。"②

《榖梁传》述说吴王夫差自称"子",尊周王,向慕中国衣冠,虽然尚未能说出冠冕的等级差别("未能言冠"),但是求冠希冀与诸夏共朝周的意愿是可嘉的。这传说不知所自,描摹的是夫差"夷而夏"的转型。这是置成败利钝于度外的历史判断,因为这"转型"恰好是在他败亡的时刻完成的。

换句话说,华夷对垒的道德判断是绝对的,但因为"华""夷"定义可以随道德视野转移,这些判断于是有周旋余地。《公》《榖》二传多用"夷狄"或"狄"作动词,解释《春秋》书法。如《春秋》记僖公三十三年(公元前627)"晋人及姜戎败秦师于殽",《公羊传》说:"其谓之秦何?夷狄之也。"③"夷狄之"是因为秦穆公不听百里奚与蹇叔子谏言,以致兵败。《榖梁传》持说同,但加上秦师军纪荡然、奸淫劫掠的罪名:"不言战而言败,何也?狄秦也。其狄之,何也?秦越千里之险,入虚国。进不能守,退败其师徒。乱人子女之教,无男女之别,自殽之战始也。"④秦穆公不纳谏,轻袭远国,以致惨败,只能算是政策失误,

---

① 《春秋公羊传注疏》,第 1070 页。
② 《春秋榖梁传注疏》,卷二〇,第 204 页。
③ 《春秋公羊传注疏》,第 500—501 页。
④ 《春秋榖梁传注疏》,卷九,第 95 页。

但《公》《穀》二传均提升为界定华夷的道德判断。又《春秋》昭公二十三年（公元前519），吴击败附属楚的小国，《公羊》认为《春秋》书法表明圣人"不与夷狄之主中国也"，"然则曷为不使中国主之？中国亦新夷狄也"。据此则不写诸夏盟主，不是因为中国无霸，而是因为中国亦已沦为"新夷狄"。何休解释"新夷狄"："中国所以异乎夷狄者，以其能尊尊也。王室乱，莫肯救，君臣上下坏败，以新有夷狄之行，故不使主之。"①中国可为新夷狄，夷狄亦可晋升中国。《春秋繁露·竹林》因之提出"变"的观念："《春秋》之常辞也，不予夷狄，而予中国为礼，至邲之战，偏然反之，何也？曰：《春秋》无通辞，从变而移。今晋变而为夷狄，楚变而为君子，故移其辞以从其事。"②

如前所述，《左传》中的华、夷定义亦可以转移，但关键不在于道德判断。齐桓公立周襄王，晋文公定霸的重要一环是败狄勤王，即把当时流亡在外的周襄王迎回王城。齐、晋国君都曾"平戎于王"。但诸夏与戎狄联盟攻伐周或其他诸夏国的事例并不罕见，并亦不一定招致批判。同时，《公羊传》所谓"内诸夏而外夷狄"的空间秩序，并没有在《左传》实现。《左传》昭公九年（公元前533），周、晋大夫争田，晋人率领阴戎攻伐离周京不远的颖。周王派詹桓伯向晋进言，历数周初领土之广大，并埋怨晋人迁戎于周京附近，大大违反周与夷狄应有的内外关系：

> 先王居梼杌于四裔，以御螭魅，故允姓之奸居于瓜州。伯父惠公归自秦③，而诱以来，使逼我诸姬，入我郊甸，则戎焉取之。戎有中国，谁之咎也？后稷封殖天下，今戎制之，不亦难乎？④

---

① 《春秋公羊传注疏》，第998页。
② 董仲舒撰，赖炎元注释：《春秋繁露》，台北：商务印书馆1987年版，第33页。
③ 公元前645年韩原之战，秦败晋，晋惠公（公元前650—公元前637在位）被带到秦国，短暂拘留后遣返晋国。
④ 《春秋左传注》，第1309页。

詹桓伯所指的是一个世纪多以前的事。僖公二十二年（公元前638），秦、晋把陆浑之戎迁徙到流经周京南边的伊川。这事件的叙述先以一百多年前的预兆提纲：

> 初，平王之东迁也，①辛有适伊川，见被发而祭于野者，曰："不及百年，此其戎乎！其礼先亡矣。"秋，秦、晋迁陆浑之戎于伊川。②

这小段落可以说是凝聚了《左传》华夷之辨的复杂性。当时的政治现实是秦、晋企图扩张势力及版图，所以把秦、晋境内的戎迁徙到伊川③。辛有的预言用礼的框架加诸被政治考量决定的形势。我们可以依照辛有的说法，肯定"合礼"与"失礼"是华夷分际的支点。但是异于《公》《穀》的是《左传》对"礼"背后的政治现实同样关注。正因如此，我们看到礼并非终极的解释，只是重构秩序的尝试。《左传》透过追捕历史事件的因果关系及历史人物的动机，超越了简单化、道德化的华夷之辨程式，呈现了一个复杂而多元的画面。

（作者单位：哈佛大学东亚语言文学系）

---

① 一般认为周东迁于公元前 770 年。但清华简《系年》第二章的有关记录，可以解释为系东迁于公元前 738 年，亦即与辛有预言吻合。苏建州、吴雯雯、赖怡璇合著：《清华二〈系年〉集解》，台北：万卷楼图书股份有限公司 2013 年版，第 37—140 页。
② 《春秋左传注》，第 393—394 页。
③ 魏禧《左传经世钞》引金履祥评语："伊洛王畿，天地之中，虽曰旷土，岂宜迁戎居之？秦晋之罪，不惟乱华，其逼周甚矣。自是，伊洛之戎，世为周患。"《左传集评》，第 473 页。

《十三经注疏》的汇集、校刻与整理

王　锷

　　《十三经注疏》是儒家核心文献。南宋初期，越州先刻八行注疏合刻本，后福建建阳刻"附释音注疏本"，即宋十行本。元泰定间，翻刻宋十行本为元十行本，递经修补，形成元刻明修十行本《十三经注疏》，或称十行本、正德本。元刻明修十行本板片坏缺，明嘉靖间，李元阳据以刻闽本，这是第一部名实相副的《十三经注疏》，监本、毛本、殿本、《四库》本翻刻抄写，校正是非，限于条件，仍有缺陷。清嘉庆间，阮元据元刻明修十行本，汇校众本，补脱正讹，撰写校记，于南昌府学刊刻阮刻本《十三经注疏》，两百多年，风靡学界。近二十多年，《十三经注疏》数次整理，不无遗憾，方向东教授点校本以阮刻本为底本，参校众本，甚便阅读。然欲整理出超越或代替阮刻本的《十三经注疏》，学界同仁，尚需努力！

《十三经注疏》包括《周易正义》(魏王弼、韩康伯注,唐孔颖达等正义)、《尚书正义》(旧题汉孔安国传,唐孔颖达等正义)、《毛诗正义》(汉毛亨传,郑玄笺,唐孔颖达等正义)、《周礼注疏》(汉郑玄注,唐贾公彦疏)、《仪礼注疏》(汉郑玄注,唐贾公彦疏)、《礼记正义》(汉郑玄注,唐孔颖达等正义)、《春秋左传正义》(晋杜预注,唐孔颖达等正义)、《春秋公羊传解诂》(汉何休注,唐徐彦疏)、《春秋穀梁传注疏》(晋范甯注,唐杨士勋疏)、《论语注疏解经》(魏何晏等注,宋邢昺疏)、《孝经注疏》(唐玄宗注,宋邢昺疏)、《尔雅注疏》(晋郭璞注,宋邢昺疏)、《孟子注疏》(汉赵岐注,宋孙奭疏),是汉、魏、晋、唐、宋人注释《十三经》的著作汇集,部分经书附有唐陆德明释文。《十三经注疏》的经注和疏原本单独流传,只有经注本、单疏本,那么,《十三经》的经注与疏是什么时间汇集在一起?宋代以来,作为丛书性质的《十三经注疏》是如何校刻的?校刻过多少次?每次校刻都做了什么工作?随着古籍整理事业的兴盛,《十三经注疏》的整理情况如何?在学术阅读和研究中,如何选择《十三经注疏》的版本?等等,就以上问题,我们从宋代经书注疏的汇集、元明清《十三经注疏》的校刻、现代《十三经注疏》的整理等方面,爬梳讨论,间陈管见。

一、宋代经书注疏的汇集

《十三经》经注疏文的合刻时间,清代乾嘉学者惠栋、段玉裁、陈鳣、顾广圻就有讨论。惠栋《礼记正义跋》认为注疏合刻始于北宋①，段玉裁《十三经注疏释文校勘记序》曰：

> 至宋有《孝经》《论语》《孟子》《尔雅》四疏，于是或合集为
> 《十三经注疏》，凡疏与经注本各单行也，而北宋之际合之，维时
> 释文犹未合于经注疏也，而南宋之际合之。夫合之者，将以便人，
> 而其为经注之害，则未有能知之者矣。②

段玉裁认为经注疏"北宋之际合之"。阮元、陈鳣认为注疏合刻始于
南北宋之间③。对段氏等人的观点，当时学者钱大昕、顾广圻均提出
反对意见④。钱大昕《仪礼注单行本》曰：

> 唐人撰《九经》正义，宋初邢昺撰《论语》《孝经》《尔雅》疏，
> 皆自为一书，不与经注合并。南宋初乃有并经注正义合刻者。士
> 子喜其便于诵习，争相仿效。其后又有并陆氏释文附入经注之下
> 者，陆氏所定经文，与正义本偶异，则改窜释文以合之，而释文亦
> 失陆氏之旧矣。予三十年来所见疏与注别行者，惟有《仪礼》《尔
> 雅》两经，皆人世稀有之物也。⑤

又《正义刊本妄改》曰：

---

① 清惠栋：《礼记正义跋》，汉郑玄注，唐孔颖达正义：《礼记正义》卷七〇，北京：北京
图书馆出版社 2003 年《中华再造善本》影印。

② 清段玉裁撰，钟敬华校点：《经韵楼集》，上海：上海古籍出版社 2008 年版，第 1 页。

③ 张丽娟：《宋代经书注疏刊刻研究》，北京：北京大学出版社 2013 年版，第 318 页。
关于经书注疏合刻问题，汪绍楹、张丽娟、顾永新等先生皆有讨论，据以梳理，略有
补充。

④ 汪绍楹：《阮氏重刻宋本十三经注疏考》，《文史》第 1 辑，北京：中华书局 1963 年
版，第 25—60 页。

⑤ 清钱大昕撰：《十驾斋养新录》卷一三，陈文和主编：《嘉定钱大昕全集》，南京：江
苏古籍出版社 1997 年版，第 7 册第 340 页。

> 释文与正义,各自一书,宋初本皆单行,不相淆乱。南宋后乃有合正义于经注之本,又有合释文与正义于经注之本,欲省学者两读,但既以注疏之名标于卷首,则当以正义为主,即或偶尔相同,亦当并存,岂有删正义而就释文之理?①

钱氏谓南宋初有"并经注正义合刻者""又有合释文与正义于经注之本",明确提出注疏合刻始于南宋。

黄丕烈《百宋一廛赋注》曰:

> 居士前在阮中丞元《十三经》局立议,言北宋本必经注自经注,疏自疏,南宋初始有注疏,又其后始有附释音注疏。晁公武、赵希弁、陈振孙、岳珂、王应麟、马端临诸君,以宋人言宋事,条理脉络,粲然可寻。而日本山井鼎《左传考文》所载绍兴辛亥三山黄唐跋《礼记》语,尤为确证,安得有北宋初刻《礼记注疏》及淳化刻《春秋左传注疏》事乎? 今此赋所云,即平昔议论也。②

顾广圻明确提出"北宋本必经注自经注,疏自疏,南宋初始有注疏,又其后始有附释音注疏"。又撰《陈仲鱼孝廉索赋经函诗率成廿韵》曰:

> 南宋并注疏,越中出最早。后则蜀有之,《沿革例》了了。今均无见者,款式讵可晓? 惟建附释音,三山别离造。黄唐跋《左传》,其语足参考。流传为十行,一线独绵藐。胜国在南雍,修多元渐少。递变闽监毛,每次加潦草。年来几同人,深欲白丑好。谓此已仅存,究遗乃当抱。寓公得陈鱣,志力两夭骄。尽收十一

---

① 清钱大昕撰:《十驾斋养新录》卷二,陈文和主编:《嘉定钱大昕全集》,第7册第52页。
② 清黄丕烈撰:《百宋一廛赋注》,清顾广圻著,王欣夫辑:《顾千里集》,北京:中华书局2007年版,第4页。

种,鸡跖食庶饱。闲时玉蕴椟,开处签飞漂。题咏遍名流,善颂子孙保。阿谁负大力?悉举重梨枣。海内家一编,落叶将毋扫。惜哉西湖局,雅志败群小。苦争自痴绝,未障狂澜倒。眼前散云烟,隙里驰腰袅。抚函三叹息,冉冉吾其老![1]

顾氏赋诗,谓注疏合并始于南宋,越中刻本最早。对十行本系统诸版本之评价,高屋建瓴,堪称《十三经注疏》版本史诗。

日本学者山井鼎《七经孟子考文补遗》征引《礼记正义》黄唐跋文,对于清代乾嘉学者影响甚大,山井鼎将跋文"绍熙辛亥"误写为"绍兴辛亥",误导清人多年。《礼记正义》黄唐跋文(图一)曰:

> 六经疏义自京、监、蜀本皆省正文及注,又篇章散乱,览者病焉。本司旧刊《易》《书》《周礼》,正经注疏萃见一书,便于披绎,

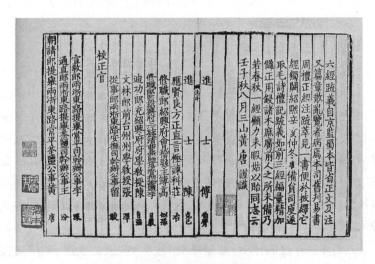

图一　八行本《礼记正义》黄唐跋

---

[1] 清顾广圻著,王欣夫辑:《顾千里集》,第30—31页。

它经独阙。绍熙辛亥仲冬,唐备员司庾,遂取《毛诗》《礼记》疏义,如前三经编汇,精加雠正,用锓诸木,庶广前人之所未备。乃若《春秋》一经,顾力未暇,姑以贻同志云。壬子秋八月三山黄唐谨识①。

辛亥是南宋光宗绍熙二年(1191),壬子是南宋光宗绍熙三年(1192)。黄唐所言"本司",即两浙东路提举常平茶盐司,绍兴年间设置,治所在越州(今浙江绍兴),黄唐于绍熙辛亥(1191)十一月任"朝请郎提举两浙东路常平茶盐公事"一职②。南宋两浙东路茶盐司刻本,即《九经三传沿革例》之"越中旧本注疏",学界称为"越州本""八行本"。

八行本是目前所知最早的注疏合刻本,先后刊刻有《周易注疏》《尚书正义》《周礼疏》《毛诗正义》《礼记正义》《春秋左传正义》《论语注疏解经》《孟子注疏解经》等八经,刊刻时间从南宋初至宁宗嘉泰、开禧年间(1201—1207)③。《周易注疏》十三卷,今存两部,一藏日本足利学校,一藏中国国家图书馆;《尚书正义》二十卷,今存两部,一藏中国国家图书馆,一藏日本足利学校;《周礼疏》(实为《周礼注疏》)五十卷,中国国家图书馆、台北故宫博物院各藏一部,皆有修补,北京大学图书馆藏一部,残存二十七卷;《礼记正义》七十卷,中国国家图书馆藏两部,一部全,有惠栋跋,一部残存二十八卷,日本足利学校藏本残存六十二卷,另有散存零卷;《春秋左传正义》三十六卷,中国国家图书馆藏一部;《论语注疏解经》二十卷,台北故宫博物院、重庆市图书馆、上海图书馆均藏残本;《孟子注疏解经》十四卷,台北故宫博物院藏一部,中国国家图书馆、北京大学图书馆、南京博物院各藏残本。

八行本经注疏的体例,都是经文+注文+疏文的次序,即注文接

---

① 清惠栋:《礼记正义跋》,汉郑玄注,唐孔颖达正义:《礼记正义》卷七〇。
② 王锷:《三礼研究论著提要》(增订本),兰州:甘肃教育出版社2007年版,第29页。
③ 张丽娟:《宋代经书注疏刊刻研究》,第334页。

经,疏文按注。唯有《周礼疏》的体例是经文+经文之疏+注文+注文之疏,这种体例,将疏文的解经之疏和解注之疏分隔开来,分别缀于经文、注文之下,联系书名叫"周礼疏"而非"周礼注疏",乃沿袭单疏本,显示出八行本早期合刻的特征。

除越州所刊八行本之外,四川、福建等地也刊刻有注疏合刻本,经书注疏合刻的情况比较复杂。顾永新先生通过对清刘世珩影刻元元贞二年(1296)平阳府梁宅刻本即元贞本《论语注疏解经》十卷的研究,认为"在北宋或南宋早期,最早出现了注疏合刻本《论语注疏解经》十卷,以经注附疏,故分卷仍单疏本之旧。这是后来八行本及十行本系统各本的祖本"①。就《论语》而言,八行本《论语注疏解经》二十卷,并非最早。

八行本之后,福建建阳地区出现一种新的注疏合刻本,即附陆德明释文的附释音注疏合刻本,半页十行,故称宋十行本,部分是建安刘叔刚刻本,故又称刘叔刚本。今存者有《附释音毛诗注疏》二十卷,日本足利学校藏一部;《附释音春秋左传注疏》六十卷,一部藏日本足利学校,另一部分藏中国国家图书馆(卷1—29)和台北故宫博物院(卷30—60),书尾有"建安刘叔刚锓梓"牌记;《监本附释音春秋穀梁注疏》二十卷,中国国家图书馆藏一部。《附释音礼记注疏》六十三卷已佚,清和珅有翻刻本,基本保存了刘叔刚本的面貌。重庆市图书馆藏元十行本《监本附音春秋公羊注疏》中,配补七页黑口版页,可确认是宋十行本《监本附音春秋公羊注疏》的零页②。刘叔刚刻书大致在南宋光宗、宁宗时期(1190—1224)③。

① 顾永新:《元贞本〈论语注疏解经〉缀合及相关问题研究》,《版本目录学研究》第2辑,北京:国家图书馆出版社,2010年版,第189—209页。顾永新:《金元平水注疏合刻本研究——兼论注疏合刻的时间问题》,《文史》2011年第3期,第189—216页。
② 张丽娟:《记新发现的宋十行本〈监本附音春秋公羊注疏〉零叶——兼记重庆图书馆藏元刻元印十行本〈公羊〉》,《中国典籍与文化》2020年第4期,第9—16页。
③ 张丽娟:《宋代经书注疏刊刻研究》,第361页。

《九经三传沿革例》记载注疏本有"越中旧本注疏、建本有音释注疏、蜀注疏"①三类。越中旧本注疏即八行本,建本有音释注疏即宋十行本,蜀注疏流传很少,日本宫内厅书陵部藏一部《论语注疏》十卷,与八行本、宋十行本不同,属于另一注疏本系统。八行本不附释文,宋十行本附释文,体例是经文+注文+释文+疏文,蜀注疏本《论语注疏》亦附释文,附入形式与宋十行本略异,且于释文前圆圈"释"字提示,形式独特。

台北故宫博物院藏南宋福建魏县尉宅本《附释文尚书注疏》二十卷,后四卷配元刻明修十行本,卷一末有"魏县尉宅校正无误大字善本",半页九行,体例接近元十行本《附释音尚书注疏》,说明建阳地区的注疏合刻本不止一种②。

宋代经书注疏合刻始于南宋初期,就注疏本流传和今存者看,八行本、宋十行本是有计划的汇集刊刻,对元代以来经书注疏的校刻,影响巨大。至于蜀注疏和魏县尉宅究竟刊刻了多少种经书,有待于新资料的发现。

二、元明清《十三经注疏》的校刻

宋周密《癸辛杂识》曰:"廖群玉诸书,《九经》本最佳。又有《三礼节》,其后又欲开手节《十三经注疏》,未及入梓,而国事异矣。"③廖莹中字群玉,号药洲,贾似道门客,家有世彩堂,喜藏书刻书,欲"手节《十三经注疏》",未果。《九经三传沿革例》有"汴本《十三经》"之称,然宋代是否刊刻《十三经注疏》,证据不足。

---

① 元岳浚:《九经三传沿革例》,影印文渊阁《四库全书》本,台北:商务印书馆1986年版,第183册561页下栏。
② 张丽娟:《宋代经书注疏刊刻研究》,第393—400页。杜泽逊主编《尚书注疏汇校》,北京:中华书局2018年版,第1册19页。
③ 宋周密:《癸辛杂识》,北京:中华书局1988年版,第85页。

宋十行本《周礼注疏》四十二卷,《礼记注疏》六十三卷,较之八行本《周礼疏》五十卷、《礼记正义》七十卷,照顾经书内容,尽可能将某篇分在一卷或数卷之中,且附有释文,方便阅读,备受读者青睐①。所以,自元代以来,元十行本、闽本、监本、毛本、武英殿本、《四库》本和阮刻本《十三经注疏》,皆仿效宋十行本的体例,校勘刊刻。

元代泰定(1324—1328)前后,翻刻宋十行注疏本,即元十行本。元十行本与宋十行本,在内容体例、板式行款、字体特征等方面,非常相似,但也有明显的区别。张丽娟说:"宋刻十行本区别于元刻十行本最明显的特征是:书口为细黑口而非白口;版心下不刻刻工姓名;版心上不刻大小字数,疏文出文与疏文正文之间无小圆圈标识;多用简体字等。"②经过比较《附释音毛诗注疏》等,"可以得出如下两点认识:一、宋刻十行本与元刻十行本之间有直接的继承关系,后者是根据前者翻刻的。二、宋刻十行本与元刻十行本确为两个不同时期的刻本,两者不可混为一谈。"③

元十行本有元刻十行本和元刻明修十行本之别。元刻十行本今存六种:美国柏克莱加州大学东亚图书馆藏《周易兼义》九卷《音义》一卷《略例》一卷,原刘承干旧藏。北京大学图书馆藏《附释音尚书注疏》二十卷,原李盛铎旧藏。中国国家图书馆藏《附释音春秋左传注疏》六十卷,铁琴铜剑楼旧藏;中国台北"国家图书馆"藏一部残本,残存二十八卷。重庆图书馆藏《监本附音春秋公羊注疏》二十八卷一部,其中有八页宋十行本零页;南京图书馆藏《监本附音春秋公羊注疏》二十八卷(残存十卷);中国台北"国家图书馆"藏一部,有抄配。南京图书馆藏《监本附音春秋穀梁注疏》二十卷(残存卷一七、一八),

① 王锷:《〈四库全书总目〉"周礼注疏"提要辨证》,《中国典籍与文化论丛》第23辑,南京:凤凰出版社2021年版,第126—141页。李学辰:《八行本〈礼记正义〉与和珅刻本〈礼记注疏〉体例比较研究》,《历史文献研究》第42辑,扬州:广陵书社2019年版,第64—75页。
② 张丽娟:《宋代经书注疏刊刻研究》,第376页。
③ 张丽娟:《宋代经书注疏刊刻研究》,第385页。

日本京都大学藏有一部①；中国国家图书馆藏《孝经注疏》九卷，乃元泰定三年（1326）刻本②。另外，上海图书馆藏有《附释音礼记注疏》元刻十行本卷二十五残叶十页③。日本宫内厅书陵部藏一部《尔雅注疏》十一卷（残，半叶九行），"乃元时初印本，绝无补刊之叶"④。张丽娟谓："颇疑此本为元刻单行本，而非泰定、致和间所刻诸经注疏之一。"⑤

元刻十行本书板传至明代正德、嘉靖年间，递经修补，补版版心刻正德六年刊、正德十二年刊、嘉靖三年刊等文字，与原版有明显区别，后人称之为"十行本""正德本"，甚者长期被误认为宋刻本，我们称之为"元刻明修十行本"，包括《周易兼义》九卷《音义》一卷《略例》一卷、《附释音尚书注疏》二十卷、《附释音毛诗注疏》二十卷、《附释音周礼注疏》四十二卷、《仪礼》十七卷《仪礼图》十七卷《旁通图》一卷、《附释音礼记注疏》六十三卷、《附释音春秋左传注疏》六十卷、《监本附音春秋公羊注疏》二十八卷、《监本附音春秋穀梁注疏》二十卷、《孝经注疏》九卷、《论语注疏解经》二十卷、《孟子注疏解经》十四卷、《尔雅注疏》十一卷，名为"十三经注疏"，其实缺《仪礼注疏》，用《仪礼》十七卷《仪礼图》十七卷《旁通图》一卷替代⑥。元刻明修十行本《十三经注疏》完整保存于今者有四部，北京市文物局、国家博物馆、军事科学院和日本静嘉堂文库各藏一部，北京市文物局藏本《中华再造善

---

① 张丽娟：《元十行本〈监本附音春秋穀梁注疏〉印本考》，《中国典籍与文化》2017年第1期，第4—8页。

② 张丽娟：《〈十三经注疏〉版本研究》，未刊书稿，此乃北京大学张丽娟教授主持的国家社科基金项目"《十三经注疏》版本研究"（14BTQ020）之结项书稿，张教授惠赠电子版。杜以恒先生谓台北故宫博物院藏元十行本《仪礼图》一部。杜以恒：《杨复〈仪礼图〉元刊本考》，《中国典籍与文化》2022年第1期，第67—79页。

③ 井超：《上图藏〈附释音礼记注疏〉卷二十五残叶跋》，未刊稿，南京师范大学副教授井超惠赠电子版，又见"学礼堂"微信公众平台，https://mp.weixin.qq.com/s/3kGkcsnNLPBJn50R3Z73tA。

④ 杨守敬：《日本访书志》，贾贵荣辑《日本藏汉籍善本书志书目集成》，北京：北京图书馆出版社2003年版，第9册第142页。

⑤ 张丽娟：《元十行本注疏今存印本略说》，未刊稿，北京大学张丽娟教授惠赠电子版。

⑥ 张丽娟：《宋代经书注疏刊刻研究》，第354—385页。

本》影印，静嘉堂本是阮刻本之底本。国内外图书馆收藏一些元刻明修十行本之零种，如江西省乐平市图书馆藏《附释音礼记注疏》残本一部，残存卷七至卷九、卷一七至六三，缺十三卷①。

元刻明修十行本较之宋十行本，汇集经书注疏多至十二部经书，虽不完备，然已初具规模，成为明清翻刻《十三经注疏》的祖本。

从《中华再造善本》影印的元刻明修十行本《十三经注疏》来看，存在板片修补、缺页、倒装、墨钉和文字错误诸多缺陷。就缺页而言，分没有此页、因版页重复而缺页、有版页无文字、因误装而缺页等情况。如《附释音礼记注疏》卷三〇第六页和第九页内容一致，区别是第六页是明正德六年（1511）补版，第九页是元代原版，左上角有书耳，内刻"玉藻"二字，导致原本第九页内容遗失，以阮刻本计算，缺经注疏文和释文七百八十一字（图二、图三）。第七页没有文字，唯见版心刻"记疏三十卷""七"，当是正德补版，未见文字，日本静嘉堂藏本此页是抄配（图四、图五）。

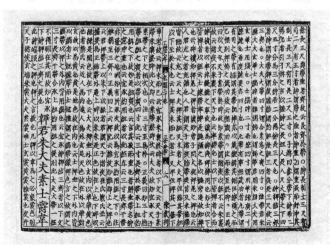

图二　元刻明修十行本《附释音礼记注疏》卷三〇第六页

---

① 王锷：《明清〈礼记〉刊刻研究》，未刊书稿，是笔者主持的国家社科基金重点项目"明清时期《礼记》校勘整理与主要刻本研究"（17AZW008）之结项书稿。

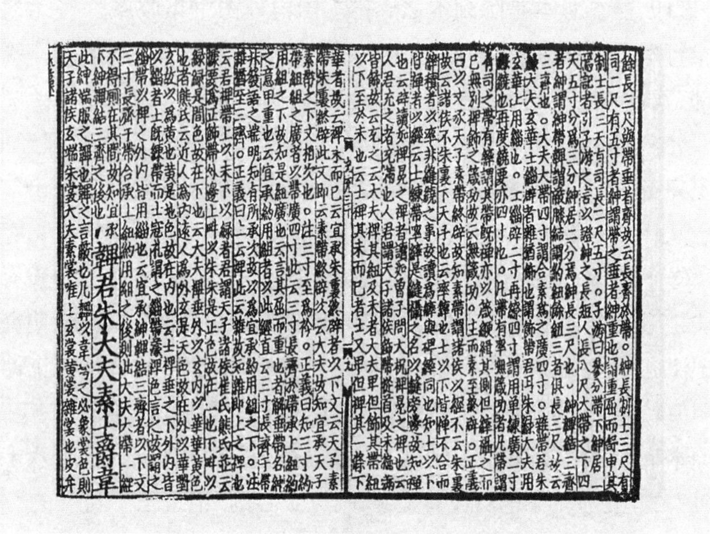

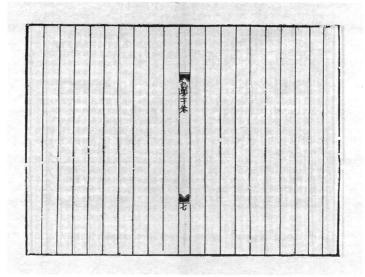

图三　元刻明修十行本《附释音礼记注疏》卷三〇第九页

图四　元刻明修十行本《附释音礼记注疏》卷三〇第七页

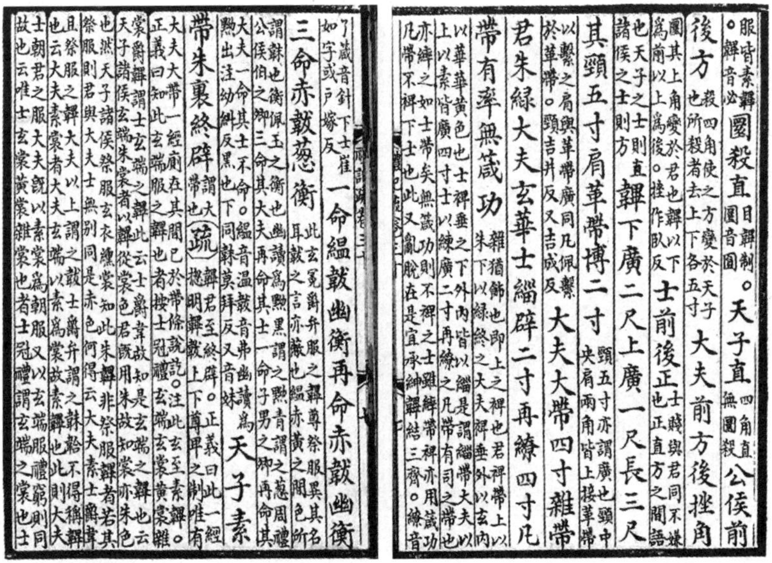

服皆素韠。○韠音必圜殺直目韠制。圜音圓。天子直四角直無圜殺公侯前
後方殺四角使之方變於天子也所殺者去上下各五寸大夫前方後挫角
圜其上角變於君也韠以下為前以上為後。挫作臥反士前後正士賤與君同不嫌也正直方之間語
也天子之士則直諸侯之士則方韠下廣二尺上廣一尺長三尺
其頸五寸肩革帶博二寸頸五寸亦謂廣也頸中央肩兩角皆上接革帶
以繫之肩與革帶廣同凡佩繫於革帶。頸吉井反又吉成反大夫大帶四寸雜帶
君朱綠大夫玄華士緇辟二寸再繚四寸凡
帶有率無箴功雜猶飾也即上之裨也君裨帶上以朱下以綠終之大夫裨垂外以玄內
以華華黃色也士裨垂之下外內皆以緇是謂緇帶大夫以上以素皆廣四寸士以練廣二寸再繚之凡帶有司之帶也
亦繂之如士帶矣無箴功則不裨之士雖繂帶裨亦用箴功凡帶不裨下士也此又亂脫在是宜承紳韠結三齊。繚音

了箴音針下士崔如字或戶嫁反一命緼韍幽衡再命赤韍幽衡
三命赤韍葱衡此玄冕爵弁服之韠尊祭服異其名耳韍之言亦蔽也緼赤黃之間色所
謂韎也衡佩玉之衡也幽讀爲黝黑謂之黝青謂之葱周禮公侯伯之卿三命其大夫再命其士一命子男之卿再命其
大夫一命其士不命。緼音温韍音弗幽讀爲黝出注幼糾反黑也下同韎莫拜反又音妹天子素
帶朱裏終辟謂大帶也疏韠君至終辟。正義曰此一經揔明韠韍上下尊卑之制唯有
大夫大帶一經廁在其間已於帶條說訖。注此玄至素韠。正義曰知此玄端服之韠也者按士冠禮玄端玄裳黃裳雜
裳爵韠謂士玄端之韠此云士爵韋故知是玄端之韠也云天子諸侯玄端朱裳者以韠從裳色君既用朱故知裳亦朱色
也然天子諸侯祭服玄衣纁裳知此朱韠非祭服韠者若其祭服則君與大夫士無別同是赤色何得云大夫素士爵韋
且祭服之韠大夫以上謂之韍士爵弁謂之韎韐不得稱韠也云大夫素裳者大夫玄端以素為裳故素韠也此則大夫
士朝君之服大夫既以素裳為朝服又以玄端服禮窮則同故也云唯士玄裳黃裳雜裳也者士冠禮謂玄端之裳也士

图五　日本静嘉堂藏元刻明修十行本《附释音礼记注疏》卷三〇第七页

墨钉是古籍版页中方形或长方形的黑块，表示缺文。元刻明修十行本《十三经注疏》多墨钉，《附释音礼记注疏》尤为突出，如卷五一第二十七页二十行，有墨钉者占十五行（图六）①。

元十行本《十三经注疏》除《尔雅注疏》外，其余十二种是同一时段、同一地域刊刻，各经元板页刻工基本相同，雕刻完毕，书板收藏于福州路府学经史库中，府学在城南兴贤坊内，递经修补，多数修补刻工是福建人，也参与了闽本《十三经注疏》的刊刻②。明初以

① 王锷：《元十行本〈附释音礼记注疏〉的缺陷》，《文献》2018年第5期，第59—73页；王锷：《礼记版本研究》，北京：中华书局2018年版，第387—423页。

② 郭立暄：《元刻〈孝经注疏〉及其翻刻本》，《版本目录学研究》第2辑，北京：国家图书馆出版社2010版，第307—313页。程苏东：《“元刊明修本”〈十三经注疏〉修补汇印地点考辨》，《文献》2013年第2期，第22—36页。

溯源以求真——早期中国的经史之学

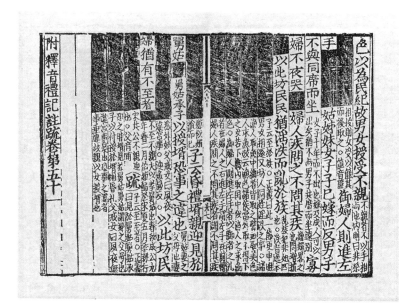

图六　元刻明修十行本《附释音礼记注疏》卷五一第二十七页

来，版片仍存原地，先后经明前期、正德六年、正德十二年、正德十六年、嘉靖三年、嘉靖前期等多次修版，屡经刷印①，广为流传，影响很大，闽本、监本、毛本、武英殿本、阮刻本《十三经注疏》的校刻，均源自元十行本。对于翻刻者而言，主要任务就是补足缺文，校正讹谬。

明嘉靖十五至十七年间（1536—1538），李元阳以御史巡按福建，与同年福建提学佥事江以达以元十行本为底本，重刻《十三经注疏》，简称"闽本""嘉靖本""李元阳本"。闽本与元刻明修十行本相比，有三个特点：一是用《仪礼注疏》十七卷替换原《仪礼》十七卷《仪礼

---

① 杨新勋：《元十行本〈十三经注疏〉明修丛考——以〈论语注疏解经〉为中心》，《南京师范大学文学院学报》2019年第1期，第171—181页。张学谦：《元明时代的福州与十行本注疏之刊修》，《历史文献研究》第45辑，扬州：广陵书社2020年版，第34—41页。

图》十七卷《仪礼旁通图》一卷,这是真正意义上的第一部《十三经注疏》;二是闽本改板式半页十行为九行,注文中字,单行居中,初刻本每卷首页皆有"明御史李元阳、提学金事江以达校刊"等十五字;三是在沿袭元十行本讹脱衍倒缺外,间有订补,如《礼记注疏》卷一四页十五 B 面第九行"又云地数三十,所以三十者,地二、地四、地六、地八、地十,故三十也","所以三十"四字,元十行本、阮刻本脱,闽本补(图七)。

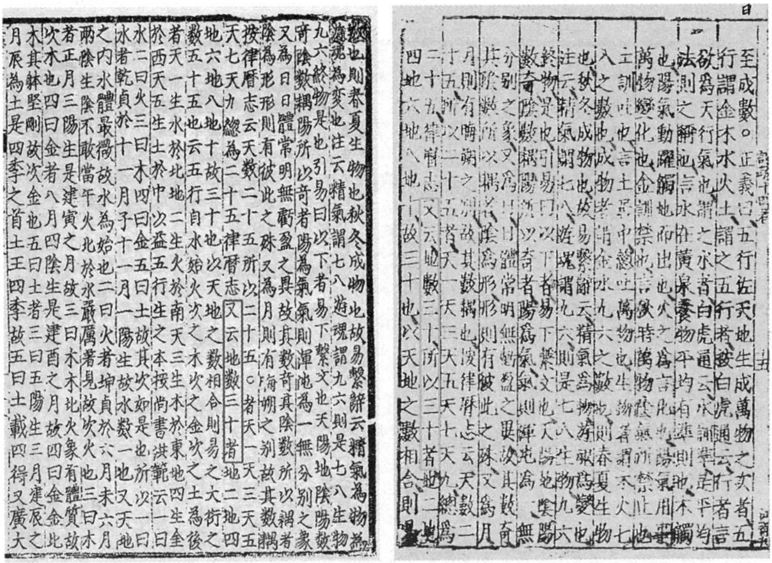

图七　元十行本《礼记注疏》卷一四页十二 A 面和
闽本《礼记注疏》卷一四页十五 B 面

明万历十四年(1586),北京国子监依据闽本奉敕校刻《十三经注疏》,万历二十一年竣工,简称"监本""北监本""万历本"(图八)。监本与闽本差异有三:第一,监本是第一部由国家倡导、奉敕校刻的《十三经注疏》;第二,改注文为小字单行,空左偏右,与闽本居中者小异,版心单鱼尾,上刻"万历十六年刊"等文字;第三,国子监组织学人校勘,对闽本多有订补。如《礼记注疏》卷六页七 B 面第七行疏文"周则杖期以上,皆先稽颡而后拜,不杖期以下,乃作殷之丧拜","杖期",毛本同,元十行本作"■杖",闽本、阮刻本作"期杖",非。服丧时使用丧杖称杖期,不使用丧杖称不杖期,元十行本有脱文,闽本校补,文字互倒,监本校正。监本于崇祯五年(1632)、康熙二十五年(1686)两次修版,康熙重修本于每卷改刻官衔,加入重校修者官名,版心改刻为"康熙二十五年重修"。

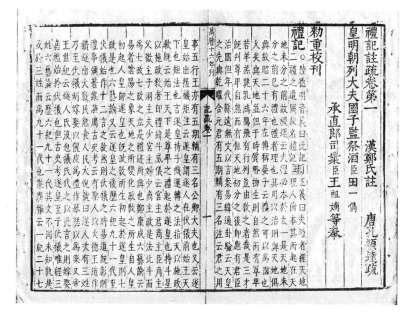

图八　天津图书馆藏监本《礼记注疏》卷一页一

崇祯元年(1628),毛晋依据监本校刻《十三经注疏》,完成于十三年除夕,简称"毛本""崇祯本""汲古阁本"。毛本与监本的区别有三:第一,这是明代第一部私人校刻的《十三经注疏》;第二,改变板式,注文中字,单行居中,白口,版心由上至下镌有礼记疏、卷之几、页数、汲古阁等,匾方字体,横细竖粗;第三,校补讹缺,毛本沿袭元十行本、闽本、监本之讹误不少,亦有订正者,如《礼记注疏》卷二三页二九A面第七至八行注文"谓以少小下素为贵也若顺也"十二字,闽本、监本皆缺(图九)。《尔雅注疏序》页一B面第二行"豹鼠既辩",监本及之前的单疏本、元本、闽本、监本"辩"皆作"辨",阮《校》云"毛本作'辩',盖依唐石经《尔雅序》所改",是(图十);《尔雅注疏》卷八页十三A面第一行"植而日灌",单疏本作"人且日贯",元本作"人且曰贯",闽本剜改作"灌且日贯",监本承之,阮校云毛本是也(图十一)①。毛本《十三经注疏》书板后归常熟小东门外东仓街席氏,清初

图九　监本《礼记注疏》卷二三页二九A面和
毛本《礼记注疏》卷二三页二九A面

---

① 瞿林江:《尔雅注疏汇校》,未刊书稿,陕西师范大学文学院瞿林江副教授惠赠电子稿。

以来，或有翻刻，校对不精，错误不少①。

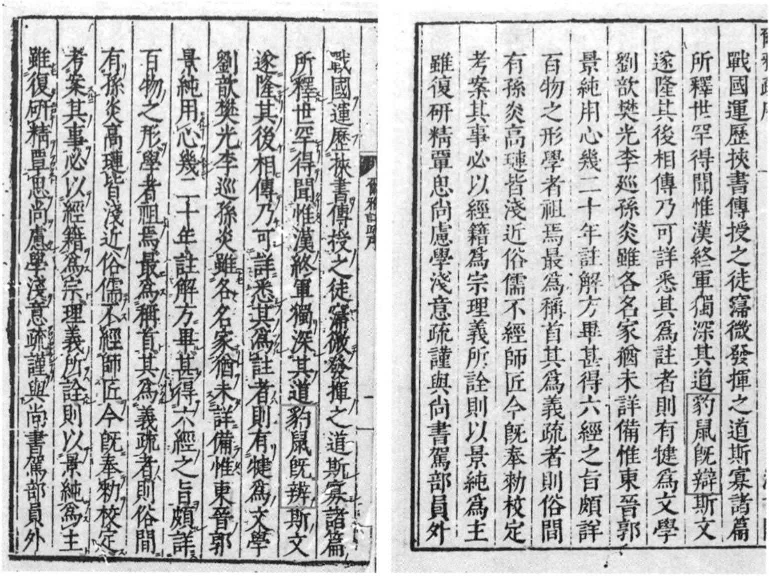
爾雅注疏序

戰國運歷挾書傳授之徒寖微發揮之道斯寡諸篇
所釋世罕得聞惟漢終軍獨深其道豹鼠既辨斯文
遂隆其後相傳乃可詳悉其爲註者則有犍爲文學
劉歆樊光李巡孫炎雖各名家猶未詳備惟東晉郭
景純用心幾二十年註解方畢甚得六經之旨頗詳
百物之形學者祖焉最爲稱首其爲義疏者則俗間
有孫炎高璉皆淺近俗儒不經師匠今既奉勅校定
考案其事必以經籍爲宗理義所詮則以景純爲主
雖復研精覃思尚慮學淺意疏謹與尚書駕部員外

爾雅疏序

戰國運歷挾書傳授之徒寖微發揮之道斯寡諸篇
所釋世罕得聞惟漢終軍獨深其道豹鼠既辨斯文
遂隆其後相傳乃可詳悉其爲註者則有犍爲文學
劉歆樊光李巡孫炎雖各名家猶未詳備惟東晉郭
景純用心幾二十年註解方畢甚得六經之旨頗詳
百物之形學者祖焉最爲稱首其爲義疏者則俗間
有孫炎高璉皆淺近俗儒不經師匠今既奉勅校定
考案其事必以經籍爲宗理義所詮則以景純爲主
雖復研精覃思尚慮學淺意疏謹與尚書駕部員外

图十　监本《尔雅注疏序》页一 B 面和毛本《尔雅注疏序》页一 B 面

① 明代永乐年间，刊刻过几部注疏合刻本？就此问题请教杜泽逊教授，他回复说：“王锷兄，承询永乐刻注疏本存世情况。据弟了解已知存世者有三种：一、《周易兼义》，藏台湾故宫博物院，原北平图书馆善本甲库书，王重民《中国善本书提要》著录，国家图书馆出版社影印《甲库善本》收入。另一部在日本静嘉堂文库，陆心源旧藏，《皕宋楼藏书志》著录为明覆宋八行本。据弟校勘，实为重刻元十行本。二、《尚书注疏》，台湾‘中央’图书馆藏，张均衡旧藏，张又得之天一阁，均定为宋刻本，张氏影刻收入《择是居丛书》，缪荃孙为作校勘记附后。‘中央’图书馆改定为明初刻本。又一部藏日本静嘉堂文库，亦陆心源旧藏，版本著录同《周易兼义》，实亦永乐重刻元十行本。卢址抱经楼另藏一部，傅增湘《经眼录》著录，有永乐刻书题识，不知下落。三、《毛诗注疏》，重庆图书馆藏，海宁许焞旧藏，黄丕烈见过，定为元刊本，有跋。弟夫妇带领学生到重庆通校两遍，字体风格与永乐《周易》《尚书》如出一辙，遂定为明永乐刻本，其底本亦元十行本。三种校勘均不精，偶有可称道者，当是坊本。唯元十行本初印罕见，存世多明正德嘉靖修版重印，讹误增多，永乐本尚存元十行本旧貌之八九，亦未可轻视之也。专此奉覆，即颂撰安。弟泽逊顿首。2021年12月28日。”

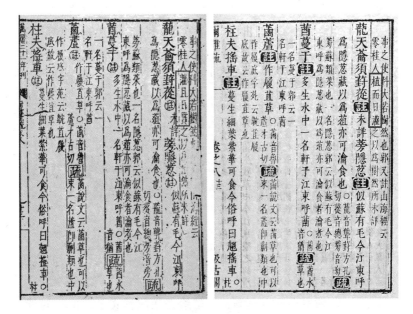

图十一　监本《尔雅注疏》卷八页十三 A 面和
毛本《尔雅注疏》卷八页十三 A 面

　　清初以来,学术界对于闽本、监本和毛本《十三经注疏》的评价不佳,顾炎武谓"《十三经》中,《仪礼》脱误尤多。此则秦火之所未亡,而亡于监刻矣"①。张尔岐曰:"《十三经》监本,读书者所考据。当时校勘非一手,疏密各殊,至《仪礼》一经,脱误特甚,岂以罕习,故忽不加意耶!"②卢文弨《周易注疏辑正题辞》云:"余有志欲校经书之误,盖三十年于兹矣。毛氏汲古阁所梓,大抵多善本,而《周易》一书,独于《正义》破碎割裂条系于有注之下,至有大谬戾者。"③惠栋曰:

①　清顾炎武撰,严文儒、戴扬本校点:《日知录》,上海:上海古籍出版社 2013 年版,第707 页。
②　清张尔岐撰:《〈仪礼监本正误〉序》,张翰勋整理:《蒿庵集捃逸》,济南:齐鲁书社1991 年版,第 213 页。
③　清卢文弨著,王文锦点校:《抱经堂文集》,北京:中华书局 2006 年版,第 87 页。

"《附释音礼记注疏》,编为六十三卷,监板及毛氏所刻,皆是本也,岁久脱烂,悉仍其缺。"①张敦仁(顾广圻代撰)《抚本礼记郑注考异》云:"李元阳本、万历监本、毛晋本,则以十行为之祖,而又转转相承,今于此三者不更区别,谓之俗注疏而已。"②"亡于监刻""脱误特甚""有大谬戾者",监本、毛本"岁久脱烂,悉仍其缺","俗注疏而已"等等,对于闽、监、毛本这样的评价,给人的感觉,几乎是一无是处。其实,顾炎武所言监本《仪礼注疏》十七卷五处四十六字脱文,闽本以及陈凤梧刻《仪礼注疏》均脱③,并非始于监本。正因为学术界有这样的认识,乾隆登基不久,便顺应学术界需求,下令武英殿校刻《十三经注疏》。

清乾隆三年(1738),因太学庋藏监本板面模糊,无法刷印,国子监请求重新校刻《十三经注疏》,乾隆乃下令设经史馆,任命方苞为总裁,主持《十三经注疏》的校刻,此即武英殿本,简称"殿本"。与监本比较,殿本有五点创新:一是给经注疏释文全部施加句读;二是每经由专人校勘,撰写"考证",如《附释音礼记注疏》考证近七百条;三是于《孝经》《论语》补入释文,《尔雅》改换为陆氏释文,《孟子》补入宋孙奭音义,成为第一部经、注、疏、释文俱全的由政府校刻的《十三经注疏》;四是更改板式,半页十行,行大字二十一字,小字双行同,注文中字居中,白口,版心上端刻"乾隆四年校刊"六字,上单鱼尾,下刻"礼记注疏卷几"等文字,下小字刻篇名、页数;五是改变元十行本以来闽本、监本等疏文的编联方式,删除疏文中经文、注文起讫语,将每节经文之疏编排在前,注文之疏连排在后,这样的变更,解释经文之疏和注文之疏分开,明白清晰,但当

---

① 清惠栋:《礼记正义跋》,汉郑玄注,唐孔颖达正义:《礼记正义》卷七〇。
② 清张敦仁:《抚本礼记郑注考异》(顾广圻代撰),顾校丛刊《礼记》,福州:福建人民出版社 2020 年版,下册第 1134 页。
③ 杜泽逊:《"秦火未亡,亡于监刻"辨——评顾炎武批评北监本〈十三经注疏〉的两点意见》,《微湖山堂丛稿》,上海:上海古籍出版社 2014 年版,上册第 48—54 页。王锷《礼记版本研究》,第 457 页。

经文或注文较长时，没有起讫语，不便寻找，且有漏删、误排疏文之现象（图十二）①。

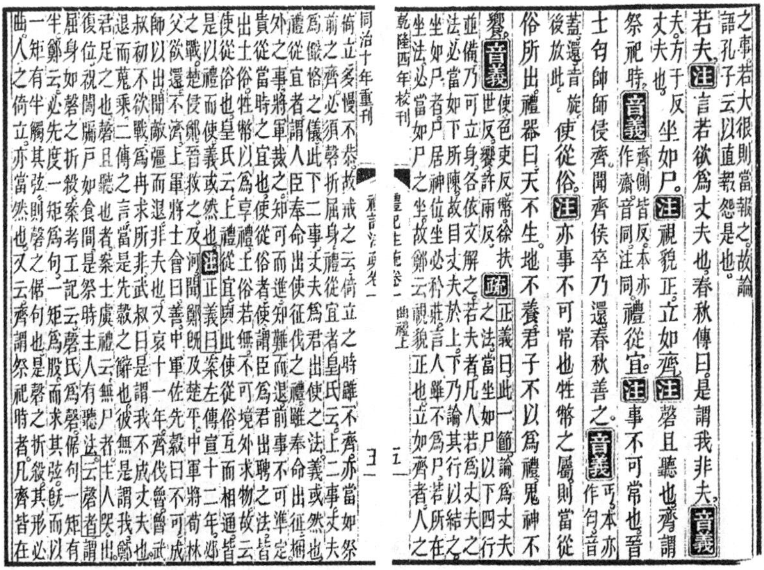
之事若大很則當報之故論
語孔子云以直報怨是也
若夫注言若欲爲丈夫也春秋傳曰是謂我非夫音義
夫方于反 坐如尸注視貌正立如齊注磬且聽也齊謂
祭祀時音義齊側皆反本亦作齋音同注同禮從宜注事不可常也晉
士匄帥師侵齊聞齊侯卒乃還春秋善之音義匄本亦作匃音
蓋還音旋 使從俗注亦事不可常也牲幣之屬則當從
俗所出禮器曰天不生地不養君子不以爲禮鬼神不
饗音義使色吏反幣徐扶世反饗許兩反 疏正義曰此一節論爲丈夫
並備乃可立身各依文解之若夫者凡人若爲丈夫之
法必當如下所陳故目丈夫於上下乃論其行以結之
坐如尸者尸居神位坐必矜莊言人雖不爲尸所在
坐法必當如尸之坐故鄭云視貌正也立如齊者人之在
乾隆四年校刊

同治十年重刊
倚立多慢不恭故戒之云倚立之時雖不齊亦當如祭
前之齊必須磬折屈身禮從宜者皇氏云上二事丈夫
爲儼恪之儀此下二事丈夫爲君出使之法義或然也
禮從宜者謂人臣奉命出使征伐之禮雖奉命出征梱
外之事將軍裁之知可而進知難而退前事不可準定
貴從當時之宜也使從俗者使謂臣爲君出聘之法皆
出土俗牲幣以爲享禮土俗若無不可境外求物故云
使從俗也皇氏云上禮從宜與此使從俗互而相通皆
是以禮而使義或然也注正義曰案左傳宣十二年邲
之戰楚侵鄭晉救之及河聞鄭既及楚平中軍將荀林
父欲還不濟上軍將士會曰善中軍佐先縠曰不可成
師以出聞敵彊而退非夫也又哀十一年齊伐魯魯武
叔初不欲戰爲冉求所非武叔曰是謂我不成丈夫也
退而蒐乘二傳之言當是先縠之辭也彼無是謂我鄭
君足之也磬且聽也者案士虞禮云無尸者主人哭出
復位祝闔牖戶如食間是祭時主人有聽法云磬者謂
屈身如磬之折殺案考工記云磬氏爲磬倨句一矩有
半鄭云必先度一矩爲句一矩爲股而求其弦既而以
一矩有半觸其弦則磬之倨句也是磬之折殺其形必
曲人之倚立亦當然也又云齊謂祭祀時者凡齊皆在

图十二　同治十年重刻殿本《礼记注疏》卷一第五页

清代编纂《四库全书》时，依据殿本收入《十三经注疏》，散入经部各类。四库馆所校抄《四库》本《十三经注疏》，有《四库全书荟要》本、文渊阁《四库全书》本等七阁两大系统，《四库全书荟要》和《四库全书》是抄本，在编修时，于《十三经注疏》各经的校勘，皆有专门的办理人员，吸收校勘成果，整理出优于殿本的《四库》本，校勘成果反映在《四库全书荟要》校语与《四库全书考证》中。以《礼记注疏·曾子问》为例，殿本自卷一九第二十五页 A 面第九行经文

① 杜泽逊：《影印乾隆武英殿本〈十三经注疏〉序》，《武英殿〈十三经注疏〉》第 1 册卷首，济南：齐鲁书社 2019 年版。杨新勋：《武英殿本〈论语注疏〉考论》，《中国典籍与文化》2021 年第 2 期，第 50—58 页。

"曾子问曰下殇土周葬于园"之疏文"所用土周而"以下,第二十五页B面、第二十六页A面,至第二十六页B面前两行皆为空行,第二十六页B面第三行起续以下经文"曾子问曰卿大夫将为尸于公"。齐召南《考证》曰:"'自史佚始也'注疏'所谓土周而',下缺。此下疏文全缺,旧本后空二十三行,今仍之。"①(图十三、图十四)然此段疏文不独殿本空,元十行本、闽本、监本、毛本亦缺,《四库》本则补全缺文(图十五)。可见,四库馆臣于《礼记注疏》的校勘传承是有贡献的②。

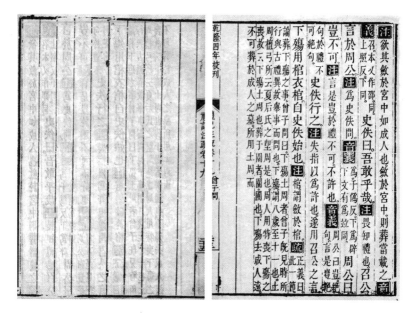

图十三 殿本《礼记注疏》卷一九第二五页B面、A面

---

① 殿本卷一九《考证》页2A行3—4。
② 侯婕:《经学文献文化史视域下的清代学术与〈礼记〉研究》,南京:南京师范大学博士学位论文,2020年。

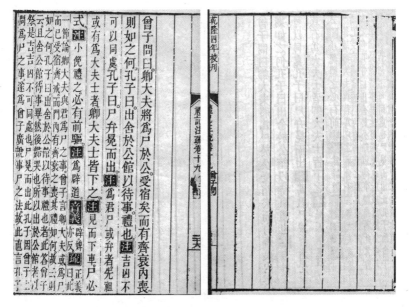

图十四　殿本《礼记注疏》卷一九第二六页 B 面、A 面

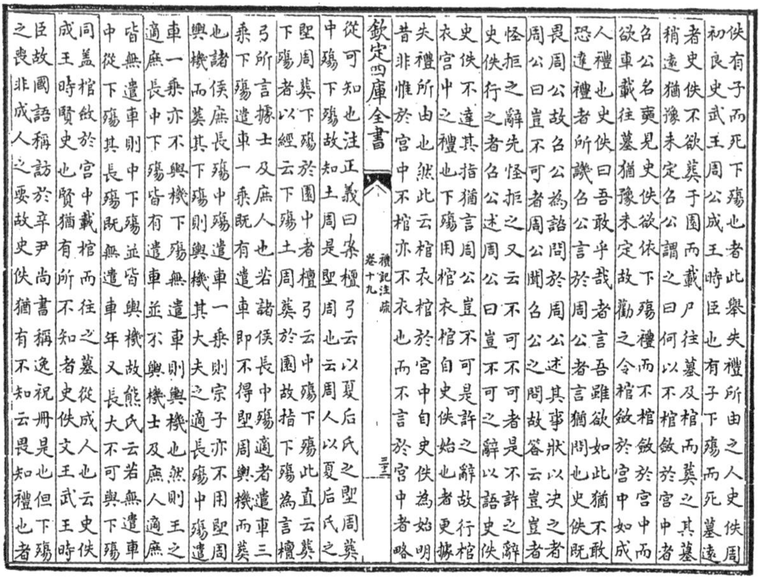
佚有子而死下殤也者此舉失禮所由之人史佚周
初良史武王周公成王時臣也有子下殤而死墓遠
者史佚不欲葬于園而載尸往墓及棺而葬之其墓
稍遠猶豫未定名公謂之曰何以不棺斂於宮中者
名公名奭見史佚欲依下殤禮而不棺斂於宮中而
欲車載往墓猶豫未定故勸之令棺斂於宮中如成
人禮也史佚曰吾敢乎哉者言吾雖欲如此猶不敢
恐違禮者所譏名公言於周公者言猶問也史佚既
畏周公故名公為諮問於周公述其事狀以決之者
周公曰豈不可者周公聞名公之問故答云豈豈者
怪拒之辭先怪拒之又云不可不可者是不許之辭
史佚行之者名公述周公曰豈不可之辭以語史佚
史佚不違其指猶言周公豈不可是許之辭故行棺
衣宮中之禮也下殤用棺衣棺自史佚始也者更據
失禮所由也然此云棺衣棺於宮中自史佚為始明
昔非惟於宮中不棺亦不衣也而不言於宮中者略

欽定四庫全書　禮記注疏 卷十九　三二

從可知也注正義曰案檀弓云以夏后氏之堲周葬
中殤下殤故知土周是堲周也云周人以夏后氏之
堲周葬下殤於園中者檀弓云中殤下殤此直云葬
下殤者以經云下殤土周葬於園故指下殤為言檀
弓所言據士及庶人也若諸侯長中殤適者遣車三
乘下殤遣車一乘既有遣車即不得堲周輿機而葬
也諸侯庶長殤中殤遣車一乘則宗子亦不用堲周
輿機而葬其下殤則輿機其大夫之適長殤中殤遣
車一乘亦不與機下殤無遣車則輿機也然則王之
適庶長中下殤皆有遣車並不輿機士及庶人適庶
皆無遣車則中下殤並皆輿機故熊氏云若無遣車
中從下殤其長殤既無遣車年又長大不可與下殤
同蓋棺斂於宮中載棺而往之墓從成人也云史佚
成王時賢史也賢猶有所不知者史佚文王武王時
臣故國語稱訪於辛尹尚書稱逸祝册是也但下殤
之喪非成人之要故史佚猶有不知云畏知禮也者

图十五　文渊阁《四库全书》本《礼记注疏》卷一九第三一页、第三二页

《十三经注疏》从闽本到《四库》本，每次整理，都进行了校勘，弥补缺文，校正讹误，较之前本，均有改进，尤其是闽本替换《仪礼图》为《仪礼注疏》，殿本句读经注疏文，补入《孝经》《论语》等经释文，确实是创新。但是，因祖本元刻明修十行本经多次修版，缺文、墨钉、错讹，在在皆有，故闽本、监本、毛本在清康乾时期，备受非议，顾广圻称之为"俗注疏本"。作为四库馆副总裁的彭元瑞，阅读的书也是北监本，其《自校礼记注疏跋》曰：

> 乾隆丙午五月二十九日。大驾幸避暑山庄，未预扈从，时领礼曹，退食少间，暑窗清课，取北监本《礼记注疏》，用朱笔临金氏《正讹》，加以寻勘，少有节润，义取易晓，其金所校而此本尚未讹者计不下千条，犹是善本，别有所得，以墨笔缀其间，凡月有二日而竣。少恒苦注疏难读，卒业三复，文从字顺，安得群经之尽若斯

也,炳烛之光,良用自惠,且留为家塾课本①。

乾隆丙午是五十一年(1786),彭元瑞用金曰追《礼记正讹》校北监本《礼记注疏》,历时一月零二日,发现北监本"尚未讹者计不下千条,犹是善本"。其《自校仪礼注疏跋》曰:

> 临《礼记正讹》竣,继临《仪礼》,又依济阳张蒿庵本句读之。武英殿刻《十三经》后附"考证",多采《通解》《仪礼图》《集说》,殊精核。《四库全书》从《永乐大典》辑出宋张淳《仪礼识误》、李如圭《仪礼集释》,更当时未见书矣,并以墨笔采著于录,间有愚臆,亦附末简,凡再旬有七日始一遇,视《礼记》,迟速大不侔,信乎,《仪礼》之难读也②!

彭元瑞校完《礼记注疏》,又校《仪礼注疏》,历时二十七日,苦《仪礼》难读!可见,监本《十三经注疏》,是学者常读之书。

惠栋、卢文弨、浦镗、顾广圻和日本人山井鼎、物观利用传存宋板,校勘闽本、监本、毛本,著有《十三经注疏正字》《七经孟子考文补遗》《抚本礼记郑注考异》等校勘成果,在一定程度上,推动了清代校勘学的发展,尤其显著者,顾广圻提出"不校校之"的校勘学理论,并付诸实践,协助张敦仁、阮元、黄丕烈、汪士钟等人校勘经学文献,成就"校勘学第一人"之美誉。惠栋、卢文弨、浦镗和顾广圻等人的校勘经学文献的学术活动,直接影响了阮元,阮元开始重刻"宋本"《十三经注疏》。

阮元谓闽、监、毛诸本"辗转翻刻,讹谬百出。毛本漫漶,不可识

---

① 清彭元瑞:《知圣道斋读书跋尾》卷一,《四库未收书辑刊》,北京:北京出版社 2000 年版,第 10 辑第 22 册第 766 页。
② 清彭元瑞:《知圣道斋读书跋尾》卷一,《四库未收书辑刊》,第 10 辑第 22 册第 766 页。

读,近人修补,更多讹谬"①,然于殿本、《四库》本不敢置喙。嘉庆二十年(1815),阮元在卢宣旬等人襄助下,依据元刻明修十行本,校刻《十三经注疏》四百十六卷,即"阮刻本",这是清代考据学兴盛的代表作。与闽本、监本、毛本和武英殿本相比,阮刻本有六大优点:一是制定凡例,阮刻本于书前有"重刻宋本注疏总目录",述刻书缘起,每部经书前有"引据各本目录",说明校刻体例;二是选择版本,自元至清嘉庆初年,成套的《十三经注疏》有元刻明修十行本、闽本、监本、毛本、殿本和《四库》本,阮元将元刻明修十行本误认为是"宋本",以"宋本"为底本校刻,故曰"重刻宋本";三是汇校众本,阮元以"宋本"为底本,对校闽本、监本、毛本,吸收他本和前贤校勘成果;四是撰写校记,校勘版本,撰写校勘记,呈现诸本异同,故《书目答问》曰:"阮本最于学者有益,凡有关校勘处旁有一圈,依圈检之,精妙全在于此"②;五是更换底本,阮元因闽本《仪礼注疏》十七卷"讹脱尤甚",乃以宋严州本《仪礼注》和单疏本为据,成《仪礼注疏》五十卷③,《尔雅注疏》十卷亦是重新汇编者;六是校补正讹,阮刻本底本元刻明修十行本脱漏错讹极夥,如《礼记注疏》等,墨钉无处不有,阮元参校他本,补足缺文,校正讹谬,去底本之非,集众本之善,甫一刊刻,广为流传,至今不衰(图十六)。

阮元校勘《十三经注疏》始于嘉庆五年(1800),嘉庆十一年(1806)刊成《十三经注疏校勘记》二百一十七卷,嘉庆二十一年(1816)于南昌府学刻成《十三经注疏》四百一十六卷。阮刻本汇校众本,吸收他校,撰写校记,记录异同,按断是非,成为名副其实的集大成式之《十三经注疏》本。

---

① 清阮元校刻:《十三经注疏》,北京:中华书局1980年版,上册第1—2页。
② 范希曾编,瞿凤起校点:《书目答问补正》,上海:上海古籍出版社1983年版,第1页。
③ 阮刻本《仪礼注疏》50卷,实据张敦仁本《仪礼注疏》翻刻。韩松岐:《张敦仁本〈仪礼注疏〉研究》,南京:南京师范大学硕士学位论文,2022年。顾广圻、乔秀岩皆已言之。

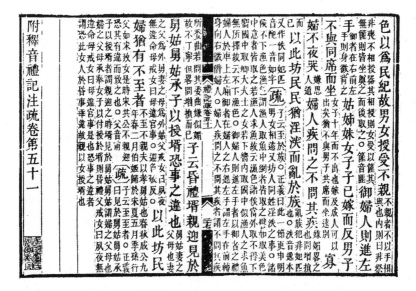

图十六　阮刻本《礼记注疏》卷五一页二十七

三、现代《十三经注疏》的整理

清阮元《重刻宋板注疏总目录》说："窃谓士人读书，当从经学始，经学当从注疏始。空疏之士，高明之徒，读注疏不终卷而思卧者，是不能潜心研索，终身不知有圣贤诸儒经传之学矣。至于注疏诸义，亦有是非。我朝经学最盛，诸儒论之甚详，是又在好学深思、实事求是之士，由注疏而推求寻览之也。"①张之洞《书目答问·国朝著述诸家姓名略》之"经学家"前曰："由小学入经学者，其经学可信；由经学入史学者，其史学可信；由经学、史学入理学者，其理学可信；以经学、史学兼词章者，其词章有用；以经学、史学兼经济者，其经济成就远大。"后

① 清阮元：《重刻宋板注疏总目录》，阮刻本《十三经注疏》，上册第2页。

总结说:"右汉学专门经学家。诸家皆笃守汉人家法,实事求是,义据通深者。"《书目答问》"经济家"曰:"经济之道,不必尽由学问,然士人致力,舍书无由,此举其博通确实者。士人博极群书,而无用于世,读书何为? 故以此一家终焉。"①"经济家"所列者有黄宗羲、顾炎武、顾祖禹、秦蕙田、方苞、魏源等人,皆经世致用者。阮元、张之洞之言,说明经学是一切学问的根基。《十三经注疏》是经学核心文献,宋元明清,代有校刻,时至今日,也是读书人案头必备之书。

由于时代的变迁,学术风气的转变,阮刻本及其以前的《十三经注疏》,今日之大多数读书人难以卒读,亟待重新整理,以适应学术发展的要求。1999 年 12 月,北京大学出版社出版了由李学勤先生主编的《十三经注疏》标点本,此后又出版"繁体竖排"本。李学勤先生《序》说:"这里提供给读者的《十三经注疏》整理本,仍以阮本为基础,而在注记中博采众说,择善而从,在校勘上突过前人。同时施加现代标点,改用横排,这样做虽有若干障碍困难,却使这部十分重要的典籍更易为各方面读者接受。"该书《整理说明》曰:"全面吸收阮元《十三经注疏校勘记》和孙诒让《十三经注疏校记》的校勘成果,对阮元《校勘记》中已有明确是非判断者,据之对底本进行改正;对其无明确是非判断者,出校记两存。"②这套书最大的优点是施加标点,简体横排,方便阅读,在一定程度上推动了经学研究。缺陷是校勘有限,对阮元《校勘记》多有删改,日本学者野间文史、吕友仁先生曾撰文批评该书的缺陷③。

2001 年 6 月,台湾新文丰出版公司出版《十三经注疏》分段标点

① 范希曾编,瞿凤起校点:《书目答问补正》,第 344 页、第 347 页、第 360 页。

② 汉郑玄注,唐孔颖达正义:《礼记正义》,龚抗云整理,王文锦审定,李学勤主编:《十三经注疏》本,北京:北京大学出版社 1999 年版。

③ 野间文史:《读李学勤主编之〈标点本十三经注疏〉》,《经学今诠三编》——《中国哲学》第 24 辑,沈阳:辽宁教育出版社 2002 年版,第 681—725 页;吕友仁:《〈十三经注疏·礼记注疏〉整理本平议》,《中国经学》第 1 辑,桂林:广西师范大学出版社 2005 年版,第 100—131 页。

本,总计二十册,这套书依据南昌府学刊阮刻本整理,分段标点,未加校勘,完整保留阮刻本内容。

1992年,西北大学和上海古籍出版社于共同发起成立了"新版《十三经注疏》整理本编纂委员会",整理《十三经注疏》,主编是张岂之、周天游二位先生,其《十三经注疏整理本序》说:"各经均追本溯源,详加考校,或采用宋八行本为底本,或以宋早期单注、单疏本重新拼接,或取晚出佳本为底本,在尽量恢复宋本原貌的基础上,整理出一套新的整理本,来弥补阮刻本的不足,以期对经学研究、对中国传统文化研究能起到推动作用,满足广大读者的需要。"①已出版《尚书正义》《毛诗注疏》《周礼注疏》《仪礼注疏》《礼记正义》《春秋公羊传注疏》《孝经注疏》《尔雅注疏》等,质量参差不齐。其中吕友仁先生整理的《礼记注疏》在标点、校勘等方面,均优于前者②,然于八行本疏文无起讫语③者,自拟补入,实不可取;将八行本和潘宗周影刻本等同为一,属于失察。吕友仁先生整理的北大《儒藏》本《礼记正义》④以八行本为底本,用足利本、阮刻本和抚州本、余仁仲本通校,改正上古本失误,不附录释文,实为八行本最佳之整理本。其他各经注疏,问题不一,学界多有讨论,不再赘述。

北大《儒藏》和浙大《中华礼藏》整理出版了部分经书注疏合刻本⑤,不是成套的《十三经注疏》。

近日,中华书局推出了南京师范大学方向东教授点校的《十三经

---

① 汉郑玄注,唐孔颖达正义,唐陆德明释文,吕友仁整理:《礼记正义》,上海:上海古籍出版社2008年版(下简称"上古本"),上册第5—6页。

② 王锷:《三种〈礼记正义〉整理本平议——兼论古籍整理之规范》,《中华文史论丛》2009年第4期,第363—391页。

③ 吕友仁先生称"起讫语"为"孔疏导语"。汉郑玄注,唐孔颖达正义,唐陆德明释文,吕友仁整理:《礼记正义》,上古本上册第12页。

④ 汉郑玄注,唐孔颖达正义,吕友仁校点:《礼记正义》,北京:北京大学出版社2016年版。"北大《儒藏》"是指"北京大学《儒藏》编纂与研究中心"主持整理的"《儒藏》精华编"。

⑤ "浙大《中华礼藏》"由浙江大学"《中华礼藏》编纂委员会"主持整理,浙江大学出版社出版,已经出版贾海生点校《仪礼注疏》50卷、邰同麟点校《礼记正义》70卷等。

注疏》一套,精装二十五册(下简称"方校本")①。此书以道光六年(1826)朱华临重校本为底本,用阮元校刻南昌府本、江西书局本、脉望仙馆本、点石斋本、锦章书局本、世界书局本对勘,参校武英殿本及各经传世经注本、单疏本,《礼记注》《春秋公羊经传解诂》参校抚州本、余仁仲本,《尚书正义》《周礼疏》《礼记正义》《春秋左传正义》参校八行本,《毛诗注疏》参校日本藏宋十行本,《仪礼注疏》《论语注疏解经》《孝经注疏》依据通志堂本《经典释文》,补入释文,人名、地名、国名和朝代名加专名线,施加新式标点,全书简体横排,极便阅读。方校本有如下优点:

一是底本优良。阮刻本《十三经注疏》自清嘉庆年间刊刻以来,多次翻刻,有道光本、江西书局本、脉望仙馆本、点石斋本、锦章书局本、世界书局本等。方教授曾经承担国家社科基金项目"中华书局影印阮刻本《十三经注疏》汇校勘正",通过汇校,厘清了阮刻本系统诸版本之关系,南昌府本经过重校重修,其中道光重修本保存原版,修改错讹,质量较好,故选道光本为底本整理,保证了文本品质。

二是整理规范。阮刻本附有经卢宣旬等人摘录的校勘记,校勘记与经注疏文,相辅相成,相得益彰。此次整理,制定凡例,保留阮校,且将校勘记移至每段之下,别以"【阮校】",较之原附于卷尾者,方便阅读。又,各书参校宋元以来八行本、十行本、闽本、监本、毛本、殿本以及余仁仲本等经注本,校改底本错误,凡有改正,新出校记于本页下端,约近万条,校勘有据,鲁鱼亥豕,多已修正,形成一部阮刻本《十三经注疏》的升级版。

三是标点准确。已出版的《十三经注疏》整理本,对于经注疏文和释文的处理,各有不同,由此而导致对于经注疏文和释文的标点断句,有前后失照者。方校本在断句标点时,立足经文,会通注疏,前后照应,点校句读。所以,该书既是一部普及传统文化的优良读本,也是

---

① 清阮元校刻,方向东点校:《十三经注疏》,北京:中华书局 2021 年版。

汇聚诸家之长和众本之善的注疏本，是文史哲研究者案头必备的经典文献。

方教授长期从事经学文献的整理校勘，成就斐然！阮刻本《十三经注疏》是集大成式的古籍善本，他历时十多年，焚膏继晷，孜孜矻矻，完成"为往圣继绝学"之重任，值得肯定，令人敬佩！

由于整理《十三经注疏》工程浩大，头绪繁多，方校本仍然存在一些破句、失校、漏标专名线和误排等问题。此举一例，《礼记注疏》卷十四："《律历志》又云'地数三十'者，地二、地四、地六、地八、地十，故三十也。"①"者"上脱"所以三十"，元十行本同，闽本补，八行本有"所以三十"四字可证②，方校本漏校。

自南宋以来，经书注疏开始合刻，此后汇集为一套经学文献专科丛书《十三经注疏》，有元十行本、闽本、监本、毛本、殿本、《四库》本和阮刻本，当今出版的《十三经注疏》整理本，大多立足于阮刻本进行点校，说明阮刻本至今无法替代。

如果要整理出超越阮刻本的《十三经注疏》，必须做好以下工作：

第一，汇校诸经版本，梳理版本源流。经书版本主要有白文本、经注本、单疏本和注疏本，各经应该立足某本，汇校众本，在汇校的基础上，梳理版本源流，然后选择底本，确定对校本和参校本，吸收前人校勘成果，方可整理出一部超越阮刻本的《十三经注疏》新版本。山东大学杜泽逊教授的"《十三经注疏》汇校"、北京大学顾永新教授"《周易》汇校"、南京师范大学杨新勋教授"《论语注疏》汇校"、陕西师范大学瞿林江副教授"《尔雅注疏》汇校"皆可模仿。

第二，撰写整理凡例，规范校勘记撰写。闽本至阮刻本《十三经注疏》，尤其是殿本、阮刻本，在经书文献整理方面，积累了很多成功的经验，诸如句读全书、撰写考证或校勘记，如何对校，如何参校，如何

---

① 清阮元校刻，方向东点校：《十三经注疏》，第13册第792页。
② 汉郑玄注，唐孔颖达正义，日本乔秀岩、叶纯芳编辑：《影印南宋越八行本〈礼记正义〉》，北京：北京大学出版社2014年版，上册第470页。

吸收前贤校勘成果,校勘记写成简明的"定本式"还是繁杂丰富的"汇校式",等等,前人校刻《十三经注疏》的经验,多可借鉴参考,只有搞清前人做了什么,成绩和缺陷何在,方能推陈出新,超越前贤。

第三,明确经注疏和释文的关系,在遵守底本的同时,照顾阅读的便利。经书注疏本是经文、注文和疏文的汇编,自宋代以来,或以经注本为主,将疏文插入相应的经注之下;或以疏文为主,将经注分配于疏文之前;注疏本卷数,或据经注本,或以单疏本,或依据经书内容分卷,诸书不一。为了照顾阅读,又附录陆氏释文,释文的附入,经历附于全书末尾、段落之后、分散插于经注之下等形式①,考虑疏文和《经典释文》的版本优劣,释文如何插入,使用什么版本的《经典释文》,还是依据南宋如余仁仲本已附释文者,类似问题,在重新搭配经文、注文、疏文和释文时,必须仔细推敲,方能相辅相成,互相为用。

经学、经学文献研究是专门之学。整理《十三经注疏》,抑或重编"十三经注疏",一定要熟读经书,梳理前贤工作。若率意为之,追求名利,则有百害而无一益!

结　语

《十三经注疏》是儒家的核心文献,是研究经学和中华传统文化的基石。自南宋初年以来,为了读书的便利,首先在越州(今浙江绍兴市)出现了半页八行的注疏合刻本,此后在福建建阳地区雕版附有陆德明释文的"附释音注疏本",附释音本较之八行本,经注文音义,一览即知,十分便利。元代泰定年间,翻刻宋十行本,出现元十行本,板片一直保存于福州路府学经史库,递经修补,刷印流传,故有元刻明

① 王锷:《再论抚州本郑玄〈礼记注〉》,《中国经学》第27辑,桂林:广西师范大学出版社2020年版,第1—14页。

修十行本,学术界称之为"十行本""正德本"。因元刻明修十行本板片坏缺,印刷本缺字太多,影响阅读,明嘉靖年间,李元阳重刻《十三经注疏》,即闽本,又称嘉靖本、李元阳本,这是中国历史上第一部真正的《十三经注疏》。此后监本、毛本、殿本、《四库》本先后翻刻传抄,每次翻刻,都依据他本进行校勘,然因条件所限,善本难寻,未能从整体上改变元刻明修十行本的缺陷。清嘉庆年间,阮元立足所谓"宋本",即元刻明修十行本,替换《仪礼注疏》《尔雅注疏》,汇校众本,撰写详尽的校勘记,于南昌府学刊刻《十三经注疏》,即阮刻本。阮刻本自刊刻以来,两百多年,风靡学界,多次翻刻,近二十多年,《十三经注疏》数次整理,不无遗憾。2021年底,中华书局出版方向东教授点校的《十三经注疏》,以阮刻本为底本,参校众本,纠谬是正,值得一读。然欲整理出超越或代替阮刻本的《十三经注疏》,还有很多工作要做,需要学术界同仁的共同努力!

2021 年 12 月 30 日初稿

2022 年 1 月 10 日二稿

2022 年 4 月 28 日三稿

2022 年 7 月 10 日四稿

（作者单位：南京师范大学文学院）

社而赋事与赋法的早期生成

曹胜高

　　鲁文伯之母敬姜所言的"社而赋事",点明了在社祀时赋事功能的方式,可以作为观察赋事制度运行的入口。周代赋政系统中,赋职事、政事的实践不断功能化、抒情化,促成了赋法的完善。《夏书》所言的"赋纳以言"传统,强化了赋言的艺术性。赋政、赋事机制对赋法、赋诗的促成,是研究赋法起源与形成不可忽略的历史语境。

赋的生成机制,已有诸多论文涉及①。其对于厘清"赋"之本义及其后世的演化大有裨益,惜未能涉及古之赋事制度。《国语·鲁语下》载鲁文公之母言"社而赋事"②,言及在社祀中有赋事之法,为春祈秋报时的献祀之辞,其或以赋,或以歌陈述职事,即何休所言的"劳者歌其事"③,当为赋事机制的自发形态。通过"赋纳以言"而形成的赋政、赋事机制,则为赋法形成的自觉形态。我们可以结合周秦文献记述,考察社而赋事、赋纳以言的诸多细节,进而对赋法的早期生成机制进行更为具体的考察,庶有助于理解赋的早期生成。

一、"社而赋事"与赋事机制的形成

《国语·鲁语下》载鲁文伯之母敬姜言"社而赋事":

> 公父文伯退朝,朝其母,其母方绩。文伯曰:"以歜之家而主犹绩,惧干季孙之怒也,其以歜为不能事主乎?"其母叹曰:"……

---

① 参见马银琴《从赋税之"赋"到登高能"赋":追寻赋体发生的制度性本原》,载于《清华大学学报(哲学社会科学版)》2016年第2期;蒋晓光、许结《宾祭之礼与赋体文本的构建及演变》,载于《中国社会科学》2014年第5期;钱志熙《赋体起源考:关于"升高能赋"、"瞍赋"的具体所指》,载于《北京大学学报(哲学社会科学版)》2006年第3期;王钟陵《赋体的起源及其内在矛盾》,载于《学术交流》2007年第11期;巩本栋《汉赋起源新论》,载于《学术研究》2010年第10期,等等。

② 徐元诰撰,王树民、沈长云点校《国语集解》卷五《鲁语下》,北京:中华书局2002年版,第198页。

③ 公羊寿传,何休解诂,徐彦疏《春秋公羊传注疏》卷一六《宣公十五年》,十三经注疏本,北京:北京大学出版社2000年版,第418页。

王后亲织玄纮,公侯之夫人加之以纮、綖,卿之内子为大带,命妇成祭服,列士之妻加之以朝服,自庶士以下皆衣其夫。社而赋事,蒸而献功,男女效绩,愆则有辟,古之制也。"①

文伯问官员之家为何还要纺纱织布?其母敬姜言王后、命妇皆纺纱织布以供夫君作为祭服,为自古以来的传统,并列举"社而赋事,蒸而献功,男女效绩,愆则有辟"为古制。其中的"社而赋事",韦昭注:"社,春分祭社也,事农桑之属也。"②言赋事为春分祭社时分派农桑之事。《逸周书·文酌解》言周治国之法有五大:"一、大知率谋,二、大武剑勇,三、大工赋事,四、大商行贿,五、大农假贷。"③其中的"大工赋事",便是言大建造时要分配任务,使其各执其事,此即《逸周书·命训解》所言的"震之以政,动之以事"④。朱右曾释"赋事"为:"赋众以事而考其成。"⑤即分配任务并考察其完成情况。《尔雅·释言》言:"班,赋也。""赋,量也。"⑥"社而赋事"是言春分祭社时分配男耕女织之事,待年底祭祀时考量其劳作情况,是为"蒸而献功"。韦昭注"蒸":"冬祭曰蒸,因祭祀以纳五谷之要,休农夫也。"⑦年底举行祭祀,用收成作为祭品,衡量"男女效绩"的程度,以此作为衡量其所从事职事的得失。

赋的本义为田赋,《尚书·禹贡》言天下之贡,列九州物产贡品,以纳于天子。任土作贡,是为班赋:"以土均之法辨五物九等,制天下

① 徐元诰撰,王树民、沈长云点校《国语集解》卷五《鲁语下》,第193—198页。
② 徐元诰撰,王树民、沈长云点校《国语集解》卷五《鲁语下》,第198页。
③ 黄怀信、张懋镕、田旭东撰《逸周书汇校集注》卷一《文酌解》,上海:上海古籍出版社1995年版,第64页。
④ 黄怀信、张懋镕、田旭东撰《逸周书汇校集注》卷一《命训解》,第36页。
⑤ 朱右曾《逸周书集训校释》,北京:商务印书馆1940年版,第9页。
⑥ 郭璞注,邢昺疏《尔雅注疏》卷三《释言》,十三经注疏本,北京:北京大学出版社2000年版,第102、80页。
⑦ 徐元诰撰,王树民、沈长云点校《国语集解》卷四《鲁语上》,第145页。

之地征，以作民职，以令地贡，以敛财赋，以均齐天下之政。"①品处庶类，则为量赋："以九赋敛财贿：一曰邦中之赋，二曰四郊之赋，三曰邦甸之赋，四曰家削之赋，五曰邦县之赋，六曰邦都之赋，七曰关市之赋，八曰山泽之赋，九曰币余之赋。"②班赋需言明物产贡品，量赋则要核对物产贡品。故赋义本身便蕴含着颁行与考量之义。《周礼·天官冢宰·内宰》具体记载妇女在仲春赋事、岁终献功的内容：

> 中春，诏后帅外内命妇始蚕于北郊，以为祭服。岁终，则会内人之稍食，稽其功事，佐后而受献功者，比其小大与其粗良而赏罚之。会内官之财用。③

仲春时，内宰颁王之诏令，命王后以下的命妇开始在北郊蚕桑。仲春北郊始蚕，颁命开始蚕桑，是为赋事；至岁末，内宰协助王后"计女御丝枲二者之功事，以知多少"④，统计、比较各自一年之绩，王后、内御及命妇要献上一年所织布帛，是为献功。

《吕氏春秋·季春纪》《吕氏春秋·孟夏纪》亦载春夏时节的妇女的蚕桑之事，是通过赋令的方式动员，以考其绩效的方式验收：

> 是月也，命野虞无伐桑柘，鸣鸠拂其羽，戴任降于桑，具栚曲籧筐，后妃齐戒，亲东乡躬桑。禁妇女无观，省妇使，劝蚕事，蚕事既登，分茧称丝效功，以共郊庙之服，无有敢堕。⑤
>
> 是月也，聚蓄百药，靡草死，麦秋至。断薄刑，决小罪，出轻系。蚕事既毕，后妃献茧，乃收茧税，以桑为均，贵贱少长如一，以

---

① 郑玄注，贾公彦疏《周礼注疏》卷一〇《地官司徒·大司徒》，十三经注疏本，北京：北京大学出版社 2000 年版，第 295 页。

② 郑玄注，贾公彦疏《周礼注疏》卷二《天官冢宰·大宰》，第 41 页。

③ 郑玄注，贾公彦疏《周礼注疏》卷七《天官冢宰·内宰》，第 218—219 页。

④ 郑玄注，贾公彦疏《周礼注疏》卷七《天官冢宰·内宰》，第 218 页。

⑤ 许维遹撰《吕氏春秋集释》卷三《季春纪》，北京：中华书局 2009 年版，第 62—63 页。

　　给郊庙之祭服。①

　　季春桑叶新生,后妃亲自采桑,并派出使官劝蚕,是为蚕事;孟夏蚕事结束,后妃及世妇献茧缲丝,织为布帛,以作祭服。《豳风·七月》所言的"女执懿筐,遵彼微行,爰求柔桑"②,是为季春桑蚕之事;"载玄载黄,我朱孔阳,为公子裳"③,则为作服的描写。

　　因此,敬姜所言的"社而赋事,烝而献功",是说王、王后以至庶人,每年都要参加春祈秋报之事,是为古制。其之所以强调"社而赋事",在于社祀为天子、诸侯及卿大夫以下百姓所普遍参与的祭祀活动,其中仲春祈社、仲秋报社、冬季大割于社并蜡祭劳农,为全民参与的集体共祀活动,正是授时劝农、颁行政令的好时机。

　　自大禹平复水土立社为祀,社祀便成为百姓祈谷、祈雨、祈福的神地之礼④。周人居豳时的《七月》,便是以赋事之法,言男女一年四季的劳作,前三章由秋及春,言及女子授衣、蚕桑、制衣之事,以赋妇功;中三章由春及秋,言及男子耕作、稼穑、收获之事,以赋劳作。最后两章,言冬季祭祀献尝之事。《周礼》载以仲春、仲秋歙《豳诗》以迎暑、逆寒,冬季歙《豳雅》以祈年;冬蜡歙《豳颂》以息农,四时歙豳以和时令,以序农时,故被周人用为祀社的乐歌,从中可以看出在春社、秋方及岁末赋农、桑之事⑤。

　　《小雅》中的《甫田》《楚茨》《大田》便是春社赋事、冬烝献功之歌。《甫田》言:

---

① 许维通撰《吕氏春秋集释》卷四《孟夏纪》,第 87 页。
② 毛亨传,郑玄笺,孔颖达疏《毛诗正义》卷八《豳风·七月》,十三经注疏本,北京:北京大学出版社 2000 年版,第 578 页。
③ 毛亨传,郑玄笺,孔颖达疏《毛诗正义》卷八《豳风·七月》,第 582 页。
④ 曹胜高《降丘宅土、敷下土方与九丘观念的形成》,载于《山西师大学报(社会科学版)》2019 年第 5 期,第 76—83 页。
⑤ 曹胜高《社祀用乐与〈豳风·七月〉的形成机制》,载于《励耘学刊》2018 年第 1 期,第 1—20 页。

　　倬彼甫田，岁取十千。我取其陈，食我农人，自古有年。今适
南亩，或耘或耔，黍稷薿薿。攸介攸止，烝我髦士。以我齐明，与
我牺羊，以社以方。我田既臧，农夫之庆。琴瑟击鼓，以御田祖，
以祈甘雨，以介我稷黍，以谷我士女。①

言贵族至于农夫一起到南亩，举行春耕仪式，最为热烈的是举行春社
之礼，以牲羊献祀于土地之主，并载歌载舞，祈求方社之神保佑风调雨
顺，并以"乃求千斯仓，乃求万斯箱。黍稷稻粱，农夫之庆。报以介
福，万寿无疆"②作为对方社的祈祷之辞，可以视为春分时百姓祈社之
作，为春社赋事之辞。而《楚茨》则言"烝尝之祀"：

　　我薿黍稷。我黍与与，我稷翼翼。我仓既盈，我庾维亿。以
为酒食，以享以祀。以妥以侑，以介景福。济济跄跄，絜尔牛羊，
以往烝尝。或剥或亨，或肆或将。祝祭于祊，祀事孔明。先祖是
皇，神保是飨。孝孙有庆，报以介福，万寿无疆！③

春社所祈求的"乃求千斯仓，乃求万斯箱"变成了现实，则以酒、食献
祀于土地之主。由于周先祖弃为后稷，秋报的祭祀既有祀社之礼，又
有享祖之义，其所采用的烝祭方式，便是在孟冬举行的祭祀先祖之礼。
其中，"礼仪既备，钟鼓既戒。孝孙徂位，工祝致告"④的环节，便是男
女各有所献，以敬祀先祖，以报告一年的事功与效绩。
　　由此来看，文伯之母所言的"社而赋事"，实际道出了上古乐歌生
成的重要机制，即《诗经》中的诸多诗篇为"社而赋事"的产物。在这
过程中所形成的乐歌，内容以春社秋方的生产为主，形式采用赋事之

────────

① 毛亨传，郑玄笺，孔颖达疏《毛诗正义》卷一四《小雅·甫田》，第973—980页。
② 毛亨传，郑玄笺，孔颖达疏《毛诗正义》卷一四《小雅·甫田》，第988页。
③ 毛亨传，郑玄笺，孔颖达疏《毛诗正义》卷一三《小雅·楚茨》，第947—950页。
④ 毛亨传，郑玄笺，孔颖达疏《毛诗正义》卷一三《小雅·楚茨》，第960页。

法进行。惜此说历来没有引起经学家的重视。宋代葛胜仲倒是在一篇《策问》中进行了解释：

> 伏读庚辰赦令有曰：将蒇事于皇祇，先致享于穹昊。荐绅学士聆听欢舞，以谓北郊盛典，将赫赫载天下耳目，而元始因循之陋，且复正于是日矣。真天下之壮观，王者之绝业。考观《载芟》《良耜》《噫嘻》《丰年》之作，发扬咏叹，用于祈谷之时，而赋事遣辞莫不各依象类。则天地别祭，见于《诗》者如此。……惟是冕服之制，仪卫之节，庆赐之度，荐灌之仪，有不泥古，不沿今，参酌损益，趋时之便，而陪辅礼官之未议者乎？诸生试墨笔论之。①

这次策问，言及郊社祈谷之制，列举《载芟》《良耜》《噫嘻》《丰年》等篇，言为赋事之作。其中的"北郊盛典""赋事遣辞"，与文伯之母所言的"社而赋事"，《周礼》所载的命蚕、考功之事相呼应，并将《诗经》的诸多诗篇视为赋事的乐歌。尤其是将之作为策问题目，要求考生就此讨论，表明当时官方认同《诗经》中的相关诗作与赋事方式有关。

按照毛传的理解，《载芟》的用意为"春籍田而祈社稷也"②，《良耜》为"秋报社稷也"③，用于社稷之祀。《噫嘻》为"春夏祈谷于上帝也"，正义曰："谓周公、成王之时，春郊夏雩，以祷求膏雨而成其谷实，为此祭于上帝。诗人述其事而作此歌焉。经陈播种耕田之事，是重谷为之祈祷，戒民使勤农业，故作者因其祷祭而述其农事。"④实则郊社之时为农事祈雨，亦为社祀。《丰年》为"秋冬报也"，正义曰："谓周公、成王之时，致太平而大丰熟，秋冬尝、烝，报祭宗庙。诗人述其事而

---

① 《永乐大典》卷之一〇四五八《葛胜仲〈丹阳集〉》，北京：中华书局 1986 年版，第4350 页。
② 毛亨传，郑玄笺，孔颖达疏《毛诗正义》卷一九《周颂·载芟》，第 1591 页。
③ 毛亨传，郑玄笺，孔颖达疏《毛诗正义》卷一九《周颂·良耜》，第 1600 页。
④ 毛亨传，郑玄笺，孔颖达疏《毛诗正义》卷一九《周颂·噫嘻》，第 1548 页。

为此歌焉。"①言之为"蒸而献功"之作。孔颖达认为上述四首乐歌皆周公、成王在社祀、祈谷、报社之时而作,是在社祀时采用歌诵的方式敷布其事的乐歌。

敬姜所言的"蒸而献功",是孟冬举行的大饮蒸之礼,天子行祈年之礼,百姓则祀于社。《吕氏春秋·孟冬纪》言:"大饮蒸,天子乃祈来年于天宗。大割,祠于公社及门闾,飨先祖五祀,劳农夫以休息之。"②孟冬为冬季之始,行冬藏之令,天下皆闭户、收藏。冬季要考绩功劳、收取赋税,讲武练兵。地行收藏之道,则要举行息农的蜡礼。秦汉以十月为岁首,孟冬既是一年之初,则有祈年之礼。《小雅·大田》便是赋冬蜡息农之事:

> 既方既皂,既坚既好,不稂不莠。去其螟螣,及其蟊贼,无害我田稚。田祖有神,秉畀炎火。……曾孙来止,以其妇子,馌彼南亩,田畯至喜。来方禋祀,以其骍黑,与其黍稷。以享以祀,以介景福。③

前两章言蜡祭,大蜡是在孟冬举行"大割于社"之后,采用火田的方式去除田间杂草,采用迎兽的方式去除田间害虫,以祈祷来年毋荒芜、少虫害而能五谷丰登。后两章言祈年,第三章为祈祷来年能风调雨顺,农业丰收,末章言天子祈年于天宗的方式,率领王后及其子孙,至于南亩祈年。其所采用的禋祀,为郊天之法:"以禋祀祀昊天上帝。"④骍黑为祭品,毛传:"骍,牛也。黑,羊、豕也。"郑笺:"阳祀用骍牲,阴祀用黝牲。"⑤祭品有骍牛、黑羊、黑豕。《礼记·祭法》:"燔柴于泰坛,祭

① 毛亨传,郑玄笺,孔颖达疏《毛诗正义》卷一九《周颂·丰年》,第1556页。
② 许维遹撰《吕氏春秋集释》卷一〇《孟冬纪》,第218页。
③ 毛亨传,郑玄笺,孔颖达疏《毛诗正义》卷一四《小雅·大田》,第993—998页。
④ 郑玄注,贾公彦疏《周礼注疏》卷一八《春官宗伯·大宗伯》,第530页。
⑤ 毛亨传,郑玄笺,孔颖达疏《毛诗正义》卷一四《小雅·大田》,第998页。

天也。瘗埋于泰折,祭地也。用骍犊。"①故《大田》乃言天子孟冬大蜡、祈年合祀天地的祭歌。

周制,天子祀天地,诸侯以下祀社,社主为诸侯邦国的最高神,也是百姓所祀的大神。在春分、秋分、祈年、冬蜡中举行的社祀活动,正是一年春耕、秋收、冬祭之前的盛大祭祀活动。天下百姓聚集祀社,在此过程中颁行政令,授时劝农,成为社祀的重要内容,在此过程祭祀的乐歌,对春播、秋收进行描述,便是鲁文伯之母所言的"社而赋事,蒸而献功"。其中既包括社祀时对男子的赋事劝农,也包括社祀时赋女子的劝蚕桑、备祭祀之事,《诗经》中所载春祈、秋报以及蜡祭之歌,当为"社而赋事,蒸而献功"时形成并流传的乐歌。

二、赋政体系对赋事的功能拓展

"社而赋事"所产生的历史语境,源出农业社会所形成的赋政机制。与农业相关的,便是官府在特定的时节颁行政令,授时劝农。所谓的授时,便是根据物候确定生产生活的内容,引导百姓形成顺畅的生产生活秩序。所谓的劝农,则是勉励百姓按时劳作,对农桑力田者进行奖励,形成良好的社会风尚。月令为古代中国的授时系统,根据物候的变化确定每年节、气、月、候,最大程度地协调农业劳作、行政管理、日常生活的秩序。章太炎先生说:"《明堂》《月令》,授时之典,民无得奸焉,而崔寔亦为《四民月令》。"②即言月令系统承担着授时和劝农两个功能:对百姓而言,是为赋事,即颁布农事,令百姓按时农桑;对行政而言,是为赋政,即按时颁行政令,以维持国家的运转。

《逸周书·周书序》记这种赋事劝农的架构:"周公正三统之义,

---

① 郑玄注,孔颖达疏《礼记正义》卷四六《祭法》,十三经注疏本,北京:北京大学出版社2000年版,第1509页。

② 章太炎《国故论衡·原经》,上海:上海古籍出版社2006年版,第46页。

作《周月》,辨二十四气之应以明天时,作《时训》。周公制十二月赋政之法,作《月令》。"①王官系统制定律历,以确定出时序,将一年的农政系统分配在固定的时节,依时行令。《管子·幼官》言:"十二始节,赋事。"②《幼官图》又言:"十二始前节,弟赋事。"③每节之初颁布命令,督促有司及百姓各执其事。《逸周书·时训解》《吕氏春秋·十二纪》《礼记·月令》《淮南子·时则训》以及《四民月令》中所言的某月某时做某事、行某政、用某令,便是赋事行政的产物。

这样来看,"社而赋事"实际是在仲春、仲秋、岁末年初祀社时要赋布职事,引导百姓按时生产生活。其中的"事",就王后及命妇而言,是为蚕桑之事;就农夫百姓而言,则为春耕秋收之事;就国家而言,则为官吏按时节执行的政事。周王朝以社祀行祀地之礼,诸侯以社祀为最高祭祀,每年年初、春、秋、岁终的常祀,全民参与、祈谷、授时、劝农、祭社,其中形成的劝农之歌如《七月》、春社之歌如《甫田》、秋报之歌如《楚茨》、冬蜡之歌如《大田》,就农夫而言为赋职事,就农政系统而言则为赋农政之事。

社而赋事机制所形成的社祀之歌,还包括诸多形成于行政职能的乐歌。如男女阴讼于社时的告社、军事行动之前的宜社和战后的报社及望祀山川、四方等行政职事,亦有相应的乐歌组成。如《行露》《谷风》《氓》《中谷有蓷》《北门》等为阴讼于社之歌④,《麟之趾》《驺虞》《清人》《无衣》《驷驖》《叔于田》《大叔于田》等为军社之辞⑤;《终南》《般》《时迈》《旱麓》等为望祀山川之歌⑥,或用于社祀活动,或做于土

① 黄怀信、张懋镕、田旭东撰《逸周书汇校集注》卷一〇《周书序》,第 1211—1212 页。
② 黎翔凤撰《管子校注》卷三《幼官》,北京:中华书局 2004 年版,第 154 页。
③ 黎翔凤撰《管子校注》卷三《幼官图》,第 182 页。
④ 曹胜高《阴讼于社与〈诗经〉婚怨之歌的生成机制》,载于《华中师范大学学报(人文社会科学版)》2019 年第 1 期,第 89—96 页。
⑤ 曹胜高《军社之祀与〈诗经〉军征之诗的生成语境》,载于《四川大学学报(哲学社会科学版)》2018 年第 2 期,第 131—139 页。
⑥ 曹胜高《山川之祀与〈诗经〉相关乐歌的作成》,载于《四川大学学报(哲学社会科学版)》2020 年第 5 期,第 82—91 页。

地祭祀之中,为特定行政系统在相应的政务、军事和祭祀中祈求土地之主、山川百神护佑的乐歌,其机制与"社而赋事"相同,也是祀社过程中敷陈各种职事的乐歌。

由此来看,社而赋事的春祈秋报,是周代赋政机制在农事系统的体现,诉讼中的告社、军事时的宜社、朝聘前后的祭社以及望祀山川中的乐歌,则直接担负了赋政的功能。在西周的语境中,"赋"有"赋政"之义。《大雅·烝民》:"古训是式,威仪是力。天子是若,明命使赋。"毛传:"赋,布也。"又言:"出纳王命,王之喉舌。赋政于外,四方爰发。"郑笺:"出王命者,王口所自言,承而施之也。纳王命者,时之所宜,复于王也。其行之也,皆奉顺其意,如王口喉舌亲所言也。以布政于畿外,天下诸侯于是莫不发应。"孔颖达疏:"王有所言,出而宣之。下有所为,纳而白之。作王之咽喉口舌,布其政教于畿外之国。政教明美,所为合度,四方诸侯被其政令,于是皆发举而应之。美其出言而善,人皆应和也。"①言周王及其王官系统,可以将先王教诲散布到四方诸侯的封地,其内在的必然要求,便是能够清晰地形成政令,以通行四方,是为赋政。在赋政过程中所形成的乐歌,言国事、职事、农事,落实到具体工作中,便是赋事。故仲山甫作赋,便是"显明王之政教,使群臣施布之"②,其所言之赋,是为"赋政",即敷布、颁行令。《尚书·洛诰》:"乃惟孺子,颁朕不暇,听朕教汝于棐民彝。"③曾运乾注:"颁,……赋事也。《大行人》所谓'殷同以施天下之政'也。……言尔既受诸侯朝享,足以赋事邦国。"④赋事邦国,颁行政令,所形成的赋政系统,为之提供了赋事的制度化保障,也是《诗经》诸多诗篇赋事的机制保障。

---

① 毛亨传,郑玄笺,孔颖达疏《毛诗正义》卷一八《大雅·烝民》,第1434—1435页。

② 毛亨传,郑玄笺,孔颖达疏《毛诗正义》卷一八《大雅·烝民》,第1434页。

③ 孔安国传,孔颖达疏《尚书正义》卷一五《洛诰》,十三经注疏本,北京:北京大学出版社2000年版,第484页。

④ 曾运乾注,黄曙辉校点《尚书》卷五《洛诰》,上海:上海古籍出版社2015年版,第181页。

何休言《诗经》中"劳者歌其事",便是歌其政事、职事、农事,由此形成了早期的诗缘事传统①,赋政成为其中诸多篇章的制度来源。《尚书·武成》言:"建官惟贤,位事惟能。"②明确言各种职官皆有相应的职事,《周礼》设官分职,依官赋事,各司其职,形成天下管理体系。如《周礼·天官冢宰·小宰》言治理天下有七事:"以法掌祭祀、朝觐、会同、宾客之戒具,军旅、田役、丧荒亦如之。七事者,令百官府共其财用,治其施舍,听其治讼。"③明确邦治的原则是"大事则从其长,小事则专达"④。所谓的"大事",是分司所形成的常规性职责,按照属官的职责向上级汇报;小事则为非常规职责,则设专门机构进行协调。其中言六联合邦治之法:"一曰祭祀之联事,二曰宾客之联事,三曰丧荒之联事,四曰军旅之联事,五曰田役之联事,六曰敛弛之联事。凡小事皆有联。"⑤即通过联事通职,相互协同,处理邦国中的祭祀、朝聘、丧葬、灾荒、军事、劳役、赋敛、赈济之事。这些职事,成为《诗经》诸多乐歌的内容来源。

朝廷及诸侯邦国中的政事,所举行的礼仪及其乐歌,便是采用赋事的方式保留下来。《采薇》所言的"王事靡盬,不遑启处。忧心孔疚,我行不来!"⑥《出车》言:"召彼仆夫,谓之载矣。'王事多难,维其棘矣'。……王事多难,不遑启居。岂不怀归?畏此简书。"⑦《杕杜》言:"王事靡盬,继嗣我日。……王事靡盬,我心伤悲。……王事靡盬,忧我父母。"⑧皆赋以"王事靡盬",言无休止的战事使得包括公卿、大夫、士在内的士卒难以作息。毛传言:"《采薇》,遣戍役也。文王之

① 曹胜高《论汉晋间"诗缘事"说的形成与消解》,载于《文史哲》2008 年第 1 期,第95—101 页。
② 孔安国传,孔颖达疏《尚书正义》卷一一《武成》,第 349 页。
③ 郑玄注,贾公彦疏《周礼注疏》卷三《天官冢宰·小宰》,第 72 页。
④ 郑玄注,贾公彦疏《周礼注疏》卷三《天官冢宰·小宰》,第 64 页。
⑤ 郑玄注,贾公彦疏《周礼注疏》卷三《天官冢宰·小宰》,第 67 页。
⑥ 毛亨传,郑玄笺,孔颖达疏《毛诗正义》卷九《小雅·采薇》,第 691 页。
⑦ 毛亨传,郑玄笺,孔颖达疏《毛诗正义》卷九《小雅·出车》,第 698—702 页。
⑧ 毛亨传,郑玄笺,孔颖达疏《毛诗正义》卷九《小雅·杕杜》,第 704 页。

时,西有昆夷之患,北有猃狁之难。以天子之命,命将率遣戍役,以守卫中国。故歌《采薇》以遣之,《出车》以劳还,《杕杜》以勤归也。"①郑笺、孔疏言之为文王时作,班固言之为穆王、懿王时作,季本《诗说解颐》、牟应震《诗问》等言之为宣王时作,其为军队出征、慰劳将帅、慰问士卒的乐歌,用于周王室礼仪活动之中,乃公卿大夫赋其职事之作,正是赋政过程中所形成的乐歌,或用于政事,或言其政事。

这类赋事之辞,虽用于周王朝的礼仪之中,但并非以周天子的口吻说出,而是以公卿、大夫、士的口吻言之,在于周的公卿、大夫、士皆有献诗于天子的职责。邵公曾言:"故天子听政,使公卿至于列士献诗,瞽献曲,史献书,师箴,瞍赋,矇诵,百工谏,庶人传语,近臣尽规,亲戚补察,瞽史教诲,耆艾修之,而后王斟酌焉,是以事行而不悖。"②公卿、大夫、士可以直接献诗于天子,百工则可以通过其职务赋事以闻于上,献诗谱曲、箴赋诵谏皆以所在职务的角度言及政事,其可用于礼乐者,则用为歌诗。这样来看《四牡》《出车》《杕杜》中"王事靡盬"的感叹,并非皆为戍卒的抱怨之辞,恰恰是周王体恤将帅们的慰劳之话,犹言国家处于多事之秋,让大家无法休息,无法照顾家人。《四牡》中的"王事靡盬"之言,亦为体恤官员之辞。毛传:"劳使臣之来也。有功而见知,则说矣。"郑笺:"文王为西伯之时,三分天下有其二,以服事殷。使臣以王事往来于其职,于其来也,陈其功苦以歌乐之。"③其与《皇皇者华》遣使臣并列,为周王室派遣使臣出差、迎接使臣归还之辞,用于勉励、感谢使臣。在这样语境下所言的"王事",正是采用赋事传统而形成的赋政乐歌,施用于特定的礼仪之中,以体现相应政务的礼义与乐义。

范文子也说:"吾闻古之言王者,政德既成,又听于民。于是乎使工诵谏于朝,在列者献诗,使勿兜,风听胪言于市,辨袄祥于谣,考百事

① 毛亨传,郑玄笺,孔颖达疏《毛诗正义》卷九《小雅·采薇》,第687页。
② 徐元诰撰,王树民、沈长云点校《国语集解》卷一《周语上》,第11—12页。
③ 毛亨传,郑玄笺,孔颖达疏《毛诗正义》卷九《小雅·四牡》,第654页。

于朝,问谤誉于路,有邪而正之,尽戒之术也。"①这类讽诵之歌、献纳之诗、风听之言、流播之谣皆被视为观政的依据,就在于天子不出于王室,而知公卿、大夫、士、庶人所赋之事,由此观风知政,调整行政措施。因此,《大雅》《小雅》所载郊天、社祀、享祖、燕享、劳师、祈报等歌,常有辛劳、抱怨之辞,其或出于赋事者之口,抒写个人情绪;然王室用为礼仪之辞,正体现其体察公卿大夫之艰辛痛苦,以弥合彼此之间的隔阂,更增几分感同身受的体贴,实现以乐合同上下。

从自上而下的行政秩序来看,王朝通过授时劝农、颁行政令实现国家治理;从自下而上的回馈机制来看,百姓通过歌事、赋事的方式反映行政得失,调整行政措施,彼此通过乐歌形成了双向互动的赋政机制,形成了西周独特的乐政系统。《诗经》所收集的乐歌,无论是公卿、大夫、士的献诗,还是出于百姓之口的采诗,皆通过赋事对周王室进行舆论或者礼乐的干预。如果说"赋政"是自上而下的授时劝农、礼乐教化,那么"赋事"则体现为自下而上的讽诵于朝、委婉劝谏,正因为如此,《国风》《小雅》《大雅》中方才能保留诸多"变风变雅"之作以赋政事。如《北山》言役使不均:"或燕燕居息,或尽瘁事国。或息偃在床,或不已于行。或不知叫号,或惨惨劬劳。或栖迟偃仰,或王事鞅掌。或湛乐饮酒,或惨惨畏咎。或出入风议,或靡事不为。"②政事相似而大夫从事有别,赋事之中有忧愤的情感体验。《北门》言:"王事适我,政事一埤益我。……王事敦我,政事一埤遗我。"③《潜夫论·交际》:"夫处卑下之位,怀《北门》之殷忧,内见谪于妻子,外蒙讥于士夫。"④诗言士阶层因繁忙公务无暇顾家而生出的感慨,作者所赋之事,既为政事,亦为情事。

---

① 徐元诰撰,王树民、沈长云点校《国语集解》卷一二《晋语六》,第387—388页。
② 毛亨传,郑玄笺,孔颖达疏《毛诗正义》卷一三《小雅·北山》,第932—933页。
③ 毛亨传,郑玄笺,孔颖达疏《毛诗正义》卷二《邶风·北门》,第201—202页。
④ 王符著,汪继培笺,彭铎校正《潜夫论笺校正》卷八《交际》,北京:中华书局1985年版,第336页。

何休言"歌事"为诗篇生成机制时,强调了情感体验的重要性:

> 五谷毕入,民皆居宅,里正趋缉绩,男女同巷,相从夜绩,至于夜中,故女功一月得四十五日作,从十月尽正月止。男女有所怨恨,相从而歌,饥者歌其食,劳者歌其事。男年六十,女年五十无子者,官衣食之,使之民间求诗,乡移于邑,邑移于国,国以闻于天子,故王者不出牖户,尽知天下所苦,不下堂而知四方。①

其言冬季农事已毕,百姓聚居于里中三月,纺纱效绩之外,常歌其事,收集整理而成诗。其中的"男女有所怨恨",便是言乡间男女歌食、歌事,并非简单客观的赋事,而是带有浓郁主观色彩的情绪体验,也就是说其所歌之事,主要是表达对某件事的情感体验而不必是事情本身。这恰恰是诗"情动于中而形于言"②、乐"感于物而动,故形于声"③的作用机制,诗与乐相和而歌其事,便不再以事的叙述为内在要求,而是以事所形成的情感体验为基调,形成了以歌以乐赋事的传统。

有意思的是,《尚书·洪范》列"五事",涵盖人的情感、表情、行为、习惯、仪容等心性修为:"一曰貌,二曰言,三曰视,四曰听,五曰思。貌曰恭,言曰从,视曰明,听曰聪,思曰睿。恭作肃,从作乂,明作晢,聪作谋,睿作圣。"④这样来观察《诗经》中的赋事,是在职事、政事的基础上,重点关注于由此而形成的情感体验,使得赋作为一种艺术手法,从班赋、量赋中生发出来,并在赋政功能中得以拓展,以赋事的方式独立出来,成为更具主情性的文学书写机制,形成敷陈其事的赋法,并在中国文学中蔚然大观。

---

① 公羊寿传,何休解诂,徐彦疏《春秋公羊传注疏》卷一六《宣公十五年》,第 418 页。
② 毛亨传,郑玄笺,孔颖达疏《毛诗正义》卷一,第 7 页。
③ 郑玄注,孔颖达疏《礼记正义》卷三七《乐记》,第 1251 页。
④ 孔安国传,孔颖达疏《尚书正义》卷一二《洪范》,第 359 页。

三、"赋纳以言"对赋法的锤炼

文伯之母所言的"赋事",采用"以言赋事"方式。《左传·僖公二十七年》载赵衰言于晋文公时,曾引《夏书》:"赋纳以言,明试以功,车服以庸。"①以之察人观行,可见赋言作为观察人的言辞、情志的手段,在春秋之前已经施用。杜预注:

> 赋纳以言,观其志也;明试以功,考其事也;车服以庸,报其劳也。②

其认为"赋纳以言",便是以言观志。正义曰:"《夏书》言用臣之法。赋,取也。取人纳用以其言,察其言观其志也。分明试用以其功,考其功观其能也。而赐之车服,以报其庸。庸亦功也。知其有功乃赐之。古人之法如此,君其试用之。"③将"赋纳"解释为"取人纳用观其言"。从赋"敷布其义"的角度观察,《夏书》所言,是言者用言辞敷布其义,听者明其宗旨,以言相交,则知彼此之志。

言,本为告祭之言辞。殷商告祭之辞常书于甲骨,如"丙辰卜,贞告秋于祊。四月"(《怀特》22),"庚子卜,宕,翌辛丑有告麦","翌辛丑亡其告麦"(《合集》9620+9625;《蔡缀》201)等,这类告秋、告麦以及告禾、告梁、告年、告岁等卜辞,告祭的对象,或为先祖,与享礼相仿④;《尚书·文侯之命》载平王赐晋文侯时,"用赉尔秬鬯一卣",言

---

① 左丘明传,杜预注,孔颖达正义《春秋左传正义》卷一六《僖公二十七年》,十三经注疏本,北京:北京大学出版社 2000 年版,第 502 页。
② 左丘明传,杜预注,孔颖达正义《春秋左传正义》卷一六《僖公二十七年》,第 502 页。
③ 左丘明传,杜预注,孔颖达正义《春秋左传正义》卷一六《僖公二十七年》,第 502 页。
④ 宋镇豪《商代社会生活与礼俗》,北京:中国社会科学出版社 2010 年版,第 391—394 页。

以秬鬯告祭先祖①。《诗经·大雅·江汉》载宣王曾赐命召虎:"厘尔圭瓒,秬鬯一卣,告于文人。"正义亦言王命召虎云:"今赐汝以圭柄之玉瓒,又副以秬米之酒芬香条畅者一卣尊,汝当受之,以告祭于汝先祖有文德之人。王命辞如此。"②周王赏赐臣下的秬鬯,皆用为臣下告祭先祖的祭品,其中的"告",便是赋言为辞而形成文本的机制。

告的对象,或为先祖,或为神灵。《尚书·舜典》所载的"望于山川,遍于群神",依正义为舜告祭四方:"禋祭于六宗等尊卑之神,望祭于名山大川、五岳四渎,而又遍祭于山川、丘陵、坟衍、古之圣贤之群神,以告己之受禅也。告祭既毕,乃敛公侯伯子男五等之瑞玉。"③《周颂》中的《昊天有成命》《我将》《时迈》被郑玄视为告祭之辞。其中《时迈》,毛传言之为:"巡守告祭柴望也。"郑笺:"天子巡行邦国,至于方岳之下而封禅也。"孔颖达据此认为此诗乃"巡守告祭柴望之乐歌也"④,视此诗为告祭之辞。在这样的视野中,《般》作为"巡守而祀四岳河海"之歌,也是"登其高山而祭之,谓每至其方,告祭其方之岳"⑤而为之。这些告祭之辞,意在宣扬王受命于天,并宣喻王命,是为赋言而告。

这样来看,赋纳以言,便是通过"听下言纳于上,受上言宣于下"⑥,担负起上达下通的使命,其有着特定的形式,作为观察评判的依据。《益稷》载舜之言:

> 予欲闻六律、五声、八音,在治忽,以出纳五言……工以纳言,时而扬之,格则承之庸之,否则威之。⑦

---

① 孔安国传,孔颖达疏《尚书正义》卷二〇《文侯之命》,第 658—659 页。
② 毛亨传,郑玄笺,孔颖达疏《毛诗正义》卷一八《大雅·江汉》,第 1464—1465 页。
③ 孔安国传,孔颖达疏《尚书正义》卷三《舜典》,第 65 页。
④ 毛亨传,郑玄笺,孔颖达疏《毛诗正义》卷一九《周颂·时迈》,第 1530 页。
⑤ 毛亨传,郑玄笺,孔颖达疏《毛诗正义》卷一九《周颂·般》,第 1617—1618 页。
⑥ 孔安国传,孔颖达疏《尚书正义》卷三《舜典》,第 97 页。
⑦ 孔安国传,孔颖达疏《尚书正义》卷五《益稷》,第 139—140 页。

言按照六律、五声、八音为规则来"出纳五言","出纳五言"者采用"时而扬之"的方式,即按照节奏(时)和乐律(风)来纳言。《左传·襄公十四年》载师旷言:"史为书,瞽为诗,工诵箴谏,大夫规诲,士传言,庶人谤,商旅于市,百工献艺。"①伪孔传据此认为"工"为乐官,"工以纳言"实际是乐官"掌诵诗以纳谏"②。孔颖达进一步解释说:"《礼》通谓乐官为工,知'工'是乐官,则《周礼》大师、瞽蒙之类也。乐官掌颂诗言以纳谏,以诗之义理或微,人君听之,若有不悟,当正其义而扬道之。"③这样来看"出纳五言",实则为乐官采用赋法进行劝谏。

关于"出纳五言",伪孔传解为:"仁义礼智信五德之言。"④认为"出纳五言"是施于民以成化之辞。蔡沈则认为:

> 六律,阳律也。不言六吕者,阳统阴也。有律而后有声,有声而后八音得以依据,故六律、五声、八音,言之叙如此也。在,察也。忽,治之反也。声音之道与政通,故审音以知乐,审乐以知政,而治之得失可知也。五言者,时歌之协于五声者也。自上达下谓之出,自下达上谓之纳。汝听者,言汝当审乐而察政治之得失者也。⑤

此说为朱熹、吕祖谦、阎若璩认同⑥。也就是说,《尚书》中的"出纳五言",实际是要求所出之言合于音律,播于四方。言为诗,声合律,是为歌,以之出纳王命。出为敷布王命,以达于四方;纳言,则为以四方之言告于王。这样来看,"赋纳以言"有特定的规范,要尽可能合乎音

① 左丘明传,杜预注,孔颖达正义《春秋左传正义》卷三二《襄公十四年》,第1064—1065页。
② 孔安国传,孔颖达疏《尚书正义》卷五《益稷》,第140页。
③ 孔安国传,孔颖达疏《尚书正义》卷五《益稷》,第146页。
④ 孔安国传,孔颖达疏《尚书正义》卷五《益稷》,第139页。
⑤ 蔡沈《书经集传》,北京:中国书店1994年版,第29页。
⑥ 阎若璩撰,黄怀信、吕翊欣校点《尚书古文疏证》附《朱子古文书疑》,上海:上海古籍出版社2013年版,第681页。

律的内在要求。

蔡沈的说法,不完全是后世的推测,从早期文献所保留的赋言系统来看,赋便是采用不歌而颂的方式作成。《左传·隐公元年》载郑庄公与其母姜氏有隙之后而欲复合,便是采用赋的方式各言其志:

> 公入而赋:"大隧之中,其乐也融融!"姜出而赋:"大隧之外,其乐也泄泄!"①

二人并没有采用直白的语言坦诚言说,而是以赋法委婉表达心志,含蓄而又情深地表露母子之情,最终不计前嫌而和好。《左传·僖公五年》又载士芴之赋:"狐裘龙茸,一国三公,吾谁适从?"②郑庄公、姜氏、士芴所赋之言,既非直言,亦非歌谣,是以吟诵之辞达其情,当为赋言的早期形态。《吕氏春秋·季冬纪·介立》又载:

> 晋文公反国,介子推不肯受赏,自为赋诗曰:"有龙于飞,周遍天下。五蛇从之,为之丞辅。龙反其乡,得其处所。四蛇从之,得其露雨。一蛇羞之,桥死于中野。"悬书公门而伏于山下。文公闻之曰:"嘻!此必介子推也。"③

重耳流亡狄、卫、齐、曹、宋、郑、楚、秦之地时,赵衰、狐偃、贾佗、先轸、魏武子五人陪伴其右。重耳归国继位,介子推功高而不愿受职,遂赋诗明志,晋文公从其所赋中知其志向。在这过程中,介之推采用了赋言的方式敷布其意,其辞亦为诗。晋文公纳言而知其情志,双方通过赋纳以言,而各喻其义。《左传》所载以赋言入《诗》者,有隐公三年庄姜美而无子,卫人赋《硕人》;闵公二年许穆夫人赋《载驰》;高克奔陈,

① 左丘明传,杜预注,孔颖达正义《春秋左传正义》卷二《隐公元年》,第 64 页。
② 左丘明传,杜预注,孔颖达正义《春秋左传正义》卷一二《僖公五年》,第 390 页。
③ 许维遹撰《吕氏春秋集释》卷一二《季冬纪·介立》,第 264 页。

郑人赋《清人》；文公六年秦国人赋《黄鸟》等。这些最初都是"赋"出来的言，形式近诗而非乐歌，其在民间流传既广，在纳言机制中，由乐官采集整理而列入邦风。

毛传具体描述了"赋纳以言"的做法，其中提到"升高能赋"，便是言士大夫祭祀活动中能够赋言：

> 建国必卜之，故建邦能命龟，田能施命，作器能铭，使能造命，升高能赋，师旅能誓，山川能说，丧纪能诔，祭祀能语，君子能此九者，可谓有德音，可以为大夫。[①]

其中所列的多项才能，皆为言语表达能力，如命龟有辞，施命以令，作铭以书，造命以辞等。升高能赋，乃以诗赋其形状，铺陈其事势；师旅能誓，乃誓令戒之；山川能说，乃言说山川形势而陈述其状；丧纪能诔，乃以文辞作谥；祭祀能语者，乃能祝告鬼神而为言语[②]。由此来看，言辞表达不仅是大夫必须掌握的基本行政技能，也是两周国家治理必要的行政手段。李隆基注《孝经》时提出"卿大夫位以材进，受禄养亲"之说，邢昺疏时引毛传之言作为例证[③]。毛传所言的"君子能此九者"，便是掌握九种语言表达技巧，在合适的场合恰当使用，方才能够被任用为大夫。

《汉书·艺文志》："传曰：'不歌而诵谓之赋，登高能赋可以为大夫。'言感物造耑，材知深美，可与图事，故可以为列大夫也。古者诸侯卿大夫交接邻国，以微言相感，当揖让之时，必称《诗》以谕其志，盖以别贤不肖而观盛衰焉。"[④]章太炎先生解释"登高能赋，可以为大

---

① 毛亨传，郑玄笺，孔颖达疏《毛诗正义》卷三《鄘风·定之方中》，第236页。
② 吴承学《"九能"综释》，载于《文学遗产》2016年第3期，第116—131页。
③ 李隆基注，邢昺疏《孝经注疏》卷四《孝治章》，十三经注疏本，北京：北京大学出版社2000年版，第30—31页。
④ 班固撰，颜师古注《汉书》卷三〇《艺文志》，北京：中华书局1962年版，第1755—1756页。

夫"："登高孰谓？谓坛堂之上，揖让之时。赋者孰谓？谓微言相感，歌诗必类。是故'九能'有赋无诗，明其互见。"①即在祭祀、朝礼等活动中能够赋诗言志。这样来验证《夏书》中"赋纳以言""明试以功""车服以庸"，正是言选拔人才，要听其言观其志，用其能观其行，因车服观其功，完成对人才的全面考察。

《韩诗外传》载孔子与弟子子路、子贡、颜渊游于景山之上的赋诗言志：

> 孔子曰："君子登高必赋。小子愿者，何言其愿。丘将启汝。"子路曰："由愿奋长戟，荡三军，乳虎在后，仇敌在前，蠡跃蛟奋，进救两国之患。"孔子曰："勇士哉！"子贡曰："两国构难，壮士列阵，尘埃涨天，赐不持一尺之兵，一斗之粮，解两国之难。用赐者存，不用赐者亡。"孔子曰："辩士哉！"颜回不愿。孔子曰："回何不愿？"颜渊曰："二子已愿，故不敢愿。"孔子曰："不同，意各有事焉。回其愿，丘将启汝。"颜渊曰："愿得小国而相之。主以道制，臣以德化，君臣同心，外内相应。列国诸侯，莫不从义向风。壮者趋而进，老者扶而至。教行乎百姓，德施乎四蛮，莫不释兵，辐辏乎四门。天下咸获永宁，蟭飞蠕动，各乐其性。进贤使能，各任其事。于是君绥于上，臣和于下，垂拱无为，动作中道，从容得礼。言仁义者赏，言战斗者死。则由何进而救？赐何难之解？"孔子曰："圣士哉！大人出，小子匿。圣者起，贤者伏。回与执政，则由赐焉施其能哉！"②

其性质类似于《论语·公冶长》的"各言尔志"，韩诗学者则以"登高必赋"言之，体现了汉儒对登高而赋的理解。如果说子路、子贡所言为

---

① 章太炎《国故论衡·辨诗》，第71页。
② 韩婴撰，许维遹校释《韩诗外传集释》，北京：中华书局1980年版，第268—269页。

赋言的话，颜渊所赋则为近于诗文，已经超越《荀子·赋篇》的简约，更有夸饰之风，体现出赋法特有的铺张扬厉，可以视为汉初学者对登高必赋的理解，其中所赋之言，则为赋事言志的创作实践。

由此来看，出于礼乐要求的升高而赋，既要能够在祭祀时将王之德行报告天帝，又要能够在担任诸侯、大夫时将王之政令敷布天下，对言有着严格的形式要求。而出于采风知政要求的纳言，则要求乐官、史官、列士等能够采诗，以风听四方之言。这些上达下行的所赋之言，经过商周的文本整合和创作实践，形成了诸多"赋事""赋政""赋言"的格套，促成了大量的赋事、赋政之作。如授时劝农而延展出来的农事之歌，由祭祀而形成的赋事之歌，由赋政而形成的叙述策略，由言职事而形成的抒情方式，以及合乎声律要求的重章叠句形式等，使得赋不仅作为叙事机制得以完善，还作为艺术手法得以锤炼，并随着秦汉赋政、赋事要求的拓展，形成了更具兼容性的赋法，成为诗歌、辞赋文本建构的基础技巧。

（作者单位：陕西师范大学中国语言文学系）

战国工官属吏中的成童

——再谈三晋铭刻中所见"孺子"的身份

郭永秉

　　本文结合《陕西金文集成》著录的春成孺子鼎和邵阴下官铜箍铭文,对战国文字资料中与斛量器物有关的"孺子"的身份再次进行了探讨,否定了过去对三晋铭刻中所见的部分"孺子"身份的判断,认为这些"孺子"是工官中负责诸如器物检定斛量等辅助工作的成童,与战国文字资料中的"敖童/敖史""马童"身份接近,或可类比。文末附带谈了燕国的"郭大夫甗",怀疑所谓"郭"字可能也应改释"乳",并对器物自名作了研究。

　　六年前,赵平安先生和我协力分别对战国楚系与三晋文字中的
"乳"字进行了较为全面彻底的考释清理,基本构建起古文字"乳"字
的演进序列,发掘出一批战国文字中的"乳(孺)子"资料①;赵先生稍
后还写过一篇文章补谈战国时代秦文字中"乳"字的特殊写法②,当时
所见古文字资料中的相关材料至此已基本被网罗打尽。虽然也有学
者对我们的新释存有疑虑,但正如赵平安先生所说,关于"乳"字的问
题在古文字学者中间可以说已经基本达成了一致的意见③。

　　古文字字形考释只是古文字研究的第一步,疑难字释定之后,还
需要对这些字在相关语境下的用法、含义甚至有关语词在历史、制度
等方面的意义作出合理阐说。如果以这个标准来衡量"乳"字的考
释,在今日看来确实是不尽完美的。平心而论,有些学者对三晋"乳
(孺)子"的释读产生怀疑,也与考释中的有些说解不够合理可信有一
定关系。

　　我的那篇小文(下面简称"前文")发表后,陆续又见到若干关涉
"乳(孺)子"的材料,通过新资料提供的新知,使我对战国时代与工官

---

① 赵平安:《释战国文字中的"乳"字》,载于《中国文字学会第六届学术年会论文集》,
　第63—66页,河北张家口2011年7月29日至8月2日(此文经过修改,已收入赵平
　安:《金文释读与文明探索》,上海:上海古籍出版社2011年版,第112—117页)。
　郭永秉:《从战国楚系"乳"字的辨释谈到战国铭刻中的"乳(孺)子"》,"简帛·经
　典·古史"国际论坛,香港浸会大学2011年11月30至12月2日(此文经过修改,
　已收入郭永秉:《古文字与古文献论集续编》,上海:上海古籍出版社2015年版,第
　3—13页)。
② 赵平安:《释睡虎地秦简中一种古文写法的"乳"字》,载于安徽大学汉字发展与应用
　研究中心编:《汉语言文字研究》第1辑,上海:上海古籍出版社2015年版,第217—
　220页。
③ 赵平安:《释睡虎地秦简中一种古文写法的"乳"字》,载于安徽大学汉字发展与应
　用研究中心编:《汉语言文字研究》第1辑,上海:上海古籍出版社2015年版,第
　219页。

有关的"孺子"这一身份,有了进一步比较明确的认识。今写出向读者请教,不当之处敬请指正。

一、前文对战国三晋铭刻"孺子"的
分类及所遇疑难

根据前文的检讨,战国时代三晋铭刻中所见的"孺子",如不以前文所分写法上的细微区别论,而仅以含义、性质之不同为立足点,大略可以分为如下数类:

（1）**作为古人之字的"孺子"**。此类例子较多,可以《古玺汇编》2371"韩志""韩乳=（孺子）"两面印为代表。我在前文中已经指出,汉印中也有类似的两面印,例如《十钟山房印举》的"闵遂""闵孺子""盖丘""盖孺子"等,以"孺子"为字,与汉人习以"长孺""中孺""少孺"为字的情况可以类比。

战国玺印中不加姓氏的"孺子",估计也多应归入此类。新见《戎壹轩藏三晋古玺》021号著录一方三晋"江乳=（孺子）"鼻钮印①,也属此类。又2018年10月28日参观辽宁省博物馆"中国历代玺印展",得见一枚三晋"事（史）乳=（孺子）"陶印,重文号作一短横。

（2）**作为封君等贵族继承人的"孺子"**。此类铭刻往往以"封君名号+孺子"的形式表征。前文所举者,有"令狐君孺子"（令狐君孺子壶,《集成》9719、9720）、宜信孺子（梁上官鼎,《集成》2451）、龙阳孺子

---

① 张小东主编、张加副主编:《戎壹轩藏三晋古玺》,杭州:西泠印社2017年版,第42—43页。此书仍从旧释释为"余子"。

（龙阳孺子灯，《文物》2004 年第 1 期《西安北郊龙家庄二十号战国墓发掘简报》一四：1，页 5；参右图），皆属战国时代三晋之物。又有"单父上官孺子悥"（见二十八年、三十二年平安君鼎，《集成》2793、2764），前文亦倾向归入此列。

（3）**作为贵族夫人的"孺子"**。此类仅见一例，即右孺子鼎（《论右𡎺鼎及其相关问题》，《文物》2004 年第 9 期，页 81—84；《新收》页 263 第 380 号）。前文主张所谓"右孺子"指贵族右夫人，以《魏书》语例证古"孺子"有左右之分。

（4）**作为未成年人身份的"孺子"**。这本是"孺子"的基本含义，前文以为在战国铭刻中，"□里乳（孺子）它"（《古陶文汇编》3.678）一例是用作标明未成年人的身份。

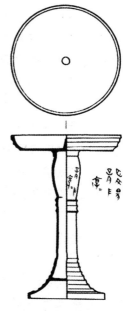

龙阳孺子灯线图及铭文摹本

为便于检讨，下面将当时能注意到的，与本文讨论有关的金文资料罗列如下：

A. **梁上官鼎**：梁上官，庸（容）参分。宜誩（信）乳（孺子），庸（容）参分。

B. **右孺子鼎**：六年，工帀（师）饪户购，工臧。右乳（孺子），庸（容）四分贞（鼎）。（腹部铭文）/右乳（孺子），庸（容）四分贞（鼎）。（盖部铭文）

C. **二十八年平安君鼎盖**：廿（二十）八年坪（平）安邦斦（斟）客，肕（载）四分羸，一益（镒）十钌夵（半）钌四分钌之冢（重）。卅三年单父上官乳═（孺子）悥所受坪（平）安君者也。

二十八年平安君鼎器：廿八年坪（平）安邦斦（斟）客，肕（载）

四分鬻,六益(镒)半(半)钅斩之冢(重)。卅三年单父上官乳=(孺子)惠所受坪(平)安君者也。

D. **三十二年平安君鼎器**:卅(三十)二年,坪(平)安邦钅斩(斟)客,庸(容)四分鬻。五益(镒)六钅斩半(半)钅斩四分钅斩之冢(重)。卅三年,单父上官乳=(孺子)惠所受坪(平)安君者也。上官。

三十二年平安君鼎盖:上官。坪(平)安邦钅斩(斟)客,庸(容)四分鬻。

E. **龙阳孺子灯**:夋(龙)阳乳=(孺子)。

前文说:

……先秦有"孺子容"(《说苑·权谋》)、西汉有"孺子婴"等称呼,与平安君鼎的"孺子惠"可比较。十三年陜阴令鼎有"上官冢子疾"(《集成》2590),是三级铸造制度中的主造者,与平安君鼎的"单父上官孺子惠"实际上并不能比附(单父上官是孺子惠的职掌)。

……

吴振武先生曾指出,平安君鼎铭文"只是说明该器是单父上官冢子惠从平安君那里得到的,并不涉及铸器",梁上官鼎铭文"也仅涉及该器的校量,未涉及铸器",而所谓右冢子鼎铭文"虽然有'工市(师)'等字样,但拿铭中出现'右塚(冢)子'的那条铭文跟(3)——秉按,即梁上官鼎——相比较,恐怕勒铭的本意也不涉及铸器。因此,'冢子'究竟是不是掌铸器的工官,还可以重新考虑。"有意思的是,这三件与铸器无关的铭文,现在看来,其实都和"冢子"无涉——"宜信孺子""单父上官孺子惠"和"右孺子",都是铜器的所有者。这对我们再次思考"冢子"的职掌,是有意义的。我认为,把这些与器物铸造无关而且也和"冢子"

无涉的铭文排除掉之后，"冢子"就都是和铸器有关的了，所以"冢子"仍然以铸器工官的可能性较大。

前文撰作时，自以为如此即较好地解决了"孺子"在不同材料语境中的含义问题，上引之文把"孺子"和掌铸器的工官"冢子"区别开来应该不误，但是这些铭文内容不涉及铸器的器物，为何所有者皆恰巧为"孺子"？这是前文没有正面回答的问题。

我以 C/D 例"单父上官"为"孺子憙"的职掌，此孺子为贵族后嗣，承乏单父上官一职，似乎可以自圆；但如同时观察 A 例"梁上官，容参分。宜信孺子，容参分"之辞例，"梁上官"与"宜信孺子"则又显非一事，不能牵合作解，那"宜信孺子"所掌为何？为何要在铭文中特地刻写出这位宜信君的继承人？憙的身份到底能否解释作负责单父上官之职的某贵族继承人？

至于 B 例"右孺子"的解释，也存在疑虑。虽然先秦时代孺子确可用作贵族夫人的称呼，但毕竟孺子分左右，于较早期的史料无征；北魏时代的制度有无更早的源头，很难肯定，用作证据甚嫌薄弱①。如果说这也是一种作为贵族后嗣身份的"孺子"，也无法解释为何它有"左""右"之分（例如"太子"似乎从来没有这种分别的）。仔细推敲"右孺子，容四分贞（鼎）"的辞例，似乎跟前面提到的"宜信孺子"一样，同样不能判断"右孺子"一定是器物所有者。这件器铭跟 C/D、A 等铭文一样，如吴振武先生所分析的，只涉及器物斛量而并非标识器物所有权的可能性，确实是无法排除的。

既有如此疑难，把上述数件铭文中的 （A）和 （C/D）（B）等字释读为"孺子"的意见受到怀疑也就不奇怪了。然而结合战国楚系文字中写作 、 形的"乳"字看，这些三晋的材料释除了

---

① 勉强要讲的话，可以举古代乌孙贵族有"左/右夫人"为之比（《史记·大宛列传》："乌孙以千马聘汉女。……乌孙王昆莫以为右夫人；匈奴亦遣女妻昆莫，昆莫以为左夫人。"）但亦终嫌不够有力，结合鼎铭的格式及内容看，此说成立的必然性就更低。

读为"乳(孺)子"合文外，又很难另作他想。所以此问题还有必要再作深入研究。

二、新材料提供的新知

由陕西省古籍整理办公室和陕西省考古研究院编、张天恩先生主编的《陕西金文集成》(下简称"《陕集》")一书最近面世①，翻读此书，深感内容丰富、印制精良、整理得当，特别是其中两件与前文的讨论有重要关系的金文资料，所提供的新知尤值得注意。

第一件是春成孺子鼎。此鼎出土于汉阴县，收藏于汉阴县文化馆。器形及铭文曾著录于《商周青铜器铭文暨图像集成》2255号(称为"春成冢子鼎"，参看附图一)，但铭文很不清晰，《陕集》1786号著录了清晰的铭文拓本和照片，并且已经将"乳"字正确释出(但其后括注"孺"字，疑是排印之误)②。

今将春成孺子鼎铭文释写如下(参看附图二、三)：

春成乳₌(孺子)，伞(半)齎，塚(重)十三益(溢)八釿伞(半)釿。(鼎腹韩国刻铭)

大官。一斗半斗，三斤十两。(鼎盖秦刻铭)

与该鼎韩铭格式最近似的，应是上举 A、B 两例，都是"某孺子"之后紧接器物的斛量数据，这就再次暗示"某孺子"与器物所有者并不一定有关，而可能只与器物斛量相关。

---

① 陕西省古籍整理办公室和陕西省考古研究院编、张天恩主编：《陕西金文集成》，西安：三秦出版社 2016 年版。
② 《陕西金文集成》第 15 集 1786 号，第 256—257 页。此书所收龙阳孺子灯(第 14 集 1595 号，第 103 页)，亦已释对"乳"字，但误括注为"冢"，也应是编辑时发生的疏误。

对于讨论更加重要的第二件器物,即《陕集》1486号著录的邵阴下官铜箍(参看附图四)①。为便观览,下面先照录此箍相关信息:

时代:战国晚期。

出土情况:2007年,西安市临潼区新丰镇屈家村东南秦墓出土。

编号:出土号M75:7。

现藏:陕西省考古研究院。

尺码:外径11厘米、内径8.4厘米、高2.2厘米。

形制纹饰:圆环形,为漆木器口部箍件,由底向上略内收,下沿内折。素面无纹饰。

铭文字数:面刻铭文6字,侧刻铭文16字(含合文1)。

经初步查检,陕西省考古研究院夏楠先生撰写的《临潼新丰秦墓出土的"啬夫"铭文铜器及相关问题》一文,曾讨论过此箍铭文②,但该文所配器物图片和铭文拓本微小到几乎没有参考价值,所以《陕集》说是第一次著录此件铭文也并不为过。

与上举春成孺子鼎一样,这也是一件从战国沿用至秦的器物,只是没有加刻秦铭而已。此箍从形制上看,并不是漆木器的口部箍件,而应是承嵌在漆木器底部的圈足一类东西,所以所谓"面刻铭文"其实是器外底铭文③。下面按照我的看法,把铭文释写出来(参看附图五、六):

邵陰(阴)下官。下官。(外底)

①《陕西金文集成》第13集1486号,第89—91页。

②《黑龙江史志》2014年第21期,第68—69页。

③ 邵安定、宋俊荣、孙伟刚、陈坤龙《陕西临潼新丰秦墓出土青铜器的初步科学分析研究》一文说选取的青铜器样品中,有"漆器铜基座样品"1件(《文博》2017年第2期,第77—78页),如即指此铜箍而言,则定性反较《陕集》准确。

廿（二十）二年，皮啬夫王佗，乳₌（孺子）起斦（斞）砣（匜），为一益（溢）。（侧面）

这件箍铭的"乳（孺）子"合文写法，与上举 C/D、B 二例最近，此字之不能释为"冢子"合文，由箍铭可以看得更加清楚："冢子"是主造器物（包括兵器和用器）的职官，此铭亦显然与铸器无关（器物应当是二十二年从邵阴下官转移到皮啬夫所在官署使用的），只涉器物斞量，此处"皮啬夫"之下恐绝无出现"冢子"的可能。

"皮啬夫"的解释似存在两种可能性。一是"皮啬夫"也许与三晋的库啬夫、府啬夫、中山国的左/右使车啬夫、冶匀啬夫等官啬夫的性质类似，可解释为掌管皮革之事的职官①，三晋有所谓"北宫皮官"②，《周礼·天官》有"掌皮"职，或可与之类比；二是将"皮"视为地名，即"皮氏"之省称（"皮氏"为战国魏地，见《战国策·魏策二》"秦楚攻魏围皮氏"章），此啬夫则为县邑啬夫。因为三晋铭刻县邑长官多称"令"，治理比县小的邑的长官才称啬夫③，皮氏似应称"令"，故这两种解释应以前一种成立的可能大。

铭文"斦（斞）"字写法与前文所引平安君鼎等铭文同，今从吴振武先生说读④。"砣"字古文字前所未见，按照汉字一般结构规律，很可能是从"石""它"声的一个字，但自然与秤砣之砣无关，今试读为"匜"（"匜"原即假借"它"字表示），揣测原来被铜箍作为圈足承托的

---

① 前引夏楠《临潼新丰秦墓出土的"啬夫"铭文铜器及相关问题》即主此说（第69页）。

② 参看朱德熙著，裘锡圭、李家浩整理：《朱德熙古文字论集》，北京：中华书局1995年版，第87页。

③ 裘锡圭：《啬夫初探》，载于《裘锡圭学术文集》第五卷，上海：复旦大学出版社2012年版，第59页。《玺汇》0108著录的三晋"庚厉啬夫"，裘锡圭先生此文疑第一字为"庚"读"厨"，我怀疑第二字厉所从并非"厂"，而是"勹"旁反向的简写形体（与第一字写作圂形比较可知其区别），此字可能就是"胞（庖）"字异体，即使"厉（庚）"字不读"厨"，解释为地名的话（此字在三晋印中可作姓氏用），此印或许也应是该地之庖啬夫所掌，如此，该印的啬夫似乎以官啬夫的可能性大，而不大会是县邑啬夫。

④ 吴振武：《新见十八年冢子韩矰戈研究——兼论战国冢子一官的职掌》，载于陈昭容主编：《古文字与古代史》第1辑，台北：中研院历史语言研究所2007年版，第323页。

漆木所制之物为注水容器。注水用的匜需要斟量,可参考河北平山中山王墓出土的八年冶匀啬夫匜铭文(《集成》10257)。"为一益(溢)"应该是指器物的容量为一溢。

与此铭文格式有关、可以用来推测"孺子"性质的,有安邑下官钟和荥阳上官皿的相关铭文:

安邑下官钟:十年九月,廥(府)啬夫成加,史翠(狄)觥(斟)之,大大半斗一益(溢)少半益(溢)。

荥阳上官皿:十年九月,廥(府)啬夫成加,史翠(狄)觥(斟)之,少一益(溢)六分益(溢)。①

学者公认这两件器物关涉斟量的文字都是韩刻,其斟量之斟用"觥"字,与前述魏国(或与魏国密切相关的)器物平安君鼎、邵阴下官铜箍铭文用"斸"字不同,这也是战国时代各国用字习惯有别的一个例证②。其中史狄的身份就是府啬夫下负责具体斟量工作的佐史一类官员,斟量需要测量、计算与文字记录,所以由"史"来承担这项工作是自然的③。

如果将这几件涉及斟量的铭文互相比较,可以推知在魏国的官啬夫底下负责斟量的所谓"孺子"也应近于"史"一类身份;孺子年纪不大,也许其中有不少正是史之子,是以类似后来所谓"史学童"一类身

---

① 释文参考李学勤:《荥阳上官皿与安邑下官钟》,载于《文物》2003年第10期,第77—81页;吴振武:《关于新见垣上官鼎铭文的释读》,载于《吉林大学社会科学学报》2005年第11期,第5—10页。

② 杨坤:《战国晋系铜器铭文校释及相关问题初探》,吉林大学2015年硕士学位论文,第75页。

③ 或将安邑下官钟的"史"字释"事"读"吏",将荥阳上官皿"史"字释为"吏"(周波:《安邑下官钟、荥阳上官皿铭文及其年代补说》,载于《复旦学报(社会科学版)》2017年第3期,第11页)。今按,安邑下官钟此字写作 ,仅是"史"字头上竖笔写得稍斜而已,不存在释"事"的可能;荥阳上官皿此字写作 ,与"事/吏"字写法迥异,显亦是"史"字。

份承乏斠量之事的。《说文解字叙》引《尉律》："学僮十七已上,始试,讽籀书九千字,乃得为吏。"张家山汉简《二年律令·史律》："试史学童以十五篇,能风(讽)书五千字以上,乃得为史。"①虽然这是秦汉时代选拔"史"的制度,但很可能在战国时代也已有类似的情况,所谓"十七以上"的成童,应即相当于我们这里讨论的"孺子"。可能因为斠量工作相对而言比较单纯,还可借此锻炼这些处于学习阶段的孺童的书写(书)、算术(数)能力,所以就由这些工官中的成童学徒或佐史之副手来从事;久而久之这样的任务往往就都落在这一类人身上,因而就会呈现出那么多斠量铭文都不约而同提到"孺子",好像"孺子"就是专职从事这一工作的人员一般。我们可注意 C 中为平安邦负责斠量的是"斠客"(其职名盖犹"铸客"一类职官)②,其实这大概才是一种专门从事斠量的人,孺子的职能或许并不止于从事斠量工作。

因此,也许我们可以进一步推测,梁上官鼎(A)的"宜信孺子"和春成孺子鼎的"春成孺子"是宜信君、春成侯府库或食官中的孺子,平安君鼎(C/D)的"单父上官孺子"是单父一邑食官中的孺子,右孺子鼎(B)的"右孺子"则是该鼎置藏处所或机构中的孺子,三晋多见"左官""右官"等食官③,右孺子很可能就是右官中的孺子。龙阳孺子灯(E)的"龙阳孺子"铭,或许也应与器物的检定斠量有关④,而并非指

① 张家山汉墓竹简整理小组:《张家山汉墓竹简[二四七号墓]》,北京:文物出版社2001 年版,第 203 页。

② 此"客"字,吴振武先生属下句读为"格"(《新见十八年冢子韩矰戈研究——兼论战国冢子一官的职掌》,载于陈昭容主编:《古文字与古代史》第 1 辑,第 323 页),汤志彪先生据此说将网上公布的十六年邢丘令鼎的"冶颉铸客容四分䈼"读为"冶颉铸,格容四分䈼"(汤志彪:《三晋文字编》,北京:作家出版社 2013 年版,第 2770—2771页)。但"格容""格载"语义似乎略显重复累赘,"格容/载"的语例除了这几件之外,似乎他处未见,而出现"客"的地方,前面不是"斦(斠)"字便是"铸"字,似乎不是巧合,十六年邢丘令鼎铭读为"冶颉铸客"的可能性或许也要考虑,此问题似乎尚待研究(参看朱德熙先生对金村方壶"司客"的讨论,见《朱德熙古文字论集》,第118—119 页)。

③ 朱德熙著,裘锡圭、李家浩整理:《朱德熙古文字论集》,第 83—86 页。

④ 汉代的灯烛一类器物多有计重的记录,如《陕集》0150 号著录的元寿二年灯、0982 号著录的九年行烛薄、1867 号著录的上林灯等,皆可参考。

龙阳君的后嗣继承人,此问题还有待进一步研究。其中梁上官鼎、平安君鼎、右孺子鼎、春成孺子鼎从铭文看都曾经历器物的接收、转移过程,故由接受器物一方的"孺子"对其进行斠量检定,这大概是器物交接的一个重要环节。

前文曾有附记指出《商周金文资料通鉴》(2011 年 1 月)02468 号著录一件战国晚期的"吴嗣子鼎",器主之名字应改释为"吴孺子",这一例子有可能属于姓氏加字之列,但因该器尚刻有"私官"铭文,故也不排除这个"吴孺子"是一个以吴为氏的"孺子"之职,乃刻字表示已经其斠量的意思。

三、关于出土战国铭刻中所见的成童

行文至此,便很容易联想到战国时代秦国的"敖童""敖史"一类身份:

> 令敖史毋从吏(事)官府。非史子殹(也),毋敢学=(学教)室,犯令者有罪。(《睡虎地秦墓竹简·秦律十八种·内史杂》,页 63)
> 大田佐敖童曰未,史曰初。(秦封宗邑瓦书,《古陶文汇编》5.384)

贾谊《新书·春秋》有这样一段描写邹穆公死后情景的话:

> 酤家不雠其酒,屠者罢列而归,傲童不讴歌,舂筑者不相杵,妇女抉珠瑱,丈夫释玦軒,琴瑟无音,期年而后始复。

"傲童"即"敖童",《睡虎地秦墓竹简·秦律杂抄》的注释引用此文来解释"匿敖童"一语,并指出《法律答问》有"敖童弗傅"的说法可参看①。过去学者对所谓"敖童"的含义有不同理解,黄留珠先生反对《睡虎地秦墓竹简》精装本注释提出的"成童"说,他认为:"秦简《内史杂》载,秦时'除佐必当壮以上,毋除士伍新傅'。整理小组注:'壮,壮年,古时一般指三十岁';'士伍,《汉旧仪》:"无爵为士伍。"即没有爵位的成年男子'。据此,大田佐这个敖童,至少应该是30岁以上的男性。"并主张"敖童"即"豪奴"说,他认为这种"豪奴""享有国家授田,为国家出赋役,可以担任官府的'少吏'";对于《新书》的"傲(敖)童",他认为仍应解释为"成童"或"游童",而不是所谓"豪奴"②。但是对《新书》的"敖童"另立解释,认为秦汉时代存在含义不同的"敖童",恐怕不是容易被人接受的事情。秦律虽然规定"除佐必当壮以上",但这样的律条并不一定说明秦惠文王时不存在佐有成童担任的现象。董珊先生曾分析"敖史"一词的含义说:

> 从"非史子殿(也),毋敢学＝(学教)室"来看,前文的"敖史"可能是"敖童之史"的简称,即此史年龄在十五岁以上,尚未弱冠(二十岁)或傅籍(十七岁),律文不许年龄尚小的"敖史"在官府做事,大概是考虑到其尚在学习阶段,阅历和能力均不足以承担大事。律文还禁止不是史官的儿子进入学官学习,反过来的意思就是"史之子恒为史",也可以看作是在某种程度上以制度规定来保持传统的世官制。瓦书的"敖童"出任大田之佐,并在这次具体踏勘封邑的过程中任事,其实质似乎违背了秦律"令敖史毋从事官府"的精神原则,但是我们考虑到瓦书的年代是早在秦惠文王前元四年,并且"敖童未"的职务不是史,而是佐,这样就可以比较微观的看出秦制度的前后差异。③

① 睡虎地秦墓竹简整理小组:《睡虎地秦墓竹简》,北京:文物出版社1990年版,第87页。
② 黄留珠:《秦简"敖童"解》,载于《历史研究》1997年第5期,第176—179页。
③ 董珊:《战国题铭与工官制度》,北京大学2002年博士学位论文,第42—43页。

我认为他的意见是比较合理的。所以"敖童"似乎仍然以睡虎地秦简整理者提出的成童说较为合理。最近胡平生先生根据岳麓秦简《亡律》《徭律》中"敖童""小敖童"的资料又作了全面的讨论,再次肯定了"大童""成童"说①,其说值得重视。

通过上面的讨论可以看到,战国时代东西方各国在工官中使用成童来担任佐史一类职务,大概是颇为普遍的现象,秦律"令敖史毋从事官府""除佐必当壮以上"等条文也许正是针对当时由成童在官府中任事的情况过于泛滥而制定的。在封宗邑瓦书中担任大田佐的"敖童",无疑是在踏勘封邑时负责测量记录的田官副职人员,跟前面我们谈到的在三晋斛量铭文中具体从事测量记录的"孺子"的身份、职能是可以类比的。

与此相关的,还可谈一下赵国兵器铭文中的"马重(童)"。"马重(童)"见于二年主父戈、王何戈和十七年车盖弓帽(释文基本从下引董珊、苏辉文,小有修改):

> 二年宔(主)父攻(工)正明(?)我囗,左工帀(师)邬许,马重(童)丹所为·虎奔(赉)②。(《集成》11364)
>
> 王何立事,昰₌冶丛所教马重(童)为·库(赵刻)·宜安(秦刻)。(《集成》11329;《文物》1994年4期,页82-85)
>
> 十七年阳曲耇爻(教)马重(童)。(《集成》12032)

这类"马童(僮)",过去一般认为是一种身份很低的奴隶名称③,苏辉先生认为"童"指髡发的刑徒奴隶,"马童"一词当源于战国时代畜牧

---

① 胡平生:《也说"敖童"》,简帛网,2018年1月8日首发(http://www.bsm.org.cn/show_article.php?id=2966)。

② "虎赉"的释读参看张新俊:《二年主父戈补释》,载于《平顶山学院学报》2005年第1期,第44—45页。

③ 吴振武:《新见十八年冢子韩赠戈研究——兼论战国冢子一官的职掌》,载于陈昭容主编:《古文字与古代史》第一辑,第317页。

业中普遍使用的奴隶"马僮",久而成为固定用语①。董珊先生则在罗福颐、李学勤先生研究的基础上指出:

> 罗福颐先生读战国私玺人名"马重"为"马童",他说:"吕马童见诸《史记·项羽本纪》,今玺文中有高马重(《古玺汇编》1144号)、趴马重(同上,2943号)",这是因为"古人命名常多因袭,故古玺印中人名亦有可与史书相表里者"。李学勤先生认为,二年主父戈铭文的"马重"似为与冶相近的一种身份,他又据窑头村所出王何立事戈"马重"署名在"冶"之下,认为"马重"尚低于冶。……戈铭中的"马重"亦应读为"马童",作为身份是指尚未傅籍的成童。…………《盐铁论·未通》"古者,十五岁入大学,与小役,二十冠而成人,与戎";唐玄宗天宝三年诏书:"比者成童之岁,即挂轻徭,既冠之年,便当正役。"可见古代成童即服轻徭役,至傅籍或弱冠之年,就开始正式为国家提供徭役,这至少是唐代以前通行的制度。据上述再来看戈铭文例。王何戈铭"得工冶丛所教马重(童)为"中的"马童"是在冶铸机构里学习技艺的成童,"冶丛"跟"马童"之间是师徒教学关系。此例的"马童"不署私名,大概因为他身份为学徒而且技艺未成,只需要师傅署名以示对器物质量负责就可以了。至于主父戈铭"马重(童)丹"署有私名,其署名地位跟其他题铭所见之"冶"相当,这可以看作是他已经出徒并能够独立负责的表现,但因其年龄仍在成童范围内,还未正式获得"冶"的称号,因此不以"冶"称。②

其说似更为可信。准此,赵国的冶铸工官也大量地役使成童学徒,甚至可以让成童独立承担相关的冶铸工作。这些在冶铸工官里服小役

---

① 苏辉:《赵兵器铭"马重"解》,载于《中国史研究》2011年第2期,第204—205页。
② 董珊:《二年主父戈与王何立事戈考》,载于《文物》2004年第8期,第63—64页。

的"马童",不知道是否也从事一些有关金锡配比等（即所谓"报剂"）与算数、书写有关系的简单工作。

此外，我以为董先生上述所论可以启发思考三点。首先，秦国用"敖童""敖史"，赵国用"马童"，魏国、韩国等用"孺子"，他们之间的关系虽然不能说是完全等同的（我们现在无法肯定赵国没有"孺子"，韩、魏没有"马童"），但我想其性质接近、类似，还是可以比较肯定的，其称呼之不同似可视作各国工官制度的一项重要特征。"孺子"的身份，从字面上看无论如何难以解释成奴隶，"孺""童"意义上的关联，则是显而易见的，似不必把"童"往僮仆之"童（僮）"的方向上去理解，所以从这个角度看，目前看来似以董珊先生的解释较为合理。

其次，我们注意到，魏、韩等国器铭中的"孺子"也有署名氏（如单父上官孺子憙、吴孺子、孺子起）与不署名氏（宜信孺子、春成孺子、龙阳孺子、右孺子）之分，其中是否也反映了学徒有无出师独立任事之别，可以继续研究。

第三，战国文字资料中的"孺子"与"马童"，皆既是一种身份①，又常作人之名字使用②，可侧面说明此二者性质及含义的平行演变关系。

四、试谈燕国所谓"郭大夫"甀

受前文及上述讨论之启发，我们发现可能有一件燕国器物的铭文或许也与"孺子"有关。这件器物由陕西省西安市文物中心移交西安

---

① 董珊先生释《古玺汇编》0643 号为"王敖冢（童）"，但此印"敖""冢"二字似皆有问题（所谓"敖"字左旁从"先"，所谓"冢"字则似是一个从"大"从"豕"的字），故存而不论。
② 马童作为三晋人名比较全的例子，参看汤志彪：《三晋文字编》，第 2079—2080 页。

博物院收藏①，最早由王长启先生刊布、王辉先生著文考释，王先生称此甂为"富春大夫"甂，定为战国晚期楚物②。

此器后来迭经董珊、冯胜君、李家浩等先生考释研究，知其为燕国器物③。从文字角度可以举出"大＝"合文读为"大夫"是习见于燕国铭刻的典型特征④，语言方面则可举"丌（其）"用作"之"义也习见燕国铭刻等证据⑤，当然最重要的一点还是所谓"郭大夫"的"郭"字写法也见于燕国玺印（《玺汇》5672"郭乘" ）。

"郭"字是董、李二家不约而同所释⑥，冯胜君先生读为"孤"，李家浩先生读为"虢"⑦，虽莫衷一是，但都主张器主是郭地或郭邑的大夫。释"郭"从古文字形体角度而言似有如下几个疑点：

第一，战国文字中"郭"字上部的"亯"形中间部分一般作两直笔，与其下圈形或方块部分几乎都是粘连在一起的⑧，绝少像 （此字《陕西金文集成》照片作 ）、 等形写成中间作"甘"形或填实的方块形、且与下方的部件完全脱离的。

第二，李家浩先生所举《印典》的两例"郭"字下部十字形交叉的部件，横向笔画都是平直的一画（此笔本是饰笔），战国秦楚文字简化

① 见《陕西金文集成》1642 号说明。

② 王长启：《西安市文物中心藏战国秦汉时期的青铜器》，载于《考古与文物》1994 年第 4 期，第 3、4、6 页；王辉：《"富春大夫"甂跋》，载于《考古与文物》1994 年第 4 期，第 60—61 页。

③ 冯胜君：《战国燕系古文字资料综述》，长春：吉林大学硕士学位论文 1996 年，第 9 页注 44；李家浩：《著名中年语言学家自选集·李家浩卷》，合肥：安徽教育出版社 2003 年版，第 156—158 页。

④ 冯胜君：《战国燕系古文字资料综述》，第 5 页；王爱民：《燕文字编》，长春：吉林大学硕士学位论文 2010 年，第 236 页。

⑤ 董珊：《战国题铭与工官制度》，北京：北京大学博士学位论文 2002 年，第 111—112 页。

⑥ 冯胜君：《战国燕系古文字资料综述》，第 9、12 页引；李家浩：《著名中年语言学家自选集·李家浩卷》，第 156—158 页。

⑦ 冯胜君：《战国燕系古文字资料综述》，第 9 页；李家浩：《著名中年语言学家自选集·李家浩卷》，第 157 页。

⑧ 如王爱民《燕文字编》第 88 页"郭"字下所收东郭之"郭"作 。

的"郭"字写法亦如此①,这都跟上面所举的这两例左右往上提举(很可能是合各自从外向内书写的两短斜笔而成)的写法不同。

第三,"郭"的头部两笔倾垂、下拖太甚,不似一般的"亯""郭"的写法,而近于俯身人形"勹"一类的写法。

颇疑此字下部实际上是"子"②,"子"的头上是口、甘一类形体,这跟前文所举令狐君孺子壶⬛(《集成》9720)字写法最近,头部两笔写法则与《玺汇》0907"肖—""私坽"两面印的⬛字最近(此字"子"的头部填实,其意与燕国写法加点或短横类似),故似乎也应释作"乳"字。至于"子"形左侧那道斜画,也不是简单的燕国文字常见的饰笔,似很有可能是"乳"的爪形在"子"边上的残存孑遗,这跟大家熟悉的"保"的写法变化平行(其"子"的方向尚与《甲骨文合集》22246 的"乳"字⬛一致,很可注意)。

《玺汇》5672 的"乳乘",疑应读为"孺子乘",当然也不排除这个"乳"字作姓氏用,如果是这样,那就该读为欲见孔子而孔子托疾不见的孺悲(《论语·阳货》)之"孺"氏。所谓"郭大夫"可能应该改释为"孺大夫"。至于"孺大夫"这一职官,前所未见,虽不宜作过多阐说,但似也可作一些推测。

"某大夫"这一类职官名称,常见于传世古书和出土文献,往往表示的是掌管某事物的官长(如《国语·周语上》有"农大夫"、晋国有"七舆大夫";战国燕国有"车大夫"[集成 11061]等等,不胜枚举),因此"孺大夫"也许可以视为"孺子大夫"省却重文号的一种书写形式③,可能就是一种掌管"孺子"的职官。按照前文讨论,不知这种"孺子大夫"是否就是掌管工官中未成年属吏的。但也许还有另一种可能性,"孺子"的含义中有贵族继承者一类意思(前文已详,出土令狐

---

① 汤余惠主编:《战国文字编》,福州:福建人民出版社 2003 年版,第 340—341 页。
② "子"的头部圈形中加点或短横为饰笔的,见董莲池:《新金文编》,北京:作家出版社 2011 年版,下册第 2149、2150 页(蔡公子果戈、唐子仲濒儿钮等例)。
③ 前文所举战国陶文中即有"乳它"读为"孺子它"之例。

君孺子壶的"孺子"即此义），孺子大夫就是管理这类作为贵族继承子弟的职官，在东周古书中，性质与之相近的也许可以说是"公族大夫"，（《国语·晋语七》："栾伯请公族大夫。"韦昭注："公族大夫，掌公族与卿之子弟。"）也许燕国就把这类官职称为"孺子大夫"。此仅为一把握不大的推测，是否合于事实，尚待新材料验证。又承凌文超先生提示，此"孺大夫"也可不以合文解释，"孺大夫"也许类似秦汉时代"小大夫"之类未傅籍成人的爵位①，如确是这样，这条材料对于研究六国的小爵就是一条很重要的资料了。

甋铭的![字]字就讨论到这里，附带谈一谈这件器物的自名。

这件器物的自名，已有"复（釜）铦（甋）"（李家浩）、"家珍"（冯胜君）、"冢甋"（董珊）等多种说法，还有把铭文后四字读为"亓冢（重）钧也"表示器物重量的（王辉）。

按，从燕国铭文的格式及语法特点看，"孺子大夫其（意为"之"）某某也"应当是表述器物所有情况的，所以计重之说大概无法成立。"亓"下之字以冯胜君先生释"冢"之说较可信。而跟器物自名关涉最密切的从金之字，过去的铭文拓本、照片都不佳，各家说法因立论基础不可靠，盖无一可信。中研院史语所殷周金文暨青铜器资料库所收《西安文物》No.26 的器物彩色照片带有铭文，但因为填粉不匀不实，该字作![字]，许多笔划细节亦并不清楚。

今观《陕西金文集成》1642 号此字作![字]，明显是从"金""右"声的字，"右"旁写法与《集成》11292 所收燕下都出土的二年𫵷具府戟的![字]（"宿"）字完全相同。此字不见于字书，作为青铜器自名的字往往从"皿"从"金"可以通用，所以此字可能就是"盉"或"盓"字的异体。

《说文·皿部》："盓，小瓯也。从皿、有声。读若灰。一曰：若贿。

---

① 参看刘敏：《秦汉时期的"赐民爵"及小爵》，载于《史学月刊》2009 年第 11 期，第 98—107 页。

盉，盉或从右。""盉、盉"虽然字不常见①，但与极为常用的"醢"这个字语源上当有密切关系，醢之有（作成）肉酱义，大概就是得名于制酱之容器"盉"，（《说文·酉部》"醢"字下："臣铉等曰：盉，瓯器也。所以盛醢。"）所以未尝不可以把"醢"视作从"盉"分化出来的一个字。《说文》"醢"字下段玉裁《注》引郑注《周礼·醢人》云："作醢及臡者，必先膊乾其肉，乃复莝之，杂以粱麴及盐，渍以美酒，涂置甀中，百日则成矣。"②所谓"瓯"，《方言》卷五："自关而西谓之瓿，其大者谓之瓯。"《说文·瓦部》："瓯，小盆也。""瓿，似小瓶，大口而卑，用食"，知"瓯"即盆盂一类容器；所谓"甀"，也是一种大口的容器。（《周礼·天官·凌人》"春始治鉴"郑玄注："鉴如甀，大口，以盛冰。"）因此，将我们所讨论的这类"甀"称为"盉"，是合适的。写到这里便不禁联想到，参观过安阳殷墟博物馆陈列的人，无不对安阳殷墟西北冈祭祀坑和刘家庄墓地皆曾出土过甀内盛有人头颅的甀印象极为深刻，既知"甀"可以"盉（盉）"命名，不知这些出土遗物是否就是《楚辞·天问》所谓"梅伯受醢"、《史记·殷本纪》所谓"九侯女不熹淫，（纣）杀之，而醢九侯"的"醢"的实物见证呢？

附记：此文的主要内容曾于 2017 年 8 月 15 日在中国社科院历史研究所演讲过一次，承邬文玲先生、苏辉先生、凌文超先生、王天然先生提出宝贵意见，尤其是苏辉先生与作者反复讨论，所赐高见对本文定稿帮助甚大，稿成后又曾蒙吴良宝先生指正。在《岭南学报》复刊学术会议之五"出土文献：语言·古史与思想"学术研讨会（2017 年

---

① 单叔奂父盨铭（殷周金文暨青铜器资料库 NA0041 号）有"用盨稻穛糯粱嘉宾"一句（过去多将"嘉宾"属下句读，如程燕：《单叔盨新释》，载于《古文字研究》第 25 辑，北京：中华书局 2004 年版，第 199—200 页；陈英杰：《西周金文作器用途铭辞研究》，北京：线装书局 2008 年版，第 537 页），"盨"似乎当用作飨食讲的"侑"，后接双宾语（下句"用飨有食"的"有"字有指代作用，"有食"即上句所提到的"稻穛糯粱"），似当与此处讨论的"盉、盉"无关。

② 段玉裁注、许惟贤整理：《说文解字注》，南京：凤凰出版社 2007 年版，第 1302 页。

溯源以求真——早期中国的经史之学

11月4日)上曾经宣读此文,得蒙沈培、杨华、赵平安、袁国华、汪春泓等先生指教、鼓励,谨此一并致以衷心谢意。本文是国家社科基金青年项目(14CYY058)和上海市教委、教育发展基金会"曙光计划"的阶段性成果。

2017 年 10 月 10 日写完

2017 年 10 月 21 日再改

2017 年 10 月 25 日定稿

2018 年 1 月 26 日再改

(作者单位:复旦大学出土文献与古文字研究中心、出土文献与中国古代文明协同创新中心)

附图:

图一　春成孺子鼎

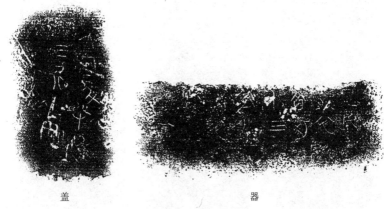

盖　　　　　　　　　　　　器

图二　春成孺子鼎铭文拓片

图三　春成孺子鼎韩刻照片

图四　邵阴下官铜箍

图五　邵阴下官铜箍侧面铭文照片

图六　邵阴下官铜箍外底铭文照片

《史记》八主祭祀的钩沉与推演

——传世文献与考古材料的对勘研究举例

王　睿

　　八主祭祀是指对天、地、兵、阴、阳、月、日、四时八种对象的祭祀。它们的祠祀地点分布在今山东半岛即齐之分野上,三个在中部,余在东部沿海。八主祭祀仅见于《史记》《汉书》,曾经得到秦始皇、秦二世、汉武帝和汉宣帝的祭祀,公元前31年郊祀制确立后,在国家祀典上被废止。通过传世文献与考古材料比对揭示,八主应为东方思想家以宇宙观为基础所创设的祭祀体系,利用了战国时期的地方祠址,重新排布了八主的祭祀地点,利用秦皇汉武对东方实施经略的机会,成功兜售了他们的宗教思想。八主祭祀所体现的宇宙论式的祭祀观、人与自然的关系以及阴阳对等的宗教理念,对中国国家宗教郊祀制影响深远。

"八主"是指天、地、兵、阴、阳、月、日、四时八种祭祀对象,八主祭祀最早记录于《史记·封禅书》:

> 八神将自古而有之,或曰太公以来作之。齐所以为齐,以天齐也。其祀绝莫知起时。八神:一曰天主,祠天齐。天齐渊水。居临淄南郊山下者。二曰地主,祠泰山梁父。盖天好阴,祠之必于高山之下,小山之上,命曰"畤";地贵阳,祭之必于泽中圜丘云。三曰兵主,祠蚩尤。蚩尤在东平陆监乡,齐之西境也。四曰阴主,祠三山。五曰阳主,祠之罘。六曰月主,祠之莱山。皆在齐北,并勃海。七曰日主,祠成山。成山斗入海,最居齐东北隅,以迎日出云。八曰四时主,祠琅邪。琅邪在齐东方,盖岁之所始。皆各用一牢具祠,而巫祝所损益,珪币杂异焉。①

八主祭祀只有在《史记》《汉书》中被载录,秦始皇、秦二世、汉武帝、汉宣帝均亲临其中的某几个祭祀地点进行祭祀②,祭祀时间是皇

---

① 司马迁撰、裴骃集解、司马贞索隐、张守节正义《史记·封禅书》,北京:中华书局1959年版,第1367—1368页。
② 秦始皇事见《史记·封禅书》,第1367、1370页;《史记·秦始皇本纪》,第244、249、250、263页;班固撰、颜师古注《汉书·郊祀制》,北京:中华书局1962年版,第1205页。秦二世事见《史记·封禅书》,第1370页;《史记·秦始皇本纪》,第260、267页。汉武帝事见《史记·孝武本纪》,第474、475、480、485页;《史记·封禅书》,第1397、1398、1401、1403页;《汉书·郊祀制》,第1234、1235、1243、1247、1248页;《汉书·武帝纪》,第196、206、207页。汉宣帝事见《汉书·郊祀制》,第1250页。

帝驾临时则祭祀,常时不祭,"上过则祠,去则已"①。八主祭祀位列于国家祀典的时间不过二百年,汉成帝建始二年(前31),于长安南郊祭天、北郊祀地的郊祀制确立后被废止②。

八主祭祀鲜有学者研究,八主祭祀出现的时间和社会背景等基本问题尚不清楚。本文拟从八主祠的地理位置和所处的历史文化环境入手,分析八主祭祀出现的时间和社会背景,从而揭示八主祭祀在中国宗教思想史上的重要地位和中国国家宗教的某些特质。

一、八主祠的地理位置和保存情况

八主祠均分布在山东半岛,在汉代的星野制度中属齐地③。天主、地主、兵主三祠在半岛腹地,余在东部沿海(图一)。

通过多年的考古工作与文献研究发现,天主祠位于今临淄市齐都镇齐国临淄故城南的牛山脚下,此处原有泉水涌出名"天齐渊",如天之腹脐,喻为天下的中心。原来的"天齐"祭祀借用为天主,祠祀遗址已遭破坏,但在临淄故城等地曾发现带有"天齐"字样瓦当(图二)。地主祠的地点没有发现,研究证明梁父山应不是今人所指的映佛山,

---

① 八主在秦代国家祭祀体系中的地位,"诸此祠(指雍地诸祠)皆太祝常主,以岁时奉祠之。至如他名山川诸鬼及八神之属,上过则祠,去则已"。载于《史记·封禅书》,第1377页;《汉书·郊祀志》,第1209页。八主在汉代国家祭祀体系中的地位,"至如八神诸神,明年、凡山他名祠,行过则祠,行去则已"。载于《史记·封禅书》,第1403页;《史记·孝武本纪》,第485页;《汉书·郊祀志》,第1248页。

② "(建始)二年(前31)春正月,罢雍五畤。辛巳,上始郊祀长安南郊。诏曰:'乃者徙泰畤、后土于南郊、北郊,朕亲饬躬,郊祀上帝。'"载于《汉书·成帝纪》,第305页。"四百七十五所不应礼,或复重,请皆罢。"载于《汉书·郊祀志》,第1257页。

③ "齐地,虚危之分野也。东有菑川、东莱、琅邪、高密、胶东;南有泰山、城阳;北有千乘、清河以南,勃海之高乐、高城、重合、阳信;西有济南、平原,皆齐分也。"载于《汉书·地理志》,第1659页。

新泰市楼德镇的羊祜城即为梁父城①,地主祠应在其附近。兵主所在的"东平陆监乡"位于鲁西南,属于黄泛区,古今地貌差异非常大,已经没有踪迹可寻,当地的阳谷、巨野、寿张三县政府根据历史传说修建了与蚩尤相关的地标建筑。阴主祠位于今招远市三山镇海边的三座小山上(图三),已遭破坏,东南有曲城城址。阳主祠位于烟台市的芝罘岛上,西南为三十里堡古城址。现尚存元代阳主庙碑和清代阳主祠的部分建筑,从20世纪五十年代以来,阳主祠为军事单位占用,1967年改建清代大殿时曾出土两组汉代祭祀玉器(图四),未能展开工作,具体情况不明。在月主、日主祠祀遗址进行的调查和发掘工作,揭示了秦汉时期祠祀遗址相对完整的布局和组合形式。汉代在秦代建筑基础上,扩大了规模。在月主祠所在的归城,秦汉时期为皇帝的亲临,在归城内修建了离宫别馆。庙周家夯土台虽被破坏得支离破碎,从出土的大量瓦当分析,秦代在高耸的夯土台上建有亭阁,汉代又增铺了逶迤上行的踏步砖(图五)。窑址中的出土器物说明建筑所需砖瓦为当地烧制。日主祠位于威海市成山头,西南有不夜城。秦汉时期建筑规模急剧扩大,当时各类建筑应是高下错落、鳞次栉比,包括亭(观)、立石、祠庙、施祭地点等,从残迹中仍可约略看出为不同功能的组合(图六)。从现有遗迹遗物的分布情况观察,秦代在最高点成山中峰修建了亭阁,在南峰立石,在南马台修建了带排水设施的祠庙或行宫;汉代在通往中峰亭阁的山路上加铺了踏步砖,在灯塔地和庙西等处增修了建筑,充分利用了南马台上的秦代设施,在排水管道上有清晰的更换和加固陶管道的遗迹现象,并在酒棚遗址上填土造台,并瘗埋玉器为祭。四时主祠所在的琅琊台属于青岛市黄岛区,文献材料中多见越王勾践在此建都的记载,但考古工作未能发现任何实物资料,勾践建都的琅琊应另有其地②。秦汉时期大兴土木,秦修建了琅琊台和小

① 参见王睿、林仙庭、聂政编著《八主祭祀研究》,北京:文物出版社2020年版,第17、18页。
② 《八主祭祀研究》,第338—339页。

台(图七),汉代只利用了大台。

二、八主祭祀形成的时间

《封禅书》对八主祭祀出现的时间推断是模糊的,"自古而有之""太公以来作之"或"其祀绝莫知起时",所论诸说最晚的是"太公以来作之",即西周初年齐国始封之时,但综合分析八主祠的分布地点和周代诸侯国疆域的划分和管控情况,此说难以成立。

西周以来,齐、鲁两个封国是山东半岛最主要的政治势力[1],分踞半岛中部的南北,齐长城横亘半岛东西,"长城之阳,鲁也;长城之阴,齐也"[2]。它们西有曹,齐东有莱,鲁东有莒、杞等地方势力(见图一)。战国时期,随着周王室式微,诸侯间相互侵伐,齐地又有越、楚、秦等势力的侵入。战国最晚期,各诸侯国相继殄灭,秦齐对峙,曾被各方势力把持的今山东地区才归于齐。

八主祠中,天主祠因居齐都临淄南郊,一直为齐所有。其他祠祀之地,自西周至战国时期,曾分属不同的国家。地主祠梁父,梁父山为泰山下的众小山之一,位于鲁国腹地。济水源出河南省济源市王屋山,春秋时济水流经魏、曹、齐、鲁之境,济水为曹、鲁分界[3],济东为鲁地,即当今巨野、寿张、东平县一带。兵主祠地当属鲁。

山东北部本为莱人之地,齐始封之时,"莱侯来伐,与之争营丘"[4]。商末周初时期,东部沿海区域在外来势力侵入之前,阴主祠、月主祠周围区域都分布有珍珠门文化或岳石文化等土著莱人的物质文化遗存,龙口市的归城应是莱国都城,附近莱阴出土了西周初期的

---

① 《史记·鲁周公世家》,第 1515 页;《史记·齐太公世家》,第 1480 页。
② 黎翔凤撰、梁运华整理《管子校注》,北京:中华书局 2004 年版,第 1500 页。
③ 参见《左传》僖公三十一年:"取济西田,分曹地也……分曹地,自洮以南,东傅于济,尽曹地也。"杨伯峻《春秋左传注》,北京:中华书局 1990 年修订本,第 485—486 页。
④ 《史记·齐太公世家》,第 1480 页。

莱伯鼎,乃是明证①。莱国于春秋晚期被齐所灭②,阴主、月主、日主等祠祀地归齐所有。

根据文献和出土青铜器铭文,阳主所在的烟台市区属纪国③。鲁庄公四年(前690),齐襄公伐纪,纪国灭亡④。

四时主祠所在的今青岛市黄岛区琅琊镇,西周以来分属不同的政治势力,原属莒国。莒国乃土著方国,包括今山东东南部和江苏北部⑤。楚灭莒后⑥,从齐长城的修筑情况看,齐与楚可能在此对立⑦。琅琊与楚相隔甚远,战国晚期在秦的逼迫之下,楚不能实有其地,亦成齐之属域。

周代分封的诸侯国,疆域分明,"天子非展义不巡守,诸侯非民事不举,卿非君命不越竟"⑧。以下两条记载非常形象地反映了当时的

---

① 陈梦家《西周铜器断代》(上册),北京:中华书局2004年版,第118—119页。
② 《左传》襄公六年传:"十一月,齐侯灭莱,莱恃谋也。……四月,晏弱城东阳,而遂围莱。甲寅,堙之环城,傅于堞。及杞桓公卒之月,乙未,王湫师及正舆子、棠人军齐师,齐师大败之。丁未,入莱。莱共公浮柔奔棠。正舆子、王湫奔莒,莒人杀之。四月,陈无宇献莱宗器于襄宫。晏弱围棠,十一月丙辰而灭之。迁莱于郳。"杨伯峻《春秋左传注》,第947—948页。齐侯镈钟是事于齐的宋穆公后代所作,作于齐庄公(前553—前548)时,从铭文"余命女(汝)司子厘,造国徒四千"看,齐灵公灭莱当春秋晚期。参见《两周金文辞大系图录考释》(二),《郭沫若全集·考古编》第8卷,北京:科学出版社2001年版,第431页。
③ 《八主祠》,第112页。
④ 杨伯峻《春秋左传注》,第165页。
⑤ "平丘之会,晋昭公使叔向辞蛮公弗与盟。子服惠伯曰:'晋信蛮夷而弃兄弟,其执政贰也。'"韦昭于此注曰:"蛮夷,莒人。兄弟,鲁也。"见徐元诰撰,王树民、沈长云点校《国语集解》,北京:中华书局2002年,第189页。"考莒原有国土,其都居莒,即今山东莒县,其属域有介根,在今高密县境;有密,在今昌邑县境;有渠邱,有防,有寿余,在今安丘县境;有且于,在今莒县境;有寿舒,蒲侯氏,大庞,常仪靡,亦在今莒县境,有兹,在今沂水县境。是莒之领域,当春秋之际,其地略有今莒县、安丘、昌邑、诸城、高密、沂水、赣榆等县之全境或其一部。"张维华《齐长城考》,《禹贡半月刊》第七卷第一二三合期(1937年),第145页。
⑥ 《史记·楚世家》:"简王元年(前431),北伐灭莒。"(第1719页)。
⑦ 《竹书纪年》载:"梁惠成王二十年,齐筑防以为长城。"郦道元注,杨守敬、熊会贞疏《水经注疏》,南京:江苏古籍出版社1989年版,第2258页。张维华《齐长城考》:"至于其东南境长城之建筑,似在楚人灭莒之后。"(第146页)
⑧ 杨伯峻《春秋左传注》,第235—236页。

情况：

> （齐桓公）二十三年，山戎伐燕，燕告急于齐。齐桓公救燕，遂伐山戎，至于孤竹而还。燕庄公遂送桓公入齐境。桓公曰："非天子，诸侯相送不出境，吾不可以无礼于燕。"于是分沟割燕君所至与燕。①
>
> （鲁庄公）二十三年夏，公如齐观社，非礼也。曹刿谏曰："不可……诸侯有王，王有巡守，以大习之，非是，君不举矣。"②

各诸侯王所获分封，包括疆域中神灵的祭祀权，如祭祀疆域中的山川神以及疆域所对应天上的二十八宿、十二次③。诸侯对神灵祭祀的越位标志着对疆域的侵犯，只有周王才享有各国山川神灵的护佑。楚昭王和周夷王有疾时，祭祷对象不同，形象地说明了祭祀所有权的不同：

> （楚）昭王有疾，卜曰："河为祟。"王弗祭。大夫请祭诸郊。王曰："三代命祀，祭不越望。江、汉、睢、漳，楚之望也。祸福之至，不是过也。不谷虽不德，河非所获罪也。"

而周夷王病，"王愆于厥身，诸侯莫不并走其望，以祈王身"④。

战国晚期之前，八主祠所在的各个地点异国而处，直到齐国在地域上"南有泰山，东有琅邪，西有清河，北有勃海"⑤时，八主的八个祠祀地点才尽归于齐域，原分属不同诸侯国的不同神祇，只有在专属齐

---

① 《史记·齐太公世家》，第 1488 页。
② 杨伯峻《春秋左传注》，第 226 页。
③ 参见刘瑛《〈左传〉、〈国语〉方术研究》的"星气之占"部分，《中国典籍与文化研究丛书》第二辑，北京：人民文学出版社 2006 年版，第 25—42 页。
④ 杨伯峻《春秋左传注》，第 1636、1475—1476 页。
⑤ 《史记·苏秦列传》，第 2256 页。

国时才有可能被整合为八主祭祀,司马迁历数八神时也是以齐为中心来叙述其方位,所谓"齐地八神"应该是战国晚期的概念。

三、八主祭祀形成的历史背景及其本质

八主的祭祀对象天、地、日、月是人自身所处环境的客观存在,对天、地、日、月的祭祀,历史久远①。探究八主吸收阴、阳、四时这类抽象概念和作为兵神的蚩尤来组成祭祀系统,需要到战国晚期的社会历史背景下来考察。

八主中的阴、阳、四时作为神祇而被祭祀是首次出现,阴阳是古人对事物对立转化的本质、发展变化内在原因的认识。事物的对立性很容易从客观世界感知,如以山川为基准所分阴阳之位。陈梦家先生指出卜辞中商人早已具备的上下、天土对立之观念是阴阳二极之张本②。山东黄县出土的"虁伯左窕匜"的铭文中,"其阴其阳"是对于盖、器而言,盖下覆为阴,器上仰为阳③。《老子》公元前四世纪就被广泛接受并形成稳定的文本④,其最珍贵的哲学遗产就是揭示了阴阳的对立转化,"万物负阴抱阳,冲气以为和"⑤。对立转化的原则被推广运用到社会生活的各个领域,正所谓"凡论必以阴阳(明)大义"⑥。四时是地球公转引发的北温带季节变化,通过气温降雨的律动可以体察四时的交替,感知万物的生长枯荣。

胡适认为齐地宗教经过整理,把各地的拜物拜自然的迷信,加上

---

① 王睿《"八主"祭祀研究》,北京:北京大学博士研究生学位论文,2011 年,第 30—39 页。
② 陈梦家《古文字中之商周祭祀》,载于《燕京学报》第十九期(1936 年),第 131—133 页。
③ 王献唐《黄县虁器》,载于《山东古国考》,济南:齐鲁书社 1983 年版,第 21 页。
④ 李零《从简帛古书看古书的经典化》,2005 年 2 月 24 日在清华大学的演讲。
⑤ 高明《帛书老子校注》,北京:中华书局 1996 年版,第 29 页。
⑥ 《称》,载于裘锡圭主编《长沙马王堆汉墓简帛集成·肆》,北京:中华书局 2014 年版,第 187 页。

一点系统,便成了天、地、日、月、阴、阳、兵与四时的系统宗教了。在初期只有拜天脐,拜某山而已①。这"一点系统"应该与战国以来思想家们热衷于讨论的宇宙生成模式有关。

从传世的战国和汉代早期文献中,可以窥知战国中晚期以来关于宇宙生成的多种模式,出土的文献材料使已经逸失或后代有意涤滤的思潮重现天日,这类材料不但加深了对传世文献的理解,还钩沉出隐没的思想脉络。

在世界本原问题的认识上,既有神明类造物主"太一""太极",如出土于湖北省荆门市战国中晚期墓葬中的《太一生水》②,也有世界由无而生的《老子》类世界观如《恒先》③《道原》④《鹖冠子·度万》⑤《淮南子·天文》⑥等。关于宇宙构成要素和运行模式,五行论认为木、火、土、金、水是万物构成的基本要素,它与阴阳学说相结合,用相生相克的关系来解释政治、社会、人生、自然各方面的变化原因,是一种循环论模式;"太一生水"是线性发展模式,构成要素则是太一、水、天、

---

① 胡适《中国中古思想史长编》,上海:上海古籍出版社2014年版,第147页。
② 《太一生水》:"大一生水,水反辅大一,是以成天。天反辅大一,是以成地。天地(复相辅)也,是以成神明。神明复相辅也,是以成阴阳。阴阳复相辅也,是以成四时。四时复(相)辅也,是以成寒热。寒热复相辅也,是以成湿燥。湿燥复相辅也,成岁而止。故岁者,湿燥之所生也。湿燥者,寒热之所生也。寒热者,(四时之所生也)。四时者,阴阳之所生(也)。阴阳者,神明之所生也。神明者,天地之所生也。天地,大一之所生也。是故大一藏于水,行于时,周而又(始,以己为)万物母;一缺一盈,以己为万物经。此天之所不能杀,地之所不能埋,阴阳之所不能成。"荆门市博物馆编《郭店楚墓竹简》,北京:文物出版社2005年版,第125页。对于"太一""太极"的性质是"无"还是神明的认识有不同意见,高亨倾向于为"无":"太极者,宇宙之本体也。宇宙之本体,《老子》名之曰'一',《吕氏春秋·大乐》篇名之曰'太一',《系辞》名之曰'太极'。"载于高亨《周易大传今注·系辞上》,济南:齐鲁书社1998年版,第538页。从《包山楚简》的相关内容和西汉武帝时期的"太一"崇拜情况看,应为神明。参见湖北省荆沙铁路考古队《包山楚简》,北京:文物出版社1991年版,图版九五。
③ 马承源主编《上海博物馆藏战国楚竹书》(三),上海:上海古籍出版社2003年版,第287—299页。
④ 《道原》,载于《长沙马王堆汉墓简帛集成·肆》,第189页。
⑤ 黄怀信撰《鹖冠子汇校集注》,北京:中华书局2004年版,第162—163页。
⑥ 刘文典撰,冯逸、乔华点校《淮南鸿烈集解》,北京:中华书局1989年版,第79—80页。

地、阴、阳、四时等。邹衍的九州观带有浓厚的地理景观概念：

> 以为儒者所谓中国者，于天下乃八十一分居其一分耳。……中国外如赤县神州者九，乃所谓九州也。于是有裨海环之，人民禽兽莫能相通者，如一区中者，乃为一州。如此者九，乃有大瀛海环其外，天地之际焉。①

湖南长沙子弹库战国楚帛书为历忌之书，帛书上的中宫虽然没有画太一和北斗，但有互相颠倒的两篇文字，以类比天左旋和地右转。它以春夏秋冬分居四正，青赤白黑四木分居四隅，构成四方八位。边文左旋排列，代表斗建和小时；四木右旋，代表岁徙和大时②，反映了在当时的社会生活中广泛认同的一种宇宙论模式③。

《太一生水》为理解八主祭祀提供了启示。太一生水是一种宇宙生成模式，太一是万物之源，万物的生成方式是借用水来运行。八主祭祀系统中未存在世界本源，但具备了太一生水中宇宙构成要素——天地阴阳四时，而天、地、日、月、阴、阳、四时，是战国时期多种宇宙生成论的构成要素，并亦多见于承继融合了战国时期思想的汉代早期思想著作中。《吕氏春秋·仲夏纪·大乐》：

> 音乐之所由来者远矣。生于度量，本于太一。太一出两仪，两仪出阴阳。阴阳变化……四时代兴，或暑或寒，或短或长，或柔或刚。万物所出，造于太一，化于阴阳。④

《十六经·观》中亦有相关论述，借黄帝而言：

---

① 《史记·孟子荀卿列传》，第 2344 页。
② 李零《"式"与中国古代的宇宙模式》，载于《中国文化》1991 年第 4 期，第 1—30 页。
③ 李零《长沙子弹库战国楚帛书研究》，北京：中华书局 1985 年版，第 34 页。
④ 陈奇猷《吕氏春秋新校释》，上海：上海古籍出版社 2002 年版，第 258—259 页。

始判为两,分为阴阳,离为四时。①

《礼记·礼运》:

> 是故夫礼,必本于大一,分而为天地,转而为阴阳,变而为四
> 时,列而为鬼神。②

《汉书·礼乐志》的《邹子乐》假托邹衍所作,内容上反映了宇宙生成
模式:

> 惟泰元尊,媪神蕃厘,经纬天地,作成四时。精建日月,星辰
> 度理,阴阳五行,周而复始。云风雷电,降甘露雨,百姓蕃滋,咸循
> 厥绪。③

《淮南子·天文》:

> 道始于虚廓,虚廓生宇宙,宇宙生气。气有涯垠,清阳者薄靡
> 而为天,重浊者凝滞而为地。清妙之合专易,重浊之凝竭难,故天
> 先成而地后定。天地之袭精为阴阳,阴阳之专精为四时,四时之
> 散精为万物。积阳之热气生火,火气之精者为日;积阴之寒气为
> 水,水气之精者为月。日月之淫为精者为星辰。天受日月星辰,
> 地受水潦尘埃。④

战国晚期和汉初的文献也反映了天、地、日、月、阴、阳、四时不只

---

① 《长沙马王堆汉墓简帛集成·肆》,第 152 页。
② 孙希旦撰《礼记集解》,北京:中华书局 1989 年版,第 616 页。
③ 《汉书·礼乐志》,第 1057 页。
④ 《淮南鸿烈集解》,第 79—80 页。

是宇宙论中的构成要素,对它们的顺应和掌控可以用来制定人间社会秩序的依据。《周易·系辞上》:

> 是故《易》有太极。是生两仪。两仪生四象。四象生八卦。八卦定吉凶。吉凶生大业。是故法象莫大乎天地,变通莫大乎四时,县象莫大乎日月。①

《文子·道原》:

> 大丈夫恬然无思,淡然无虑,以天为盖,以地为车,以四时为马,以阴阳为御,行乎无路,游乎无怠,出乎无门。②《文子·精诚》:(黄帝)调日月之行,治阴阳之气,节四时之度,正律历之数……③

《管子·四时》:

> 阴阳者,天地之大理也。四时者,阴阳之大经也。刑德者,四时之合也。刑德合于时则生福,诡则生祸。④

《管子·版法解》:

> 版法者,法天地之位,象四时之行,以治天下。⑤

《淮南子·原道》:

---

① 王弼、韩康伯注,孔颖达等正义《周易正义》,清《十三经注疏》本,第82页。
② 彭裕商《文子校注》,成都:巴蜀书社2006年版,第4—5页。
③ 彭裕商《文子校注》,第4—5、33—34页。
④《管子校注》,第838页。
⑤《管子校注》,第1196页。

以天为盖,以地为舆,四时为马,阴阳为御,乘云凌霄,与造化者俱。①

八主祭祀中,兵主蚩尤的存在显得突兀难解。蚩尤作为叛乱者而载于早期史籍②,比较详细的记述见于《逸周书·尝麦》,蚩尤臣属赤帝,在赤帝与黄帝争战中赤帝失败,杀之以取悦黄帝③。战国时期黄老道盛行,黄帝地位的日益突出,蚩尤作为黄帝的对立面也名声大噪。《十六经》中的《五正》《正乱》,对黄帝大战蚩尤和对蚩尤的惩罚有着戏剧化的记述④。蚩尤敢于挑战黄帝,在兵器制造求之有效⑤:"甲午祠兵。祠者,祠五兵:矛、戟、剑、盾、弓鼓,及祠蚩尤之造兵者。"⑥"黄帝战于阪泉,以定天下。蚩尤好五兵,故祠祭之求福祥也。"⑦双方开战,用兵前祭神,古称"祃祭"⑧,兵主蚩尤进而成为战争时的祭祀对象,当年汉高祖刘邦起事前即在沛廷祭蚩尤⑨,夺得天下后在长安立蚩尤祠⑩。

---

① 《淮南鸿烈集解》,第 8 页。
② "蚩尤惟始作乱"(黄怀信整理《尚书正义》,上海:上海古籍出版社 2007 年版,第 771 页);"与蚩尤战于涿鹿之野"(王先谦《庄子集解》,北京:中华书局 1987 年版,第 262 页)。
③ 黄怀信、张懋镕等《逸周书汇校集注》,上海:上海古籍出版社 1995 年版,第 781—783 页。
④ 《长沙马王堆汉墓简帛集成·肆》,第 155、159 页。
⑤ "蚩尤作兵,伐黄帝"(袁珂《山海经校注》,上海:上海古籍出版社 1980 年版,第 430 页);"葛卢之山发而出水,金从之,蚩尤受而制之,以作剑、铠、矛、戟"(《管子校注》,第 1355 页)。
⑥ 许慎《五经异义·公羊》,载于陈寿祺撰《五经异议疏证》卷中,清嘉庆刻本。
⑦ 应劭说,《史记·高祖本纪》集解引,第 351 页。
⑧ 《诗经·周颂·桓》:"桓桓武王,保有厥土……于昭于天,皇人问之。"毛序:"桓,讲武类祃也。桓,武志也。"郑玄笺:"类也,祃也,皆师祭也。"孔颖达疏:"谓武王时欲伐殷,陈列六军,讲习武事。又为类祭于上帝,为祃祭于所在之地。治兵祭神,然后伐纣。"毛亨传、郑玄笺、孔颖达等正义《毛诗正义》,清《十三经注疏》本,第 604—605 页。
⑨ 《汉书·郊祀志》,第 1210 页;《史记·封禅书》,第 1378 页;《史记·高祖本纪》,第 350 页;《汉书·高帝纪》,第 10 页。
⑩ 《汉书·郊祀志》,第 1210、1211 页;《史记·封禅书》,第 1378 页。

　　李零解读了兵主纳入八主祭祀系统的原因,指出天地人三者并称和相互关联在战国时期很流行,称为"三才"(也叫"三仪""三极""三元"),就是用天地所代表的自然法则作为人间秩序的终极依据,把天、地、人贯穿起来①。三者的关系当是比照"夫人生于地,悬命于天,天地合气,命之曰人"②,三者之中,人最重,"天地之性(生)人为贵"③。军事是立国治民之本,"国之大事,在祀与戎"④,人道依存于兵道⑤,"兵主"祭战神蚩尤,就是相当祭祀"人主"⑥,是当时政治思想观念的反映。

　　战国时期,在诸侯兼并的态势下,求自保和发展的各国诸侯渴求人才,诸子学说的指向无一不是治国方略,融合他说,以秉持的学术政治思想为基础来构拟新型社会制度,正所谓"百家殊业,皆务于治"⑦。《礼记·王制》与《管子》《吕氏春秋》中的某些篇章,都有将学术思想转化为意识形态的内容。《礼记·王制》以邹衍的九州地理景观为基础,来划定各种社会秩序⑧。《管子》《吕氏春秋》的理论基础是五行论,五行与四时强行配比,力图规划社会活动。《周礼》依据天地和春、夏、秋、冬四时的节律来制订标准,安排社会活动、规定行事内容,后成为王莽改制的蓝图。《周易》是猜测宇宙运行与人事间的互动规律。八主则是在宇宙论、人与自然关系的思想基础上一种新型祭祀体系的创设。

---

① 李零认为汉武帝所立"三一"实质是"天一、地一、人一"(《"三一"考》,载于《中国方术续考》,北京:东方出版社 2000 年版,第 239 页)。

② 张隐庵集注《黄帝内经·素问宝命全形论》,上海:上海科学技术出版社 1959 年版,第 103 页。

③ 唐玄宗注、邢昺疏《孝经注疏》,清《十三经注疏》本,第 2553 页。

④ 《春秋左传注》,第 861 页。

⑤ "庞子问鹖冠子曰:'圣人之道何先?'鹖冠子曰:'先人。'庞子曰:'人道何先?'鹖冠子曰:'先兵。'"见《鹖冠子汇校集注》,第 114—115 页。

⑥ 李零《花间一壶酒》,北京:同心出版社 2005 年版,第 103 页。

⑦ 《淮南鸿烈集解》,第 427 页。

⑧ "凡四海之内九州。州方千里,州建百里之国三十,七十里之国六十,五十里之国百有二十,凡二百一十国。……"见《礼记集解》,第 315 页。

八主祭祀系统不同于中国传统上至为重要的祖先崇拜,祭祀对象不属于人神系统,亦非对某个自然神的单独崇拜。它应是东方思想家经历了血缘分封制毁坏崩塌后的离变之痛,对于人与人所依赖的自然环境之间的关系有了深刻认识,在此思想基础上创造出的神明体系。

商周两代是以血缘制为基础的族群政治发展而来,国家宗教以祭祀祖先为主,祭祀形式在祖先神排序、祭祀时间、地点和祭品等方面,形成了严密完整的制度。周代对血缘制的重视,不仅表现在自己族群的内部,还表现在对外族血缘的追溯和延续上。周代实行以血缘为基础的分封制,周初封国七十一,同姓五十五①,除姬姓外,还有姜齐等异姓亲族所建之国和宋、陈、杞等少数非周人之封国②,目的是"故封建亲戚,以蕃屏周"③。

在血缘关系为主导的宗法制社会中,确定血缘的来龙去脉就等于确认身份、地位、权力的正当与否,祖先祭祀成为权力合法性的最好证明④。分封制公元前11世纪开始,到战国时期已经存在了九百年,血缘纽带关系变得薄弱,诸侯国间攻伐不止,灭国灭宗事件屡有发生,周天子只能维持表面的"天下共主"的象征意义。面对靠血缘关系维持的和谐与秩序坍塌的社会现实,思想界在以血缘关系为基础的祖先祭祀之外寻求新的宗教支持。

在盛行探讨宇宙论的思想背景下,属于时空系统的天地日月四时和物质的阴阳本质属性等哲学概念,不仅成为宇宙构成要素,需要顺应协调,还升格为神明,成为祭祀对象,并强调了以"兵主"所代表的人的地位,生成了强调人与自然关系的新型祭祀体系。

八主祭祀的思想理念与齐国稷下学宫黄老学派最为接近,属于自

---

① 《汉兴以来诸侯王年表》,《史记》,第801页。
② "尧子丹朱,舜子商均,皆有疆土,以奉先祀。"《史记·五帝本纪》,第44页。"周武王克殷纣,求禹之后,得东楼公,封之于杞,是为重封,故亦称夏。"见杨伯峻《春秋左传注》,第33页。
③ 《春秋左传注》,第420页。
④ 葛兆光《中国思想史》第一卷,上海:复旦大学出版社2013年版,第34页。

然类的宇宙观,不认同神创宇宙,有很深的阴阳思想等。虽然不能指认八主祭祀具体的创立者,但可以寻其思想踪迹。马王堆帛书《十六经》中的《观》《道原》与《鹖冠子》中的《度万》所论宇宙生成模式①,《经法》中的《六分》与《鹖冠子》中的《近迭》《泰鸿》中所论人与自然的关系的内容②,基本思想与八主类同,并且《十六经》中的《五正》《正乱》和《鹖冠子》中的《世兵》都有与蚩尤相关的内容③,马王堆帛书中的"黄老言"和《鹖冠子》,是目前发现的与八主思想理念最为接近的著作。

八主的祠祀之地,只有兵主所在区域的历史文化环境不详,文献和考古材料说明余者在秦汉时期之前即为祭祀之地。

八主的每个祭祀地点都邻近城址或居邑,如天主与临淄城、地主与梁父城、阴主与曲城、阳主与三十里堡城、月主与归城、日主与不夜城,考古工作揭示出这些祭祀地点在成为八主祭祀之前就是当地居邑的祭祀地。天主借用了齐国都城临淄城南"天齐"祭祀,梁父为封禅中禅地的地点之一④,沿用为地主。阴主祠、阳主祠均位于邻近陆地的海岛之上,阴主祠邻近曲城,曲城应为当地土著居邑,年代久远⑤,祠祀地三山荒僻孤绝,但采集的遗物中有属于东周时期的。阳主祠祀遗址的具体情况尚不明确,其西南的三十里堡古城从战国时即为大型都邑,是秦汉时期的腄城、汉晋时的牟平⑥,阳主祠所在的芝罘岛上从两周时期就有居邑。月主、日主的祠祀地为沿用早期祭祀地点的特征

---

① 相关内容参见《长沙马王堆汉墓简帛集成·肆》,第 152、189 页;《鹖冠子汇校集注》,第 162—163 页。
② 相关内容参见《长沙马王堆汉墓简帛集成·肆》,第 134 页;《鹖冠子汇校集注》,第 114—117、138—139、227 页。
③ 相关内容参见《长沙马王堆汉墓简帛集成·肆》,第 155、159 页;《鹖冠子汇校集注》,第 272 页。
④ 管仲曰:"古者封泰山禅梁父者七十二家。"(《史记·封禅书》,第 1367 页)
⑤ 沈约《竹书纪年注》卷下:"周成王十四年,秦师(清孙渊如校正本作"齐师")围曲城,克之。"(四部丛刊景明天一阁本)
⑥ 《八主祭祀研究》,第 85 页。

最为明显。月主祠位于莱国都城归城的外城圈内,从莱山山腰位置的月主祠举目东望,中秋之夜的月亮从莱山中部一个陡直的窄缝中冉冉升起,精妙的月相引发了对月亮的崇拜。从采集的遗物分析,战国时期就存在建筑,一直到唐代不断修复重建,秦汉时期作为八主中月主的祭祀地。荣成市成山头地处山东半岛的最东端,海陆相接,岩壁峭立,浪花拍岸,旭日东升之际海鸟祥集。从遗物年代和地理环境分析,虽不能确知是否为祭日场所,但在这个人迹罕至的海岬上采集和发掘到商末周初时期的鬲足和战国时期的陶鼎,推测很早即为祭祀之地,后作为日主祠被纳入八主祠中。八主祭祀的创设者把齐地早已存在的祭祀地点重新排布为八主的祭祀地点。

秦汉时期,国家政治体制否定了血缘制为基础的分封制,实行皇权下郡县二级行政制度。政治体制的变化必然导致国家宗教等意识形态的变化,分封制的瓦解降低了以血缘为纽带的祖先祭祀体系的重要性,以地缘政治为基础的集权政治需要新的宗教体系与之相匹配。在国家宗教的转型期,秦皇汉武实施宽容的宗教政策:"其特点是衔接古今,协同上下,调和东西,折衷南北。如他们对各地原有的宗教和民间的宗教都是采取兼收并蓄,宗教政策上的多元化和相容性。"[1]秦皇汉武利用巡守和封禅来实施对东方的经略,加上对长生不老之术的痴迷,精研天地奥秘和人事废兴、练就了一套政治生存术的东方思想家,成功兜售了他们的宗教思想。

秦汉时期之前,八主祭祀可能只是存留于思想层面。

四、八主祭祀的历史影响

八主祭祀虽然在国家祀典中只存续了秦汉两代,但它的宗教理念

---

[1] 李零《秦汉礼仪中的宗教》,载于《中国方术续考》,第185页。

对中国国家宗教的发展影响深远。从秦皇汉武的国家宗教转型期到汉成帝时期郊祀制的确立,都能看到八主祭祀所代表的东方祭祀传统的影响。

秦汉时期,为寻得与国家政治体制相匹配的宗教政策,前进的道路也是兜兜转转,摸索前行。秦的宗教政策,是在保有和突出秦原有的宗教祭祀外,全面接纳原各诸侯国的山川祭祀,通过对神祇祭祀的专擅来标志对领土的占有。秦以首都咸阳为中心,重新排序山川祠祀,以适应秦统一后的辽阔地域①。西汉初期对秦代的宗教政策全面接受,汉朝皇帝只是随个人经历和兴趣的不同对神祠祭祀偶有调整②。汉武帝时期开始了以太一崇拜为中心的宗教等级化改革,薄忌太一坛、三一坛、甘泉太一坛乃至明堂的设立,均以太一统领五帝,其下为众神③。除明堂制度经王莽改造后保留下来外,汉武帝的等级化神谱只是历史的一瞬,在汉成帝时期的宗教改革中被废止。

东方祭祀传统中,阴阳对等的理念根深蒂固,古老的封禅礼中用禅地来对应封天,这在八主祭祀中得到充分体现,天与地、阴与阳、日与月,阴阳对等的祭祀模式对国家宗教的形式有根本性的影响。武帝从宽舒议正式立汾阴后土祠,宽舒所立太一坛及后来的泰畤,后土的地位提高至与太一或五帝相对应④。八主中强调的以兵主所代表的人主,在皇权集权统治的政治体制中,皇帝的祖先神与诸神并祀,汉武帝按公玉带所献明堂图令奉高县作明堂于汶上。"祠太一、五帝于明堂上

---

① 《史记·封禅书》,第 1371—1372 页。
② 如汉高祖改秦祭祀四帝为五帝、在长安命建蚩尤祠(《史记·封禅书》,第 1378 页);文帝去除移祸之令、设立渭阳五帝庙(《史记·封禅书》,第 1380、1382 页)。
③ 薄忌太一坛、三一坛,见《史记·封禅书》,第 1386 页,亦见于《汉书·郊祀志》,第 1218 页。甘泉太一坛,见《史记·孝武本纪》,第 469 页;《史记·封禅书》,第 1394 页;《汉书·郊祀志》,1230 页。明堂,见《史记·封禅书》,第 1401 页。
④ "(元鼎)四年冬十月,行幸雍,祠五畤。……行自夏阳,东幸汾阴。十一月甲子,立后土祠于汾阴脽上。"(《史记·封禅书》,第 1389 页)太一坛见《史记·封禅书》第 1394 页和《汉书·郊祀志》第 1230 页。

坐,令高皇帝祠坐对之。祠后土于下房。"①宽舒和公玉带都是东方术士,前者是黄锤(腄)史,今龙口、烟台一带的齐人,后者则是济南人。

汉成帝宗教改革废止了各个帝王设立的祭祀对象,对五帝和后土的祭祀不到原地祭祀而是迁至长安,成立以国都为中心南郊祭天、北郊祭地的郊祀制②。阴阳观念体现在对天地祭祀的对应和方位的安排上,四时的观念由祭祀时间来表现,构筑了以君王为中心的微型宇宙论式祭祀体系。此后虽经反复,最终在汉平帝元始五年(公元5)王莽当政时,郊祀制确立下来③,成为在中国延续两千年的国家祭祀体制。

郊祀制是儒家成为国家主流意识形态后,利用和改造了战国晚期以来黄老思想中自然观的宇宙论思想而建立,虽不是由八主祭祀直接发展而来,但建立在共同的宗教理念基础之上。

八主祭祀废止后,其中的某些祭祀对象在汉代新兴祭祀中获得一席之地或地位有所提升,刘邦得天下后在长安立蚩尤祠。"日""月"在秦原有的神祇中只作为天星的成员来祭祀④,在汉武帝构制的神谱甘泉泰一坛中受到隆重对待:"祭日以牛,祭月以羊彘特,太一祝宰则衣紫衣及绣。五帝各如其色,日赤,月白。"⑤"(元鼎四年)十一月辛巳朔旦冬至,昧爽,天子始郊拜泰一。朝朝日,夕夕月。"⑥汉武帝时的亳忌太一坛祭阴阳使者⑦,李零推测与八神中的阴主、阳主有关⑧。汉

---

① 《史记·封禅书》,第1401页。
② 《汉书·成帝纪》,第305页;《汉书·郊祀志》,第1257页。
③ 祭祀地点于永始元年(前16)再迁回原地,于绥和二年(前7)迁回长安,于建平三年(前4)恢复原地,见《汉书·郊祀志》,第1264—1265页。
④ 《汉书·郊祀志》:"雍有日、月、参、辰、南北斗、荧惑、太白、岁星、填星、辰星、二十八宿、风伯、雨师、四海、九臣、十四臣、诸布、诸严、诸逑之属,百有余庙。"(第1206—1207页)
⑤ 《史记·孝武本纪》,第469页。
⑥ 《史记·孝武本纪》,第470页。亦见于《汉书·武帝纪》,第185页。
⑦ 《史记·封禅书》:"后人复有上书,言'古者天子常以春解祠,祠黄帝用一枭破镜……阴阳使者以一牛。'令祠官领之如其方,而祠于忌太一坛旁。"(第1386页。亦见于《汉书·郊祀志》,第1218页)
⑧ 李零《"三一"考》,《中国方术续考》,北京:东方出版社2000年版,第245页。

宣帝又立"日""月"之祠,"京师近县鄠,则有劳谷、五床山、日月、五帝、仙人、玉女祠。"①"天齐"本是齐国原有的祭祀对象,"天齐渊"本为泉水,把它想象为天之腹脐来寓意天下的中心所在。此意念被借用至都城长安,在汉长安城外今人所称七里原上发现以一巨型坑为主体的遗址群,巨型坑之时代、地望、形状及其地名均与史载汉初所修建的"天齐"祠相合,为模仿"天齐"祭祀,挖坑以像天之腹脐来借喻为天下中心②。

八主祭祀虽然在国家祀典中被废止,但八主的祠祀地点依然承担了当地居民的祭祀功能,各自演绎了一段民间宗教发展史,直至今天仍然发挥着作用③。

(作者单位:北京故宫博物院考古部)

---

① 《汉书·郊祀志》,第 1250 页。
② 秦建明、张在明、杨政《陕西发现以汉长安城为中心的西汉南北向超长建筑基线》,《文物》1995 年第 3 期,第 6—8 页。按,原文图一中的"王帝坛"应为"五帝坛"之误。另见,西北大学文化遗产学院、咸阳文物考古研究所《陕西三原县天井岸村汉代礼制建筑遗址调查简报》,《考古与文物》2017 年第 1 期,第 45—51 页。
③ 参见王睿:《山东威海成山头始皇庙庙志》,载于故宫博物院考古部、故宫考古所编:《故宫考古文集》(一),北京:故宫出版社 2020 年版,第 41—61 页。

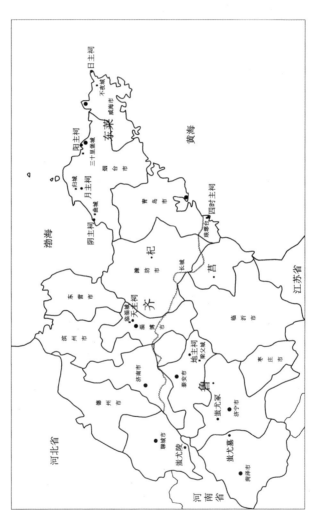

溯源以求真——早期中国的经史之学

图一 八主祠地点分布

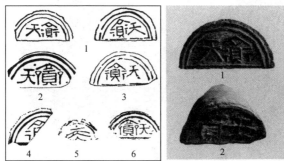
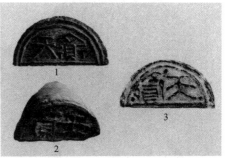

图二　齐国故城临淄等地出土的"天齐"瓦当

（拓片摹本：1. 山东省文物管理处《山东临淄齐故城试掘简报》，《考古》1961 年第6 期，第 296 页，图八，1、2；2. 罗振玉《秦汉瓦当文字》，卷三，页三四，1914 年；3、4. 关野雄《中国考古学研究》，东京大学出版会 1965 年，图版第二十九，21，第一〇二图。5、6. 山东省文物考古研究所《临淄齐故城》，文物出版社，2013 年，第 500 页。照片：1、2. 临淄齐故城博物馆藏，王睿摄；3. 山东青州博物馆藏，青州市博物馆编《青州文明图典》，云南教育出版社，2011 年，52 页。）

图三　阴主祠所在的三山

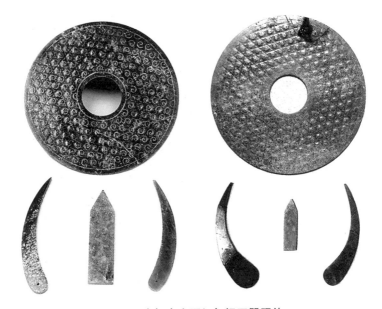

图四　阳主祠出土两组祭祀玉器照片

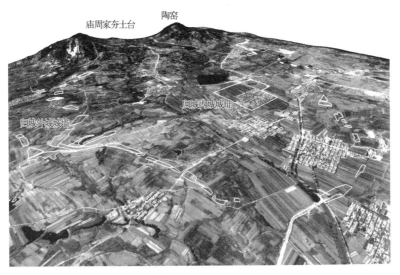

图五　归城内的庙周家夯土台等遗迹位置

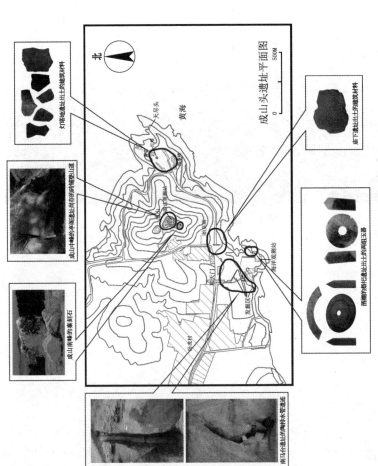

图六 成山头秦汉时期遗迹分布和出土遗物

图七　琅琊台与小台的相对位置

司马迁与《过秦》篇[*]

陈侃理

  司马迁编著《史记》,全文引述贾谊《过秦》篇,有含而未申之义。参考北大汉简《赵正书》等出土文献,可知《过秦》所述史事别有所据,与《史记》多有抵牾。司马迁对这些抵牾之处未加删削,也不像对待一般作品那样将《过秦》篇置入作者的列传,而是收录在抒发己见的"太史公曰"中,有意假借贾谊的文字,写出对武帝晚年政局的批评和重蹈亡秦覆辙的忧虑。这样的表达方式,受到《诗》《书》《春秋》等古代经典的影响,切合当时的历史情境,更与司马迁本人的遭遇和心态紧密联系,体现了《史记》写作中个人化的一面。

---

* 本文为教育部全国优秀博士学位论文作者专项资金资助项目"中国政治文化传统的形成与早期发展研究"(201311)阶段性成果。

《史记》各篇中的"太史公曰",除少部分沿用司马谈旧稿外[1],绝大多数是司马迁自出机杼,一般篇幅不长。但是《秦始皇本纪》《陈涉世家》两篇之末,在"太史公曰"下不惜笔墨地引述贾谊《过秦》篇,洋洋达数千言,作者自己的评论却语焉不详,令人颇感反常。

《秦始皇本纪》称:"善哉乎,贾生推言之也!"贾谊之论深得司马迁的赞赏,但《史记》既已为其立传,并在传中全文收录《吊屈》《鹏鸟》二赋,为何不将《过秦》也置于本传,以表彰贾谊的命世之才呢?不仅如此,《汉书·贾谊传》所收的《治安策》等各篇政论,皆切中汉文帝时的弊病,《史记》却一笔带过,未假片言引述[2]。由此反观司马迁全录《过秦》以当"太史公曰",更觉其中当存深意。

《史记》与所引《过秦》篇所记述和依据的史实颇有出入,东汉以来已时见指摘,而原因何在尚不明了。司马迁为何将《过秦》放在这样一个特殊而重要的位置上,其间有何含而未申之意,还有待思考。现在,通过新出的北京大学藏西汉竹简《赵正书》,以其中所载秦末史事为参照,可以剖析《过秦》篇所述内容与《史记》的抵牾,进而探究《史记》引述《过秦》的微意。其意曲折,其事隐约,但仍然值得尝试探讨。这样做,方能体会司马迁如何写作《史记》,如何在著述中注入个性。

---

① 参看顾颉刚:《司马谈作史》,载于《史林杂识初编》,北京:中华书局 1963 年版,第226—233 页。

② 赵翼《廿二史札记》卷二论"《汉书》多载有用之文",即举《贾谊传》为例,批评《史记》"列其《吊屈赋》《鹏鸟赋》,而《治安策》竟不载"。他说:"此策皆有关治道,经事综物,兼切于当日时势,文帝亦多用其言,何得遗之?"见王树民:《廿二史札记校证》,北京:中华书局 1984 年版,第30 页。

一、《过秦》篇所述史事与《史记》的抵牾

《过秦》篇在《史记》中出现过两次。第一次全文引录于《秦始皇本纪》,第二次见于《陈涉世家》篇末,所引文字自"秦孝公据崤函之固"开始,到"攻守之势异也"为止,相当于今本《贾谊新书》中的《过秦上》篇。第二次引用,稍有疑问,今本《史记·陈涉世家》无"太史公曰"而作"褚先生曰",但南朝旧本仍有作"太史公曰"者,汉唐学者也多主张是司马迁的原文①。无论实情如何,司马迁在"太史公曰"中曾经抄录《过秦》篇全文,终究是不能否定的。这个特殊举动仍值得探讨。

《过秦》篇夹叙夹议,述及秦代史事,有些内容颇为费解,有些记载不同于《史记》,因而受到质疑和批评,贾谊如此记述的缘由则未见其详。这里试举三个例子。

其一,所谓章邯"要市""谋上"。《秦始皇本纪》引《过秦下》篇曰:

> 秦使章邯将而东征,章邯因以三军之众要市于外,以谋其上。②

---

① 《陈涉世家》末之赞语,今本作:"褚先生曰:地形险阻,所以为固也;兵革刑法,所以为治也。犹未足恃也。夫先王以仁义为本,而以固塞文法为枝叶,岂不然哉!"后接"吾闻贾生之称曰"云云,似乎以下《过秦》篇文皆褚少孙所续补。其实不然。"褚少孙曰"下,裴骃《史记集解》引徐广曰:"一作'太史公'。"则刘宋旧本《史记》有作"太史公曰"者。裴骃案语引述班固《奏事》云:"太史迁取贾谊《过秦》上下篇以为《秦始皇本纪》《陈涉世家》下赞文。"可知今本作"褚先生",当非《史记》原貌。司马贞《史记索隐》亦云,褚少孙仅于司马迁所述《过秦》篇文前加入"地形险阻"至"岂不然哉"数句,而改"太史公"为"褚先生"。司马贞说所据未详,或因见《汉书·陈胜项籍列传》末"赞曰"无"地形险阻"等句,而迳引贾谊文,以为褚少孙增补前之旧貌。《汉书》颜师古注引应劭亦曰:"贾生书有《过秦》二篇,言秦之过。此第一篇也。司马迁取以为赞,班固因之。"总之,虽然南朝通行本《史记·陈涉世家》末引《过秦》篇前已作"褚先生曰",但仍有旧本作"太史公曰",且东汉至唐代学者都主张不是褚少孙所新附的。

② 《史记》卷六,北京:中华书局 1982 年版,第 276 页。

司马贞《索隐》云：

> 此评失也。章邯之降，由赵高用事，不信任军将，一则恐诛，二则楚兵既盛，王离见虏，遂以兵降耳。非三军要市于外以求封，明矣。①

案《史记·秦始皇本纪》二世三年条及《项羽本纪》记载，章邯叛降诸侯是因"赵高用事于中"，隔绝内外。章邯战败后遭胡亥责让，却无从上书陈情解释，惧罪恐诛，故而投降项羽。在这个过程中，未见章邯如何要市，又如何"谋上"。司马贞的批评是基于《史记》所载，理由充足，但不能解释贾谊为什么如此论述。

其二，秦公子婴的才具。《秦始皇本纪》引《过秦下》云：

> 藉使子婴有庸主之材，仅得中佐，山东虽乱，秦之地可全而有，宗庙之祀未当绝也。②

贾谊称子婴才能不及庸主，否则可以保全秦国本土。这通议论受到诟病，不晚于东汉中叶。《文选》卷四八载班固《典引》序：

> 臣固言："永平十七年，臣与贾逵、傅毅、杜矩、展隆、郗萌等召诣云龙门，小黄门赵宣持《秦始皇帝本纪》问臣等曰：'太史迁下赞语中宁有非邪？'臣等对曰（李善注：善本无"等"字"曰"字。）：'此赞贾谊《过秦》篇言："向使子婴有庸主之才，仅得中佐，秦之社稷未宜绝也。"此言非是。'即召臣入，问：'本闻此论非邪，将见问，意开寤耶？'臣具对素闻知状。诏因曰：'司马迁著书，成

---

① 《史记》卷六，第 277 页。
② 《史记》卷六，第 276 页。

一家言,扬名后世。至以身陷刑之故,反微文刺讥,贬损当世,非谊士也。'"①

班固及明帝之意,《史记》既然记载子婴设计诱杀赵高,则不能说他没有"庸主之材"。秦亡汉兴,势所必然,已非人力可挽,将秦亡之罪归于子婴,是过于苛责了②。

其三,《过秦》篇中称二世"坏宗庙与民更始作阿房宫"一句,历来未得确解。"民"字下裴骃《集解》引徐广曰:"一无此上五字。"泷川资言《史记会注考证》云,《群书治要》即无此五字,又引中井积德曰:"五字不可解。"③可知《史记》别本确无"坏宗庙与民"五字。究其原因,可能是传抄者以为"坏民"不辞,又未见二世有"坏宗庙"之事,故而删略旧文。梁玉绳也说无五字者"甚是",当以"更始作阿房宫"为句,"谓复作阿房宫也"④。俞樾则读"与民更始"为句,以为应移置前文"二世不行此术"下⑤。案"与民更始",秦汉成语,《汉书·武帝纪》元朔元年春三月甲子立皇后诏曰"其赦天下,与民更始"⑥,《史记·封禅书》载武帝封禅后诏书则有"与士大夫更始"语⑦。俞樾以"与民更始"为句固是,然遂移置他处,则是把"与民更始"视为善政,认为二世不能行此,以致灭亡。这很难说是《过秦》篇的本意。

秦汉篇籍,亡佚者众。贾谊立说,原不以《史记》为据,他所诵读

① 《文选》卷四八班固《典引》序,《日本足利学校藏宋刊明州本六臣注文选》,北京:人民文学出版社2008年版,第749页下。裴骃《史记集解》引徐广录班固《典引》即节录此文,大意略同,见《史记》卷六,第294页。
② 今本《史记》于《秦始皇本纪》后附"孝明皇帝十七年十月十五日乙丑曰",应该就是班固所云汉明帝诏问,与群臣讨论的结果。其中说:"吾读《秦纪》,至于子婴车裂赵高,未尝不健其决,怜其志。婴死生之义备矣。"(《史记》卷六,第293页)盛赞子婴诛杀赵高的决断和志意。案《秦始皇本纪》云"子婴遂刺杀高于斋宫"(《史记》卷六,第275页),未见有车裂事。明帝记忆稍误,或别有所据。
③ 泷川资言:《史记会注考证》卷六,太原:北岳文艺出版社1999年版,第102页。
④ 梁玉绳:《史记志疑》卷五,北京:中华书局1981年版,第193页。
⑤ 俞樾:《诸子平议》卷二七,北京:中华书局1954年版,第544页。
⑥ 《汉书》卷六,北京:中华书局1962年版,第169页。
⑦ 《史记》卷二八,第1398页。

的诸子百家之书,今又多不可见。后人不知贾谊立论所据,而要强行解释或指责《过秦》,都难以切中肯綮。近年获读北京大学所藏西汉竹简《赵正书》,其中记述秦始皇、二世时事,与《史记》所载多有异同。拙文《〈史记〉与〈赵正书〉》已经指出,其书是小说家言,意在讽谏,所载未必皆同史实,但可以反映汉初一部分人所认识的秦代历史①。今执此《赵正书》与《过秦》篇对读,则前文所述疑滞,均可得到解释。

先看第三事。《赵正书》曰:

> 王死胡亥立【16】……因夷其宗族,攘(坏)其社稷,【17】燔其律令及古(故)世之臧(藏)。有(又)欲起属车万乘,以扶(抚)天下,曰:"且与天下更始。"【18】②

文中,"王"谓"秦王赵正",即秦始皇,胡亥即秦二世。《赵正书》中胡亥所谓"且与天下更始",即"与民更始"之意。书中又云胡亥"坏其社稷",可能是"坏宗庙"的讹传。"坏宗庙"事,实已见于《史记》。《秦始皇本纪》载二世元年,下诏"令群臣议尊始皇庙",得出的结果是:

> 先王庙或在西雍,或在咸阳。天子仪当独奉酌祠始皇庙。自襄公已下轶毁,所置凡七庙,群臣以礼进祠。以尊始皇庙为帝者祖庙。③

经此议定,唯独将秦始皇庙确立为统一后称帝者之祖庙,由天子亲祠。称帝以前之襄公以下诸秦君则称先王,仅保存七庙④,其余全部毁废。

---

① 陈侃理:《〈史记〉与〈赵正书〉——历史记忆的战争》,载于日本中国史学会编:《中国史学》第 26 卷,京都:朋友书店 2016 年版,第 25—37 页。
② 北京大学出土文献研究所编:《北京大学藏西汉竹书(叁)》,上海:上海古籍出版社 2015 年版,第 193 页。
③《史记》卷六,第 266 页。
④ 所存七庙应是献公至庄襄王。若秦始皇庙也计算在七数之内,则二世时所存先王庙为孝公至庄襄王六庙。

所存之庙也不再由天子亲祠，仅令群臣有司奉祀①。这就是贾谊所谓的"坏宗庙"。可作旁证的，还有湖南益阳兔子山遗址 9 号井出土秦二世元年十月甲午诏书木牍②，其文曰：

> 天下失始皇帝，皆遽恐悲哀甚。朕奉遗诏，今宗庙吏及著以明至治大功德者具矣，律令当除定者毕矣。元年，与黔首更始，尽为解除故罪，令皆已下矣。

即位元年的诏书提到"宗庙吏""具矣"，可证二世对宗庙制度颇为在意。秦始皇"更名'民'曰'黔首'"，则诏书"与黔首更始"即是"与民更始"，也是《赵正书》"与天下更始"一语的来源。胡亥自云"与黔首更始"，意在改元大赦，厘定制度，自我作古，以为可以安集天下。贾谊所说的"与民更始"，则是批评二世背弃传统，反而加重了秦的无道。

由《赵正书》及秦二世元年诏可知，贾谊《过秦》篇中所论确实别有所据。其余如章邯、子婴事，也可参读《赵正书》而得以解明。

《赵正书》载胡亥欲杀李斯，子婴进谏：

> 今将军张（章）邯兵居外，卒士劳古（苦），委输不给，外毋（无）適（敌）而内有争【47】臣之志。故曰危。【48】

子婴称，章邯将兵在外，"内有争臣之志"，对君主而言是危险的③。

---

① 参看李开元：《秦始皇第一次巡游到西县告庙祭祖说——兼及秦统一后的庙制改革》，《秦汉研究》第 10 辑，2016 年，第 14—16 页。
② 木牍照片及录文见湖南省文物考古研究所、益阳市文物处：《湖南益阳兔子山遗址九号井发掘简报》，载于《文物》2016 年第 5 期。
③ "争臣"后来也写作"诤臣"，指直言敢谏，能驳斥君王的大臣，多作褒词。在秦汉之际的某些语境中，却并非如此。《韩非子·说疑》曰："若夫关龙逢、王子比干、随季梁、陈泄冶、楚申胥、吴子胥，此六人者，皆疾争强谏以胜其君……如此臣者，先古圣王皆不能忍也，当今之时，将安用之？"（周勋初等：《韩非子校注（修订本）》，南京：凤凰出版社 2009 年版，第 491—492 页）大意是，争臣要求主上言听计从，不惜以死相争，自古为王者所不容。

《赵正书》中章邯与胡亥志意不同,有心谏争,且手握倾国之兵,因而对国君构成威胁。"要市""谋上"之说,或即由此类传闻引申夸大而成①。在《赵正书》中,章邯的"争臣之志"最终引发举兵内向,诛杀赵高,其文云:

> 将军张(章)邯入夷其国,杀高。【49】②

据此,则赵高之死与子婴无关。贾谊的立论如果是基于这类记事,班固和汉明帝的批评就不能说得其要领了。

《赵正书》旨在证明君主应虚心听谏,记载史事未必准确;贾谊论秦政之失,以为当世镜鉴,本意也不在考史求实。《史记》"整齐百家杂语","成一家之言",应当对贾谊所论稍加考辨删节。但司马迁却全文抄录《过秦》,以致《秦始皇本纪》一篇之内前后抵牾,原因何在,发人深思。

按照《史记》和后来纪传体史书的一般体例,纪、传、表、志的正文免不了因袭旧有的文献资料,但篇末的论赞则应自出机杼,是作者发挥己见、臧否人物、表达史观、展现才志的"自留地"③。至于书中所记人物的私家著作,则通常收录在本传中予以表彰。贾谊的《过秦》篇

---

① 北京大学历史学系博士生卜司晨同学提示,《史记·主父偃列传》载主父偃上书谏用兵匈奴曰:"乃使边境之民弊靡愁苦而有离心,将吏相疑而外市,故尉佗、章邯得以成其私也。"所云"外市"与《过秦》篇中的"要市于外"用语接近,或许有渊源关系。案,此语意为章邯拥兵自重,与外人交易,成其私利。《集解》引张晏曰"与外国交,求利己,若章邯之比",认为章邯的"外市"也是里通外国。这与司马贞对《过秦》篇"要市于外"的解释不同,而符合《史记》记载的章邯降楚。主父偃此语所依据的历史记载究竟如何,还未敢遽定。目前仍感到,通过《赵正书》的记事来理解《过秦》篇所谓的"外市",尚较顺畅。今两存异说,以备考证。
② 北京大学出土文献研究所编:《北京大学藏西汉竹书(叁)》,第193页。
③ 《宋书·范晔传》载晔"狱中与诸甥侄书"有一段很著名的话:"赞自是吾文之杰思,殆无一字空设,奇变不穷,同含异体,乃自不知所以称之。"(《宋书》卷六九,北京:中华书局1974年版,第1831页)可以说明史传论赞的作用。关于论赞的内容、功能和流变,参看逯耀东:《抑郁与超越:司马迁与汉武帝时代》,北京:三联书店2008年版,第265—293页。

不入《史记》本传，却被司马迁用来代替自己的赞语，取舍、构思不同寻常，也值得从两方面来细究其故。

二、《屈贾列传》不录《过秦》篇的原因

司马迁将贾谊与屈原合传，题为《屈原贾生列传》。二人皆以文辞著名，合为一篇，形似后世史书中的文苑"类传"。但细读《史记》文，不难看出二人之中屈是主角，贾属"附见"。《太史公自序》最能体现这一意图，其中概述本篇要旨，说："作辞以讽谏，连类以争义，《离骚》有之。作《屈原贾生列传》第二十四。"①篇名以外无一字提及贾谊。传中叙屈原事毕后，说"自屈原沈汨罗后百有余年，汉有贾生，为长沙王太傅，过湘水，投书以吊屈原"②，作为转而叙述贾谊事的过渡。按其文意，可知贾谊入传是由于写作《吊屈赋》。传末的"太史公曰"也以屈原引出贾谊：

> 余读《离骚》《天问》《招魂》《哀郢》，悲其志。适长沙，观屈原所自沉渊，未尝不垂涕，想见其为人。及见贾生吊之，又怪屈原以彼其材，游诸侯，何国不容，而自令若是。读《鹏鸟赋》，同死生，轻去就，又爽然自失矣。③

前数句都在描述自己阅读屈原作品、凭吊遗迹的感受，贾谊则作为理解屈原的异世相知而出现。最后一句看似专注到贾谊的作品，可"又爽然自失"云云，显然仍是承接前文对屈原的情感而引发的。

这样解读司马迁《屈原贾生列传》的安排，不是说他有意贬低贾

---

① 《史记》卷一三〇，第3314页。
② 《史记》卷八四，第2491页。
③ 《史记》卷八四，第2503页。

谊。实际上,这篇传记中的屈原和贾谊都包含着司马迁自身生命和感情的投射。"太史公曰"和篇中对屈原充满同情的赞美,又说屈原死后宋玉、唐勒、景差之徒"从容辞令,终莫敢直谏",而"楚日以削",最终"为秦所灭"。这些文字古今交融,隐约蕴含褒贬,不是简单的直书其事。

在感情上说,屈原、贾谊的经历和著述都与司马迁的晚境联系紧密。司马迁在天汉三年(前98)受宫刑之后,反而得到重用,官至中书令,职掌机要。《报任安书》提到任安批评他不能"推贤进士",可知司马迁在当时人眼中,已经俨然是武帝身边能够影响人事任用的亲信"红人"①。司马迁自己却并没有这样的感受。相反,他背负着双重的精神痛苦,一面是含冤受刑而不能不苟活的屈辱,一面是不满于武帝政策却无法表达的抑郁。

至于司马迁受刑事,钱穆便有精彩的推论。他认为,司马迁为李陵辩护,所犯是诬罔今上的死罪,司马迁"家贫,货赂不足以赎死"②,但为了完成父亲遗志,又不能轻易去死,只得根据当时"死罪欲腐者,许之"的条制,接受宫刑③。这个选择有悖于士大夫宁死不辱的气节观,一定给司马迁带来了巨大的舆论压力和心理创伤。《报任安书》反复探讨自己的选择,解释为何不能就死免辱,说"人情莫不贪生恶死",而自己"虽怯耎欲苟活,亦颇识去就之分矣",又说"人固有一死,死有重于泰山,或轻于鸿毛"。所言种种,既是自我辩白,也都在表达纠结徘徊于生死去就之间的心迹。正因如此,写到屈原不容于浊世而毅然赴死,司马迁称赞其志可与日月争光;贾谊的《鵩鸟赋》"同死生,轻去就",却又让他"爽然自失",不知何所适从。

---

① 以下所引《报任安书》,见《汉书》卷六二《司马迁传》,第2725—2736页。

② 《汉书·萧望之传》(第3278页)载,汉武帝"天汉四年,常使死罪人入五十万钱减死罪一等";《汉书·景武昭宣元成功臣表》(第661页)记太始三年,有列侯赵弟犯法当死,"入钱百万赎死,而完为城旦"。以上两条材料可以反映汉武帝时赎死的条件。百万钱相当于黄金百斤,在汉文帝时是中人十家之产。无论是五十万还是百万钱,对司马迁来说都应是一笔巨款。

③ 钱穆:《太史公考释》,《中国学术思想史论丛》(三),北京:三联书店2009年版,第25—30页。

总之,《屈贾列传》中充满司马迁对个人生命的忧思。这种忧思如此强烈,以至于屈原、贾谊到底有何政治言论,提出何种政治主张,反而不太容纳得下了。

由于《屈贾列传》个人色彩太强,《汉书·贾谊传》的赞语一反常态,舍弃"太史公曰",全盘改作:

> 刘向称:"贾谊言三代与秦治乱之意,其论甚美,通达国体,虽古之伊、管未能远过也。使时见用,功化必盛。为庸臣所害,甚可悼痛。"追观孝文玄默躬行以移风俗,谊之所陈略施行矣。及欲改定制度,以汉为土德,色上黄,数用五,及欲试属国,施五饵三表以系单于,其术固以疏矣。谊亦天年早终,虽不至公卿,未为不遇也。凡所著述五十八篇,掇其切于世事者著于传云。①

这段话主要关注贾谊的政治主张,认为其中一部分已由汉文帝采用,另一部分本就疏阔不堪。至于贾谊的命运,则被认为算不上怀才不遇,无须同情。《汉书·叙传》概括《贾谊传》主旨②,同样集中在他的政治主张。基于这样的态度,班固为《贾谊传》增补大量文字,节录贾谊著述中与政治大事关系密切的内容,这才有了著名的《治安策》③。《汉书》赞语多沿用"太史公曰",此处别树一帜,正说明班、马立意的差异。

三、《史记》引述《过秦》的隐约微意

最后要来讨论,"太史公曰"长篇引述《过秦》,究竟是何用意。这

---

① 《汉书》卷四八,第2265页。
② 《汉书》卷一〇〇下,第4252页。
③ 关于《治安策》与贾谊著述的关系,参看余嘉锡:《四库提要辨证》卷一〇"新书"条,北京:中华书局1980年版,第546—548页。

里先提出我的结论：司马迁引用《过秦》篇，是借贾谊之语来批评武帝政治，表达循此不改将重现亡秦之祸的隐忧。

《史记》的"太史公曰"主要包含两方面内容，一是对历史事件、人物的评论，二是补充说明材料的来源和处理方法①。两者都是作者个人思想、意图的表达。在这块宝贵的"自留地"引用他人之辞，必定是因为前人说出了己之所思。具体到这里，则是司马迁借由贾谊，表达自己不能直白说出的刺讥和忧虑。

《史记》有不能直书之意，委婉地隐含在文中，这是司马迁明白道出的。《太史公自序》说："夫《诗》《书》隐约者，欲遂其志之思也。"②而武帝当朝之事，是尤其需要"隐约"的。《匈奴列传》末太史公曰：

> 孔氏著《春秋》，隐、桓之间则章，至定、哀之际则微，为其切当世之文而罔褒，忌讳之辞也。③

司马迁说孔子著作《春秋》，对于自己生活的定公、哀公时代，表达最为隐微，不能不有所"忌讳"。司马迁的"定、哀之际"，就是武帝时代。逯耀东以匈奴问题为例，指出司马迁写作时既要顾及现实政治的压力，又受到个人因素（因李陵事件卷入匈奴问题）的限制，只能通过隐约、委婉、曲折的写作手法来化解困境。这种方法也用到了处理当代的其他问题上④。

东汉明帝因此批评《史记》"微文刺讥，贬损当世"⑤，其后多有以《史记》为"谤书"之说。章学诚则力排众议，认定司马迁本旨远过于

---

① 参看逯耀东《抑郁与超越：司马迁与汉武帝时代》，第 277—286 页。
② 《史记》卷一三〇，第 3300 页。
③ 《史记》卷一一〇，第 2919 页。
④ 逯耀东《抑郁与超越：司马迁与汉武帝时代》，第 207—234 页。
⑤ 《文选》卷四八班固《典引》序，《日本足利学校藏宋刊明州本六臣注文选》，第 749 页下。

此,不能因"发愤"云云,将其用意归结于诽谤今上①。章氏矫旧说之枉,值得称道,然而对司马迁心迹的理解似仍未达一间。逯耀东同样着力否定"谤书"说,但承认司马迁"惟有在'隐约'前提下,才能避免现实政治的限制"。这种限制,使得《史记》书中不能不存有"未竟之意",留待"后世圣人君子"探究②。那些"未竟之意",自然包含着对当世的批评和忧虑,不容于威权和流俗,因而难以直书。

司马迁在《史记》中对当世政治的批评时而有踪迹可寻。比如,《封禅书》述鬼神之事,常用"盖""若""云云"等语,若有若无,最后说天子"冀遇其真","然其效可睹矣",暗示武帝迷信方士的虚妄③;《平准书》以卜式上言"亨弘羊,天乃雨"作结,表达了对武帝任用桑弘羊管制经济的不满;《历书》不载太初改历的结果,仅在最末附载与新历迥异的《历术甲子篇》,以示不服④。而在武帝晚年,司马迁亲历而难以言说的最大问题是穷兵黩武、不施仁义,最让他担忧的则是"群盗"蜂起,其中会不会出现一个汉朝的陈胜?

汉朝与匈奴、西域的长期战争消耗严重,在武帝后期触发了社会危机。《汉书·西域传》称"是时军旅连出,师行三十二年,海内虚耗"。《武帝纪》载天汉二年秋,"泰山、琅邪群盗徐勃等阻山攻城,道路不通,遣直指使者暴胜之等衣绣衣杖斧分部逐捕"⑤。《酷吏咸宣传》中有一段话对更加全面地描述了当时全国的形势:

> 是时郡守尉诸侯相二千石欲为治者,大抵尽效王温舒等,而

---

① 说见章学诚:《文史通义》卷三《史德》,叶瑛:《文史通义校注》,北京:中华书局1994年版,第221—222页。
② 参看逯耀东《抑郁与超越:司马迁与汉武帝时代》,第316—326页。
③ 参看逯耀东《抑郁与超越:司马迁与汉武帝时代》,第164页。
④ 张文虎云:"疑此即史公与壶遂等初受诏改历时所定也……史公(于邓平等所定太初新历)心有不善焉,特以诏用平术,不敢执旧法以争,故于《历书》存此篇以见意。"见张文虎:《舒艺室随笔》卷四"历术甲子篇"条,北京:朝华出版社2017年版,第239—240页。
⑤ 《汉书》卷六,第204页。

> 吏民益轻犯法，盗贼滋起。南阳有梅免、百政，楚有段中、杜少，齐有徐勃，燕赵之间有坚卢、范主之属。大群至数千人，擅自号，攻城邑，取库兵，释死罪，缚辱郡守都尉，杀二千石，为檄告县趋具食；小群以百数，掠卤乡里者不可称数。[1]

司马光称，汉武帝"有亡秦之失而免亡秦之祸"[2]。从结果看，经过武帝晚年和昭、宣时期的政策调整，这次社会危机最终平息下去，没有给汉王朝带来灭顶之灾。但对当时人而言，这样的结局并不是早早就能预见的。

汉武帝时期，"群盗"规模大都不过数千人，没有形成全国性组织，今天看来并未造成历史的大转折。但应该记得，秦末陈胜、吴广起兵于大泽乡之时，人数也不过数百。贾谊《过秦》篇中有一段脍炙人口的名言：

> 然而陈涉瓮牖绳枢之子，甿隶之人，而迁徙之徒也；材能不及中人，非有仲尼、墨翟之贤，陶朱、猗顿之富也；蹑足行伍之间，俯仰仟佰之中，率罢散之卒，将数百之众，转而攻秦，斩木为兵，揭竿为旗。天下云会响应，赢粮而景从。山东豪俊遂并起而亡秦族矣。[3]

陈胜的队伍，从领导者的才能到规模和武器装备，无一可以称道。谁料"一夫作难而七庙堕"，秦竟因之而亡国。武帝晚年那些大至数千、小以百数的"群盗"中，怎能断定没有一二陈胜之流？《过秦》篇中，秦始皇南取百越，北却匈奴，与汉武帝的功业何其相似；"仁义不施，而攻守之势异也"一句总结秦亡原因，恰好也可以作为汉武帝的前车之鉴。

汉武帝晚年专断和猜忌。司马迁受刑以后，已是惊弓之鸟，尽管

---

① 《汉书》卷九〇，第3662页。
② 司马光：《资治通鉴》，北京：中华书局1956年版，卷二二汉武帝后元二年二月条"臣光曰"，第748页。
③ 《史记》卷四八《陈涉世家》，第1964页。

意在为汉立言①，也终究不能再冒诬君冈上之嫌，直抒胸臆。我推测，抄录《过秦》篇，借贾谊之笔道出心曲，是他"隐约以遂其志"的策略之一。司马迁对《过秦》中史事的违误不做删修，以示全出贾生，未加己意。他并不希望时人轻易看透心曲，罗织成罪，而是要"藏之名山，传之其人"②，托付于后世知相。这样做当然于事无补，但对作者而言，多少可以纾解内心的郁积，差可自慰也罢。

此前，小文《〈史记〉与〈赵正书〉》曾探讨《史记》的取材和编纂，说明《史记》的内容受所据资料制约，加之作者限于自己的身份、思想和时代，在不同的历史记忆间选取和剪裁，结果往往反映出西汉中期的"主流"观念。这是《史记》中因于时代、不由自主的部分，反映出一种"无意识"。本文的讨论，则侧重在作者与其时代之间的张力。杰出的作者不甘心做时代之因，不满足于在历史的主潮中随波逐流。他们总会希冀在古代的经典和近代的论说中寻觅资源，探求跃出时代牢笼的可能。这是思想者有意识的活动，其努力固然艰难异常，其踪迹往往草蛇灰线，隐而不彰。远离作者及其时代的读者，不得不留心细绎，才有可能一窥吉光片羽。

诚然，《史记》的隐约微意，若非起作者于地下，终究难以证实。但若因此而弃之不顾，又未免辜负司马迁"俟后世圣人君子"的苦心孤诣。小文的探索曲折艰险，所论不敢自以为必是。其间疑义，愿读《史记》同好潜研深思，共相与析。

2017 年 9 月 20 日初稿

2018 年 5 月 24 日再改

（作者单位：北京大学中国古代史研究中心、出土文献与中国古代文明协同创新中心）

---

① 说见陈苏镇：《司马迁"成一家之言"新解》，载于北京大学中国古代史研究中心编：《田余庆先生九十华诞颂寿论文集》，北京：中华书局 2014 年版，第 56 页。

② 《汉书》卷六二《司马迁传》载《报任安书》文，第 2735 页。

"诡辞"以见义
——论《太史公自序》的书写策略

程苏东

　　司马迁通过一系列特别的书写策略,将恢国、致孝、继圣与发愤这四种表达意图同时注入《太史公自序》之中,这当中既包括对《国语·楚语》《孝经》等援据文献的微妙改写,也包括对"五百年"这一神秘数字的刻意渲染,在与壶遂的对话中呈现出的前后矛盾,以及对《春秋》《吕氏春秋》《孤愤》等文本生成背景的时空重塑。这一书写方式源于《春秋》公羊学所强调的"诡辞"以见义的表现方式,对于这一书写策略的梳理,有利于我们进一步理解《太史公自序》,乃至《史记》全书的立场与语言风格。

《太史公自序》历来是《史记》评点与研究者看重的篇目,围绕其篇章结构、行文体例、史料真伪及其所见司马迁家族背景、个人经历、著述动机、思想倾向等问题展开的研究甚为全面①,而 20 世纪以来高步瀛、来新夏等学者先后为该序加以笺证、讲疏②,更为我们研读此序廓清了诸多疑惑。不过,如同多数经典文本一样,《太史公自序》的问题似乎是言说不尽的。作为一篇题名为"自序"的文本,序文何以不采用第一人称的写法,而是以"太史公"这种第三人称的方式进行叙述? 这里的"太史公"究竟是对父亲的尊称? 是出自后人改笔? 还是司马迁有意为之? 与司马迁在多数传记中表现出的流畅、贯通的叙事风格不同,《太史公自序》颇存前后重复、矛盾、割裂之处,至有学者认为今本《自序》系由两篇文本拼接而成③。至于序文对于《春秋》《国语》《孙子兵法》《吕氏春秋》等成书时间、背景的描述,则梁玉绳在《史记志疑》中已据《史记》本传逐一加以辨误④。此外,如果将《自序》与其所援据的《国语》《孝经》等文本作细致比对,可以发现序文不乏重要的删改,有的已经改变了其原始材料的意旨。作为提挈全

---

① 相关研究可参(清)程余庆:《历代名家评注史记集说》,西安:三秦出版社 2011 年版,第 1477—1497 页;张新科等主编:《史记研究资料萃编》,西安:三秦出版社 2011 年版,第 684—688 页。

② 高步瀛:《史记太史公自序笺证》,载于《女师大学术季刊》,第 1 期(1930 年);来新夏:《太史公自序讲义》,载于《中国典籍与文化论丛》第 15 辑(2013 年),第 135—189 页。

③ (清)方苞:《又书太史公自序后》,《方苞集》卷二《读子史》,上海:上海古籍出版社 1983 年版,第 60 页;梅显懋:《〈史记·太史公自序〉中当有东方朔代撰〈序略〉考论》,载于《古籍整理研究学刊》2013 年第 2 期,第 1—6 页。

④ (清)梁玉绳:《史记志疑》卷三六,北京:中华书局 1981 年版,第 1472 页。

书的纲领,这些文本现象究竟是后人改窜所致①,还是司马迁本人的疏漏,抑或是他有意为之的"谲辞"②,这显然关系到我们对《史记》书写立场和语言风格的把握。事实上,对于《史记》的阅读者而言,如何界定这一文本的性质是常常引起学界争议的问题,甚至"太史公书"与"史记"的不同题名,本身已经揭示出《史记》的生成与传播、书写意趣与"期待视野"(horizon of expectation)之间的微妙差异③。《史记》经历了司马氏父子两代人数十年的酝酿与修撰,期间二人命运也发生了巨大的变化,这一切都使得《史记》的撰述动机显然不可简单归为一体。此外,尽管私家著述之风在战国中后期已然开启,但在秦汉帝国的文化制度与舆论氛围中,私人书写仍然是一种颇具风险而易招谤的行为,更何况是对于"国史"的书写。司马迁将如何为其著述赢得合法性,这也是值得关注的问题。总之,《自序》内部及其与传记、书表之间的差异显示出司马氏对于国家、历史、圣统、家族、个人等多个问题复杂甚至矛盾的看法,在汉帝国的文化氛围中,司马迁将如何在《自序》中塑造《史记》的文化价值,他又是从何处借鉴这种书写方式,这些即是本文尝试讨论的问题。

一、"世典周史":史官家族的
自我认知与塑造

司马迁在《自序》的第一部分着重叙述了其"世典周史"的家族传

---

① 此说崔适推举最力,可参氏著:《史记探源》卷八,北京:中华书局 1986 年版,第224—229 页。

② 李笠:《史记订补》卷八,民国十三年(1924)瑞安李氏刻本。

③ 可参李纪祥:《〈史记〉之"家言"与"史书"性质论》,《史记五论》,台北:文津出版社2007 年版,第 93—107 页。

统，这使得其著述行为常被置于这一背景中进行理解①。不过，王国维、徐朔方等通过对周、汉职官制度的考察已经指出②，周代"太史"的核心职能本非史策的撰述，西汉官制中的"太史令"也无著史之责，甚至后代负责国史撰修的职务在西汉根本尚未产生③，因此，《史记》并非官修史书，而是一部典型的私人著述④，所谓"司马氏世典周史"不是一般的事实陈述，而是司马氏父子对于其家族传统的一种自我认知，是司马迁为其撰述动机确立的第一个立足点。但问题在于，一方面，先秦以来文献中有关"司马"一职的记述似乎从来与书写事务毫无关联；另一方面，就《自序》而言，除了其父司马谈以外，司马迁也无法举出哪怕一位曾经典史的家族祖先。显然，无论这一说法是否有据，对于司马迁来说，其真正掌握的可以佐证此说的史料是非常有限的。在这样的情势下，司马迁为何仍反复强调其史官家族的身份，他又如何在"文献不足征"的情况下实现这种身份塑造，则是我们感兴趣的问题。《自序》中相关叙述如下：

> 昔在颛顼，命南正重以司天，火正黎以司地。唐虞之际，绍重、黎之后，使复典之，至于夏商，故重黎氏世序天地。其在周，程伯休甫其后也。当周宣王时，失其守而为司马氏。司马氏世典周史。惠襄之间，司马氏去周适晋。晋中军随会奔秦，而司马氏入少梁。自司马氏去周适晋，分散，或在卫，或在赵，或在秦。其在

---

① 可参《史通·外篇·史官建置》，(唐) 刘知几著、(清) 浦起龙通释：《史通通释》卷一一，上海：上海古籍出版社 2009 年版，第 284 页；(唐) 司马贞：《补史记序》，《史记》，北京：中华书局 2013 年版，第 4019 页。

② 王国维：《太史公行年考》，《观堂集林》卷一一，《王国维全集·第八卷》，浙江教育出版社、广东教育出版社 2009 年版，第 331 页；徐朔方：《司马迁不是史官，也不是世袭史官的后嗣》，《史汉论稿》，南京：江苏古籍出版社 1984 年版，第 76 页；亦可参李纪祥：《〈太史公书〉由"子"之"史"考》，《史记五论》，第 8—14 页。

③ 朱希祖：《史官名称议》，《中国史学通论 史馆论议》，北京：中华书局 2012 年版，第 180 页。

④ 可参钱穆：《太史公考释》，《中国学术思想史论丛(三)》，北京：三联书店 2009 年版，第 32 页。

卫者,相中山。在赵者,以传剑论显,蒯聩其后也。在秦者名错,与张仪争论,于是惠王使错将伐蜀,遂拔,因而守之。错孙靳,事武安君白起。而少梁更名曰夏阳。靳与武安君坑赵长平军,还而与之俱赐死杜邮,葬于华池。靳孙昌,昌为秦主铁官,当始皇之时。蒯聩玄孙卬为武信君将而徇朝歌。诸侯之相王,王卬于殷。汉之伐楚,卬归汉,以其地为河内郡。昌生无泽,无泽为汉市长。无泽生喜,喜为五大夫,卒,皆葬高门。喜生谈,谈为太史公。①

这段材料显然分为两个部分,以"司马氏世典周史"为界,前一部分主要援据《国语·楚语》,又见于《史记·历书》②,属于战国秦汉时期流传较广的公共性史料。通过下文的论述可以知道,这种直溯至五帝的族源叙述属于春秋、战国时期流行的古史重构的一部分,本身并非可靠的谱牒文献;后一部分则是距离司马迁时代较近的家族史料,应当具有一定的私密性和较强的可靠性。这两段叙述在时间上存在较大的跨度,前者彰显出家族辉煌的早期历史,但重点皆在司马氏命氏之前,到西周中后期命氏之后反而变得笼统模糊,甚至不能举出哪怕一个具体的人物。后者则详细可靠,但在时间上已入战国后期,二者之间的时间空当显示出司马迁掌握的这份家族谱牒显然已经无法追溯到其命氏之初,包括司马谈在内,入汉以后的司马氏族人对于家族早期历史的记忆显然已经非常有限,因此不得不依赖于《楚语》中观射父的一段叙述,而这段叙述原本非但不是为了梳理司马氏的家族源流而作,甚至叙述者对其家族祖先的部分行为还颇加揶揄。对于特别强调史料的可靠性,同时着意渲染其史官家族辉煌传统的司马迁来说,这种文本取材上的拮据感是可以想见的。不过,无奈于近世可考的家族祖先担任的均是与书写事务毫无关联的军职或其他低级事务

---

① 《史记》卷一三〇《太史公自序》,北京:中华书局 2013 年版,第 3961—3962 页。
② 《史记》卷二六《历书》,第 1495—1496 页。

性职官,《楚语》中的这段材料仍成为司马迁塑造其家族文化传统的唯一依据:

> 昭王问于观射父,曰:"《周书》所谓重、黎实使天地不通者何也?若无然,民将能登天乎?"对曰:"非此之谓也。古者民神不杂。民之精爽不携贰者……在男曰觋,在女曰巫。……于是乎有天地神民类物之官,是谓五官,各司其序,不相乱也。……及少皞之衰也,九黎乱德,民神杂糅,不可方物。夫人作享,家为巫史,无有要质。民匮于祀,而不知其福。烝享无度,民神同位。民渎齐盟,无有严威。神狎民则,不蠲其为。嘉生不降,无物以享。祸灾荐臻,莫尽其气。颛顼受之,乃命南正重司天以属神,命火正黎司地以属民,使复旧常,无相侵渎,是谓绝地天通。其后三苗复九黎之德,尧复育重、黎之后不忘旧者,使复典之。以至于夏、商,故重、黎氏世叙天地,而别其分主者也。其在周,程伯休父其后也,当宣王时,失其官守而为司马氏。宠神其祖,以取威于民,曰:'重寔上天,黎寔下地。'遭世之乱,而莫之能御也。不然,夫天地成而不变,何比之有?"①

观射父的整段论述旨在解释《周书·吕刑》"乃命重、黎,绝地天通,罔有降格"句,核心目的则是为了消除楚昭王对于"民能登天"的困惑。观射父的论述围绕"民神不杂"这一主线展开,在上古时期,具有神性的巫祝事务与人间的民政事务由不同的职官分别掌理,这一传统随着九黎乱德而崩坏,所谓"民神杂糅",不仅狎污之人玷染神职,普通的民政事务也与巫祝祷祠纠缠不清。正是基于这一乱象,颛顼乃重新确立了"政教分离"的管理体制,由重典天官而掌神务,由黎任地

---

① (清) 徐元诰:《国语集解·楚语下第十八》,北京: 中华书局 2009 年版,第 512—516 页。

官而掌民事,这就是所谓的"绝地天通"。但这一传统在三苗之乱中再度衰绝,直至以尧舜为代表的华夏中央政权重新建立,这一制度才得以恢复。可以说,如何处理"民神"关系,成为区分华夏与蛮夷的一个重要标志,而"各司其序""无相侵渎""别其分主"等正是观射父对华夏政治传统最精要的概括。

在论述了"绝地天通"的实际内涵后,观射父又对昭王所谓"民能登天"之说的产生过程进行了梳理,正是在这一语境中,司马氏作为这一"谣言"的始作俑者被提及,所谓"重寔上天,黎寔下地"之说不过是失其官守后的司马氏为了自神其祖而编造的神话。值得注意的是,在观射父的语境中,司马氏出自重氏还是黎氏本无关紧要,因此他在叙述中也未言及,但对于援用这段材料的司马迁而言,司马氏的族源实为最关键的问题。《自序》引司马谈之说,以为其家族"自上世尝显功名于虞夏,典天官事",而司马迁在叙述中也呼应了观射父所谓"民神不杂"的政治传统:"太史公既掌天官,不治民"。显然在《自序》的叙事逻辑中,司马氏家族只能源出司天的重氏一支,而非司民的黎氏一支,对此司马氏父子亦应有自觉的认知。但在《自序》对于《国语》的援引中,我们却看到司马迁似乎有意模糊重、黎二氏分掌天、地的职务划分,在观射父的叙述中颇为关键的"无相侵渎""别其分主"两句均被删去,而《史记·天官书》在梳理"昔之传天数者"时也一反《国语》之文,明确将"重、黎"二氏并举①。司马贞《史记索隐》认为这是司马迁有意为之:

> 重司天而黎司地,是代序天地也。据《左氏》,重是少昊之子,黎乃颛顼之胤,二氏二正,所出各别,而史迁意欲合二氏为一,故总云"在周,程伯休甫其后",非也。然后按彪之序及干宝皆云司马氏,黎之后是也,今总称伯休甫是重黎之后者,凡言地即举

---

① 《史记》卷二七《天官书》,第 1594 页。

天,称黎则兼重,自是相对之文,其实二官亦通职。然休甫则黎之后也,亦是太史公欲以史为己任,故言先代天官,所以兼称重耳。①

所谓司马氏为黎氏之后的说法始见于司马彪《续汉书·天文志》:"司马谈,谈子迁,以世黎氏之后,为太史令。"②这一说法颇为可怪,"以世黎氏之后,为太史令"的说法似乎显示"世黎氏之后"与"为太史令"之间存在某种因果关系,但前文已言,即便司马氏父子担任太史令与其家族早期守官有某种关联,这种关联也应当指向司天的重氏,《续汉书》的说法显然是无法成立的。实际上,司马迁在叙述其族姓起源时只能援据《国语·楚语》这样的语类文献,难以想象到司马彪、干宝的时代会有新的文献来证明司马氏实为黎氏之后。因此,司马迁合言重、黎的做法应非明知其源出黎氏而攀附重氏,而是对于司马氏究竟出于重、黎之中的哪一支根本无法确定。按照司马谈"司马氏世主天官"的说法,司马氏只能源出重氏,但司马迁无法在缺少文献依据的情况下妄造族史,如此,在叙述中有意模糊重、黎二支官守的写法也就成为司马迁近乎唯一的选择了。

那么,司马迁何以特别强调其史官家族的传统呢?我们认为,这需要将其置于秦汉时期文本书写的历史背景中加以理解。学者在讨论《史记》中"太史公曰"的体例时,常感到"太史公"这一尊称似非司马迁本人声吻,故不少学者认为除《太史公自序》中以"太史公"尊称司马谈者以外,其余指司马迁本人的"太史公曰"都是东方朔、杨恽或褚少孙所补③,但一方面这些说法大多晚出,且在《史记》的行文中也

① 《史记》卷一三〇《太史公自序》司马贞《索引》,第 3961—3962 页。
② 《后汉书》志十,北京:中华书局 1980 年版,第 3214 页。
③ 桓谭以为"太史公"之题署出自东方朔,韦昭认为《史记》之称"太史公"者为杨恽所加,方苞则认为"太史公"为褚少孙所补。《史记》卷一二《孝武本纪》引裴骃《集解》、司马贞《索隐》,第 581 页;(清)方苞:《又书太史公自序后》,《方苞集》卷二《读子史》,上海:上海古籍出版社 1983 年版,第 60 页。

颇存反例,此钱大昕、王国维、朱希祖、钱穆等均已考定者①,另一方面更忽略了西汉前期私人著述这一行为所面临的压力。笔者在《书写文化的新变与士人文学的兴起》一文中曾经梳理过先秦时期从以宫廷为中心的公共书写到私学中的"语录"书写②,再到士人个体著述的发展历程。在这一过程中,私人著述的萌发处于一种紧张的文化氛围之中,其压力一方面来源于以官方为中心的公共书写传统——孟子在描述孔子作《春秋》时已经提出所谓"《春秋》,天子之事"的问题③,传统的书写属于国家行政管理体制的一部分,无论是各种数据、信息的记录与保存,还是高级贵族言行的记录编辑,抑或国家史事的整理,以及诏册、训诰、盟誓等仪式性文本的书写,都是王权政治的重要实现方式。在这种背景之下,不仅私人著述缺少其政治上的合法性,在实际的文本复制与流通过程中也缺乏相应的渠道。另一方面,由于孔子倡导"述而不作",这也在儒家传统中塑造出了"慎言""不作"的文化气氛,孟子对于"好辩"的自我开解,荀子在《正名》篇中对于"辩说"之必要性的反复申述④,实际上都意在塑造个人言说与书写的合法性。这种文化气氛在战国后期曾一度松弛,一方面王权已无力限制私人著述的展开,另一方面诸子学派的兴盛也为私人著述的传播提供了便利的渠道,但这一传统在秦帝国保守的文化管理制度下再度受到打击,而汉初"尊儒""尊孔"的一系列行为也重新加强了孔子"述而不作"的文化影响力,这一点在东汉王充的《论衡·对作》中仍然有鲜明的

---

① (清)钱大昕:《与友人书》,《潜研堂文集》卷三三,上海:上海古籍出版社 1989 年版,第 608—609 页;王国维:《太史公行年考》,《观堂集林》卷一一,《王国维全集·第八卷》,第 331 页;朱希祖:《太史公解》,《中国史学通论 史馆论议》,第 60—65 页;钱穆:《太史公考释》,《中国学术思想史论丛(三)》,第 31—32 页。

② 可参拙文《书写文化的新变与士人文学的兴起——以〈春秋〉及其早期阐释为中心》,载于《中国社会科学》,2018 年第 6 期,第 137—143 页。

③ (清)焦循:《孟子正义》卷一三《滕文公下》,北京:中华书局 1987 年版,第 446—461 页。

④ (清)王先谦:《荀子集解》卷一六《正名》,北京:中华书局 1988 年版,第 422 页。

体现："圣人作,贤者述,以贤而作者,非也。"①"作"是圣人的特权,自贤人以下只有阐述圣经的权力,没有独立书写的权力,而为了给自己的著述赢得合法性,王充一方面强调其书是"论"而非"作",另一方面则采用两种比附的方式来阐明其书写并非妄作,一是将其比附为解经之章句,即所谓"祖经章句之说,先师奇说之类",二则是将其比附为官方文书:"上书奏记,陈列便宜,皆欲辅政。今作书者,犹上书奏记,文成手中,其实一也。"②由于官方文书具有毋庸置疑的书写合法性,因此,通过将私人论著比附于官书,王充试图为其个人著述赢得生机。

了解了秦汉时期的这种文化政策与氛围,我们对于司马迁特别强调其"史官家族"的背景,及其在叙述中反复强调职官与书写之间的关系就有了新的理解角度。除了在整个文本书写中均使用"太史公"这一职衔发声以外,《自序》还多次提及职官与著述之间的关系:

> 余为太史而弗论载,废天下之史文,余甚惧焉!
> 主上明圣而德不布闻,有司之过也。且余尝掌其官,废明圣盛德不载,灭功臣世家贤大夫之业不述,堕先人所言,罪莫大焉!
> 百年之间,天下遗文古事靡不毕集太史公。③

这里司马迁特别使用了"有司之过"这一说法,强调其职务与著述之间的密切联系,而"天下遗文古事靡不毕集太史公"的说法也进一步强化了其整理、著述的必要性和迫切性,尽管这一说法本身也是一种夸张与自饰。此外,在"书"的部分,《天官书》也一反《礼书》《封禅书》等书表均以事类命名的通例,将其塑造为一种职务性的书写。这些"官书化"的自我形塑某种程度上也可以被视作早期私人著述对于

---

① 黄晖:《论衡校释》卷二九《对作篇》,北京:中华书局1990年版,第1180页。
② 黄晖:《论衡校释》卷二九《对作篇》,第1181、1182页。
③《史记》卷一三〇《太史公自序》,第3973、3977、3998页。

传统宫廷文本的一种模仿——对于《史记》的书写来说尤其如此,毕竟与诸子论说不同,《史记》并非司马迁的个人议论,而是关于国家历史的一种叙述,毫无疑问将介入国家意识形态的形塑。因此,尽管撰写史书并非"太史令"的职守,但司马迁却有意借助这一身份为其著述赢得合法性。

事实上,在司马迁之前的文本书写历史中,似乎从未出现所谓"自序"的体例①。作为一种旨在贯通全书的文章体式,"序"显然是在"书"这一文本层级初步建立起来之后才得以出现的,其目的在于将主题各异、体裁不同、甚至原本独立流传的"篇"整合为有机的统一体。这种文体在春秋晚期至战国时期出现,最初的代表便是相传出自孔子的《书序》《序卦》等,王充《论衡·须颂》言:

> 问说《书》者:"'钦明文思'以下,谁所言也?"曰:"'篇家也。''篇家谁也?''孔子也。'然则孔子鸿笔之人也。'自卫反鲁,然后乐正,《雅》《颂》各得其所也。'"鸿笔之奋,盖斯时也。……②

这里王充所谓"篇家",应是指缀篇成书之人,即言孔子作《书序》正有连缀诸篇而成一书之意。《书序》共百篇,这一数目本身也具有一定的象征性,显示《书序》确实是伴随《书》文本的整理而出现的。不过,《书序》《诗序》《序卦》等都是后人对前人典籍整理时所加,真正具有"自序"性质的文本似始于《吕氏春秋·序意》,若将其与《太史公自序》相比,可以看出两个文本之间具有一个重要的共同点,那就是二者均以第三人称的方式进行书写:在《吕氏春秋·序意》中,著述者始

---

① 关于司马迁之前书序的历史,可参车行健:《从司马迁〈史记·太史公自序〉看"汉代书序"的体制——以"作者自序"为中心》,载于《中国文哲研究集刊》,第 17 期(2009年),第 265—268 页。

② 黄晖:《论衡校释》卷二〇《须颂篇》,第 847 页。

终是"文信侯"而非"我",除了直接引语以外,两篇序言都完全不见任何第一人称的口吻,而这种"他者化"的自序书写方式在两汉文本中十分普遍,例如《淮南鸿烈·要略》中的"刘氏"、《汉书·叙传》中的"班固"、《论衡·自纪》中的"王充",这些序言的书写者似乎都有意将自己与文本中的言说主体加以区分。更进一步,《史记》中"太史公曰"的体例显然受到《左传》中"君子曰"的影响,而在后代的文化语境中,一个书写者自称为"君子"似乎也显得不够谦逊,但在《左传》的书写时代,如果不是借助于"君子"之口,书写者本人又将以何种身份、姿态参与到文本的表达之中呢?简言之,在战国秦汉的文化环境中,"作者"虽然已经出现①,但在当时的文化语境中仍然不具有足够的合法性,"作者"尚不具有足够的自信在其私人著述中以"我"的名义陈述己见,从"君子"到"太史公",事实上都是书写者塑造的一种面具,是早期私人著述"公共化"的一种尝试。

司马谈在遗嘱中特别强调汉武帝封禅的历史性意义——"今天子接千岁之统,封泰山"——显示出其对于汉朝恢宏帝业的期许,而司马迁在回应壶遂质疑时,也再次强调了其所处历史时代的特殊性:"获符瑞,封禅,改正朔,易服色,受命于穆清,泽流罔极,海外殊俗,重译款塞,请来献见者,不可胜道。"在这样的认知中,《史记》的撰述也就不仅是所谓"有司"的日常职守,更是以文本的形式成就大汉盛世的必要途径,用王充《论衡》中的概念,是可谓"恢国"②。总之,《自序》对于司马氏史官家族传统的塑造,既展现了《史记》撰述的合法性,更凸显出这一行为与新兴帝国的建立之间的内在联系,正是在这个意义上,《史记》才有可能在正统史学观念建立之后被追溯为"正史"之祖。

---

① 可参拙文《也谈战国秦汉时期"作者"问题的出现》,载于《文艺评论》2017年第8期,第4—10页。

② 黄晖:《论衡校释》卷一九《恢国篇》,第824页。

二、"扬名于后世"：书以致孝

在论述了"恢国"的著述理想之后，司马迁又借助于其父的临终嘱托引出了《史记》著述的又一意旨，那就是关于"致孝"的问题：

> 且夫孝始于事亲，中于事君，终于立身。扬名于后世，以显父母，此孝之大者。夫天下称诵周公，言其能论歌文武之德，宣周邵之风，达太王王季之思虑，爰及公刘，以尊后稷也。①

这段话显然化用自《孝经》中的两章：

> 子曰：夫孝，德之本也，教之所由生也。复坐，吾语汝。身体发肤，受之父母，不敢毁伤，孝之始也；立身行道，扬名于后世，以显父母，孝之终也。夫孝，始于事亲，中于事君，终于立身。(《孝经·开宗明义章第一》)
> 子曰：天地之性人为贵。人之行莫大于孝，孝莫大于严父，严父莫大于配天，则周公其人也。昔者周公郊祀后稷以配天，宗祀文王于明堂以配上帝。是以四海之内各以其职来祭，夫圣人之德又何以加于孝乎？(《孝经·圣治章第九》)②

《自序》中"且夫孝"至"孝之大者"系直接援据《孝经·开宗明义章》，强调"扬名"为孝之大者，这一点也是《孝经》的核心立意之一——"孝"不仅体现为对于父母的赡养与顺从，更体现为人子自我

---

① 《史记》卷一三〇《太史公自序》，第 3973 页。
② 《孝经注疏》，上海：上海古籍出版社 2009 年版，卷一，第 3—5 页；卷五，第 43—44 页。

价值的实现,只有真正实现自我价值,名垂千古,使父母显扬于后世,才是最大的"孝"德。这里对于"孝"的理解显然已经较传统基于家庭内部伦理的"孝德"有了明显的拓宽,反映出《孝经》试图以"孝"统摄整个儒学义理的一种尝试。关于这一问题,《孝经·广扬名章》也有进一步论述:"君子之事亲孝,故忠可移于君;事兄悌,故顺可移于长;居家理,故治可移于官。是以行成于内,而名立于后世矣。"①通过将"孝德"与"忠""顺"的勾连,不仅"孝"成为贯穿家国天下的一体化道德,忠臣孝子也可由此获得不朽的名声,而《圣治章》则具体举出周公的例子来论证"立身行道"与"孝"之间的密切关系。我们注意到,如果说《金縢》塑造出周公作为武王之弟的"悌"德的话,那么,在《孝经》以外的战国秦汉文献中,几乎没有以"周公"为"孝子"的论述,甚至有关周公与文王之间父子关系的记述也非常有限,在儒家圣人谱系之中最具"孝"德者,历来非虞舜莫属,但《孝经》恰恰推周公为至孝,显然其对于"孝"的理解与传统孝道有所不同,这就是所谓"严父莫大于配天"的命题。《孝经》认为,由于周公建立起一整套礼乐祭祀制度,并在其郊祀、宗祀制度中以始祖后稷配天,以父亲文王配上帝,其父、祖由此获得至高无上的尊荣,而周公也就自然成为至孝之典范。类似的说法又见于《礼记·中庸》:

> 子曰:武王、周公,其达孝矣乎!夫孝者善继人之志,善述人之事者也。春秋修其祖庙,陈其宗器,设其裳衣,荐其时食。宗庙之礼,所以序昭穆也;序爵,所以辨贵贱也;序事,所以辨贤也;旅酬下为上,所以逮贱也;燕毛,所以序齿也。践其位,行其礼,奏其乐,敬其所尊,爱其所亲,事死如事生,事亡如事存,孝之至也。郊社之礼,所以事上帝也;宗庙之礼,所以祀乎其先也。明乎郊社之

---

① 《孝经注疏》卷七,第 69 页。

礼,禘尝之义,治国其如示诸掌乎!①

　　这段论述虽然没有提及"严父",但其通过将礼乐祭祀与"孝"相勾连,从而论证"孝治天下"这一观念的思路则与《孝经》如出一辙,汉儒平当在解释《孝经·圣治》时即将《中庸》的这段论述加以融会,以为:"夫孝子善述人之志。周公既成文武之业而制作礼乐,修严父配天之事,知文王不欲以子临父,故推而序之上,极于后稷而以配天。"②总之,《中庸》与《孝经》对于周公"孝"德的塑造均立足于他建立礼乐祭祀制度的伟业。

　　有趣的是,《自序》在化用《孝经》文本时,一方面沿用其以"周公"为孝德典范的叙述,但其对于周公孝德的具体论述却与《孝经》大为不同。司马谈避而不谈《孝经》中强调的"严父莫大于配天",转而强调周公"歌文武之德,宣周邵之风,达太王、王季之思虑,爰及公刘,以尊后稷"的成就。从"文武之德""周邵之风"等说法可知,这里司马谈所言显然是围绕《诗经》展开的,郑玄《诗谱序》曾经勾勒出《诗经》"正经"所见周人早期历史:

　　　　周自后稷播种百谷,黎民阻饥,兹时乃粒,自传于此名也。陶唐之末,中叶公刘,亦世修其业,以明民共财。至于大王、王季,克堪顾天,文武之德,光熙前绪,以集大命于厥身,遂及天下父母,使民有政有居。其时《诗》,风有《周南》《召南》,雅有《鹿鸣》《文王》之属。及成王、周公致大平,制礼作乐,而有颂声兴焉,盛之至也。本之由此风雅而来,故皆录之,谓之诗之正经。③

从后稷到公刘、太王、王季,再到文、武之德,以及"《周南》《召南》",

---

① 《礼记正义》卷五二,《十三经注疏》,北京:中华书局1980年版,第1629页上栏。
② 《汉书》卷七一《平当传》,北京:中华书局1962年版,第3049页。
③ 《毛诗正义·诗谱序》,《十三经注疏》,第262—263页。

郑玄所言周人先公先王谱系与司马谈所言惊人一致,原因正在于二者都是基于《生民》《公刘》《绵》《皇矣》《文王》《下武》以及《周南》《召南》等一系列诗篇勾勒而成的。由于周公被视为"制礼作乐"之人,这里的"作乐"自然也包括了《诗》文本的最初编定,因此,司马谈完成了对于周公"孝之大者"的论证,而周公的"孝德"也就从《中庸》《孝经》中的"制礼"变为这里的"歌诗",究其实而言,也就是"著述"。这样一来,对于司马迁而言,"著述"不仅是实现其"史官家族"传统的义务,更是其身为人子成就孝德的必由之路了。总之,这段论说看似只是对《孝经》的援用,但实际上却蕴含了精妙的文本改造策略,值得关注。

此外,这里司马谈特别提到"扬名"的问题。章学诚和余嘉锡在论及战国之前无私家著述时,都涉及著述以"显名"的问题①,二者对此均持批评性的态度,认为战国以前士人并无显名的观念,因此在著述中也并无题名之俗,至汉人始欲借著述以显名,故私家著述于是蜂起,而骋词臆说之弊亦由此而生。不过,我们注意到,《左传》中已经有"太上有立德,其次有立功,最下有立言"的说法②,此所谓"立"者,正是立其名于后世也,可见至晚在春秋时期,已经出现了借言说以显名的观念,而据笔者管见,明确提出"著述"以"显名"者,似乎正是《史记》。司马迁述及孔子"作《春秋》"的心理动机时,特别强调其对于"没世而名不称"的忧虑:

> 子曰:"弗乎弗乎,君子病没世而名不称焉。吾道不行矣,吾何以自见于后世哉?"乃因史记作《春秋》……③

---

① (清)章学诚著、叶瑛校注:《文史通义校注·言公下》,北京:中华书局1985年版,第194页;余嘉锡:《古书通例》卷一《案著录第一》,《目录学发微 古书通例》,北京:中华书局2009年版,第201页。
② 《春秋左传正义》卷三五,《十三经注疏》,第1979页中栏。
③ 《史记》卷四七《孔子世家》,第2340页。

我们知道,《孟子》《公羊传》《春秋繁露》等战国、汉初文献都曾言及孔子"作《春秋》"的动机问题,其中惧乱世而作《春秋》、"道穷"而作《春秋》均是流传较广的说法,但在司马迁的叙述中,"作《春秋》"又与"显名"联系起来。事实上,孔子"没世而名不称"的感叹见于《论语·卫灵公》,并无具体语境,而司马迁将其置于孔子晚年撰述《春秋》之际,这显然是有意进一步丰富孔子作《春秋》的动机。类似的叙述又见于《伯夷列传》,但系从反面切入:

> "君子疾没世而名不称焉。"贾子曰:"贪夫徇财,烈士徇名,夸者死权,众庶冯生。""同明相照,同类相求。""云从龙,风从虎,圣人作而万物睹。"伯夷、叔齐虽贤,得夫子而名益彰。颜渊虽笃学,附骥尾而行益显。岩穴之士,趣舍有时若此,类名堙灭而不称,悲夫!闾巷之人,欲砥行立名者,非附青云之士,恶能施于后世哉?①

孔子关于"称名"的话在这里再次被援据,而司马迁由此揭示出一个令人颇感悲剧的事实:尽管伯夷、叔齐、颜渊等穷士高洁自守,但这些都不足以让他们名垂千古,真正让他们得以显名的,是他们得到了孔子的称许。而更进一步,孔子的称许之所以被后人所铭记,除了因为他圣人的身份,也是因为这些言语被弟子所记录、整理,传于后世。司马迁由此认识到著述与显名之间的密切关系,而这一点在王充《论衡·书解》中同样有所体现:

> 周公制礼乐,名垂而不灭;孔子作《春秋》,闻传而不绝。周公、孔子,难以论言。汉世文章之徒,陆贾、司马迁、刘子政、杨子云,其材能若奇,其称不由人。世传《诗》家鲁申公、《书》家千乘欧阳、公孙,不遭太史公,世人不闻。夫以业自显,孰与须人乃显?

---

① 《史记》卷六一《伯夷列传》,第 2574 页。

夫能纪百人。孰与廧能显其名？①

司马迁与王充对于"显名"的热衷，符合汉代士人文化的基本特点。而通过对于《孝经》的改造，《自序》成功地将"著述"与"扬名"、进而与"孝"结合起来，在这一逻辑关系中，"著述"不仅是司马迁对于他热衷国史的父亲未竟事业的继承，甚至也成了普遍意义上的孝子对于其父祖、家族应尽的一种义务，是人子致孝的一种重要方式。可以想象，在注重孝德的汉代，这样的论述无疑将进一步为司马迁的著述行为赢得合法性。

三、"唯唯否否"：难言的圣统

《太史公自序》对于"继圣"的书写同样令人印象深刻。边家珍认为司马迁在叙述其早期经历时已经显示出对于孔子的比附②，"厄困鄱、薛、彭城"的叙述很容易让读者联想起孔子"厄于陈蔡"的著名经历，有关这一问题的明确阐述，见于其父子对"五百年"这一特殊时间节点的关注中。在序文中，这一话题首先由司马谈引出：

> 幽厉之后，王道缺，礼乐衰，孔子修旧起废，论《诗》《书》，作《春秋》，则学者至今则之。自获麟以来四百有余岁，而诸侯相兼，史记放绝。③

这与其前文关于"扬名于后世"的论述看起来稍显脱节，话题又

① 黄晖：《论衡校释》卷二八《书解篇》，第1151—1152页。
② 边家珍：《论司马迁〈史记〉创作与〈春秋〉学之关系》，载于《浙江学刊》2014年第1期，第89页。
③ 《史记》卷一三〇《太史公自序》，第3973页。

回到了其史官家族的著史传统中。这里司马谈提到"自获麟以来四百有余岁"的说法，而裴骃已经指出，从西狩获麟的哀公十四年（BC481）至司马谈去世的元封元年（BC110），实际上仅隔三百七十一年①，司马谈精于天算，显然不可能犯如此低级的算术错误，这里的"四百有余岁"显然是有意牵合所谓的天数"五百"。而仅仅过了三年，在太初改历这个特殊的时间点上，司马迁又以复述的口吻再次援引父亲的遗嘱，而在言及孔子至今的年岁时，司马迁再次作了微妙的调整：

> 太史公曰："先人有言：'自周公卒五百岁而有孔子。孔子卒后至于今五百岁，有能绍明世，正《易》传，继《春秋》，本《诗》、《书》、礼、乐之际？'"②

与前文相比，司马迁将计时的起始点改为孔子去世之年，这就比获麟又晚了两年，当公元前479年，而司马迁说这句话的时间点是太初元年（BC104），二者相隔375年，仍然远远不足所谓"五百"之数。但正如崔适所言，这是"所谓断章取义，不必以实数求也"③。司马迁在《天官书》中说道："夫天运，三十岁一小变，百年中变，五百载大变……为国者必贵三五。"④既然《史记》的撰述在时间上被置于孔子没后五百岁这一特殊的时间节点上，司马迁对于其著述动机的描述也就由司马谈本人所强调的"史记放绝"进一步提升为"绍明世，正《易》传，继《春秋》，本《诗》、《书》、礼、乐之际"。我们知道，司马谈的儒学背景主要来自杨何《易》学，其对于《春秋》似无专门研习，而司马迁本人受到董仲舒《春秋》公羊学的深刻影响，因此司马氏父子对于孔子"作《春秋》"之文化内涵的认知应是相当不同的。我们不清楚司马迁

---

① 《史记》卷一三〇《太史公自序》裴骃集解，第3973页。
② 《史记》卷一三〇《太史公自序》，第3974页。
③ （清）崔适：《史记探源》卷八，第226页。
④ 《史记》卷二七《天官书》，第1595页。

是否有意保留其父本人遗嘱与其复述之间的差异，故此不避重复，先后两次援引这段话，但从他最终呈现的文本来看，显然司马谈只是希望司马迁继承孔子"著史"的传统，而司马迁则将这种鼓励进一步提升为对于孔子"六艺"之学的全面继承，而这一点在他与壶遂的对话中得到了明确体现。

壶遂虽然实有其人，但《自序》中"太史公"与"壶遂"的这段对话在形式上颇具有赋体的意味，壶遂具有挑战性的提问与司马迁洋洋洒洒的回应，与汉赋中典型的问对形式非常相似，而这段问对中最精彩的笔法出现于"唯唯否否"这一节。关于此处的"唯唯"，晋灼解释为"谦应也"，也就是表示接受，但钱锺书先生认为，这里的"谦应"实为虚应，所谓"不欲遥否其说，姑以'唯'先之，聊减峻损之语气"①，来新夏先生用其说②。但"唯唯"在《史记》及汉代文献中所见颇多，均表示应承之意，除《自序》以外，并无承接"否否"的用例，而在战国秦汉文献中表示否定的用例中，也没有见到先以"唯唯"加以虚应者，钱氏所举郭象注、《儒林外史》文例则与西汉相隔悬远，恐不足为据。结合整段问对，笔者认为，《自序》的这种写法并非为了显出司马迁对于壶遂的"礼貌"，相反是为了塑造太史公在听到壶遂提问后的一种尴尬与窘迫。在"不然"之后的回护之词中，我们看到至少有两处表述令人困惑，其一是所谓"《春秋》采善贬恶，推三代之德，褒周室，非独刺讥而已也"，《春秋》固然不仅只有讥刺，但无论是公羊学，还是穀梁学、左氏学，都找不到所谓"褒周室"的文例，以司马迁本人最为熟悉的公羊学而言，《春秋》本有新周、王鲁之意，故其所褒者，或为霸主而能代王行仁义之事，或为亲鲁、尊鲁之与国，司马迁所谓"褒周室"之说无法在公羊学中找到依据，反倒是"上无明天子，下无贤方伯"的说法屡见于《公羊传》，而《史记·孔子世家》在概括《春秋》大义时也明

---

① 钱锺书：《管锥编》，北京：中华书局1986年版，第1册，第393页。
② 来新夏：《太史公自序讲义》，载于《中国典籍与文化论丛》第15辑（2013年），第159页。

确称"推此类以绳当世。贬损之义"①。其二则是所谓"君比之于《春秋》,谬矣"一句,据上文可知,将《史记》与《春秋》相比、有所谓"继《春秋》"之说者原本不是壶遂而正是太史公本人,而《自序》述其作《十二诸侯年表》之旨时亦云:"幽厉之后,周室衰微,诸侯专政,《春秋》有所不纪;而谱牒经略,五霸更盛衰,欲睹周世相先后之意,作《十二诸侯年表》第二。"②作年表以补《春秋》所未纪者,这不正是"继《春秋》"的体现吗? 因此,这里司马迁对于《春秋》的切割与其上文对于《春秋》大义滔滔不绝的陈述形成了鲜明的反差,颇让人忍俊不禁。在这样的问对中,太史公显得唐突、窘迫,甚至略显圆滑,但值得思考的是,这一切恰恰是司马迁刻意呈现出来的③。

孔子、《春秋》对于《史记》具有全面的影响,司马迁在《自序》篇末谈到这部书的读者——"俟后世圣人君子",似乎他并不希求当世的知音,而将这种期待指向后世,这显然是受到《公羊传·哀公十四年》传文的影响:"制《春秋》之义,以俟后圣。"④而从《史记》全书的结构来看,无论是"十二本纪"与"春秋十二公"之间的刻意比附,还是在"十二本纪"的框架下对于《项羽本纪》《吕后本纪》的设计,乃至《陈涉世家》《孔子世家》的体例安排,以及全书记事截止时间点的设定("至于麟止"),都只有在"继《春秋》"这一意旨之下才可以得到理解:司马迁显然不是简单的陈述历史、编撰史文⑤,他将著述理解为一种高度个人化的行为——就如同孔子作《春秋》而"子夏之徒不能赞一辞"⑥,无

---

① 《史记》卷四七《孔子世家》,第 2340 页。
② 《史记》卷一三〇《太史公自序》,第 3981—3982 页。
③ 可参陈正宏:《史记精读》,上海:复旦大学出版社 2005 年版,第 214 页。
④ 《春秋公羊传注疏》卷二八,《十三经注疏》,第 2354 页中栏。
⑤ 刘知几即对司马迁《项羽本纪》《陈涉世家》等的设置颇存质疑:"项羽僭盗而死,未得为君,求之于古,则齐无知、卫州吁之类也。安得讳其名字,呼之曰王者乎? ……诸侯而称本纪,求名责实,再三乖谬。""世家之为义也,岂不以开国承家,世代相续? 至如陈胜起自群盗,称王六月而死,子孙不嗣,社稷靡闻,无世可传,无家可宅,而以世家为称,岂当然乎? 夫史之篇目,皆迁所创,岂以自我作故,而名实无准。"(唐)刘知几著、(清)浦起龙通释:《史通通释》卷二,第 34、38 页。
⑥ 《史记》卷四七《孔子世家》,第 2341 页。

论这一文本最终给他带来声誉还是毁谤，这都是完全反应司马迁个人历史观、价值观的文本。在壶遂的逼问下，司马迁最终又回到了其父亲所言的"恢国"主题，但学者已经指出，这不过是"惧谤"之辞①。事实上，汉初士人还常常处在对于"圣人"的怀想之中，但在儒家所塑造的"圣人"谱系中，圣人的出现同时也意味着巨大的危机与变革，身处帝国盛世，这样的变革显然是讳莫如深的话题，因此，"圣统"虽令人神往，但在现实制度中已经成为禁脔。《自序》用一种自我揶揄的方式巧妙地揭示出西汉初期士人对于这一问题的矛盾心态，着实令人玩味。

四、"发愤之所为作"

随着太史公与壶遂问对的结束，司马迁已经完整地介绍了其文本撰述的基本意图，尽管"恢国"与"继圣"是存在矛盾的一对立意，但通过时间上的先后安排，以及"太史公曰"与"壶遂"之间的问对，司马迁将二者巧妙地并置于文本之中。"恢国"是文本合法性的来源，而"继圣"则成为作者"欲盖弥彰"的内心向往②，在这之后，"于是论次其文"的叙述显示序文对于书写动机的记述至此将告一段落了。但令人意外的是，就是在《史记》的编撰过程中，司马迁遭遇了人生中最大的困境，促使他再次为《自序》注入一种特别的表达诉求——一种"郁结"后的愤怒。《自序》中最初提到这种情绪是在司马谈临死之前——"发愤且卒"——当然，司马迁在那里并未将其与"著述"结合起来，而在经历宫刑之辱后，司马迁对于"著述"的功能又有了另一番理解，他再次列举了一系列的经典文本，包括《诗》《书》《易》《春秋》四经，以及《离骚》《国语》《孙子兵法》《吕氏春秋》《韩非子》五种个人

---

① （清）程余庆：《历代名家评注史记集说》，第 1483 页。
② "欲盖弥彰"系来新夏先生语，见来新夏：《太史公自序讲义》，第 158 页。

著述。而在这里，司马迁再次展现出其不同寻常的书写策略，与前文称"伏羲至纯厚，作《易》八卦。尧舜之盛，《尚书》载之，礼乐作焉。汤武之隆，诗人歌之。《春秋》采善贬恶，推三代之德，褒周室"不同，这些经典被赋予了另一番面貌："夫《诗》《书》隐约者，欲遂其志之思也。昔西伯拘羑里，演《周易》；孔子厄陈蔡，作《春秋》……《诗》三百篇，大抵贤圣发愤之所为作也。"关于圣贤"发愤"作诗，《自序》在述及《鲁周公世家》之旨时言："依之违之，周公绥之；愤发文德，天下和之。"①这里的"愤发文德"似是《金滕》篇所载周公被谤而作《鸱鸮》之事，而汉代《诗》学中流行的"美刺"说也的确将大量风、雅诗视为讥刺之作②。不过，学者也注意到，除了《离骚》以外，这里司马迁对于几部个人著述成书时间的记述与其在相关人物本传中所言有所不同，对此梁玉绳在《史记志疑》中已一一驳正③，但正如李笠所言："此以困扼著书之意运事连类，多属诡辞。如左丘失明，不韦迁蜀，韩非囚秦，皆以意匠为之，非实录也。"④高步瀛、来新夏均赞同其说。显然，又见于《报任安书》的这段叙述并非司马迁的无意疏漏，而是他尝试通过一种个性化的叙述方式来重新塑造"书写"的文化内涵。这一点学者已有深入论述，本文不再赘论。

五、结　语

《太史公自序》以时间为序结构全篇，通过十年的跨度将恢国、致

---

① 《史记》卷一三〇《太史公自序》，第 3986 页。

② 此说亦与《史记·孔子世家》中"删诗"之说略合："及至孔子，去其重，取可施于礼义，上采契后稷，中述殷周之盛，至幽厉之缺，始于衽席。"《史记》卷四七，第 2333 页。关于汉代《诗》学的"美刺说"，可参张毅：《说"美刺"——兼谈鲁、齐、韩、毛四家诗之异同》，载于《南开学报》，2002 年第 6 期，第 65—71 页。

③ （清）梁玉绳：《史记志疑》卷三六，北京：中华书局 1981 年版，第 1470 页。

④ 李笠：《史记订补》卷八，民国十三年瑞安李氏刻本。

孝、继圣与发愤这四种完全不同的著述意图串联在一起，在这四个部分，司马迁选择了完全不同的叙述方式，但其共同点则是对于既有文献或史事高度个人化的运用，而这一点也与《史记》全书的书写风格相一致。《史记》中虽然有大量的"依赖性文本"（高本汉语），但这些文本同样丰富、精彩地体现出司马迁的书写艺术与个人魅力，这也给我们带来一个问题——司马迁为何敢于如此大胆地剪裁史料，甚至不惜牺牲史料的真实性来达成其表达诉求呢？考虑到司马迁著述的文化背景，笔者认为这与其所受《春秋》公羊学的影响有关。与传统的史策书写强调"直书"不同，在战国以来关于"孔子作《春秋》"一事的阐释中，逐渐发展出一种看重书写者个人表达意图的路向。在《孟子》论及孔子与《春秋》之关系时，认为"其事则齐桓晋文，其文则史"，"其义则丘窃取之"①，似乎孔子只是文本的截取者和阐释者，文本本身仍是由史官书写而成，但在《公羊传》中，"其词则丘有罪焉耳"②，孔子已经成为《春秋》文本的书写者，而这一点在战国至汉初公羊学中得到了进一步的发展，以至于出现了"史"与"义"之间关系的颠覆，书写者不再是据"史"而取"义"，而是据"义"以书"史"。《春秋繁露·俞序》在描述《春秋》的书写方式时，特别指出孔子"假其位号以正人伦，因其成败以明顺逆，故其所善，则桓文行之而遂，其所恶，则乱国行之终以败"③。这一表述非常有趣，不是孔子根据历史事件的成败来表达他的好恶，反而是孔子依照他对历史人物、事件善恶性质的判定来决定他们最终的成败，甚至当史事与书写者的表达意图存在差异或矛盾时，居于文本中心的书写者也有权利借助于特定的书写技巧（"辞"）来重塑史事，这就是《春秋繁露》所言的"诡辞"之法：

难纪季曰："《春秋》之法，大夫不得用地。又曰：公子无去

---

① （清）焦循：《孟子正义》卷一六《离娄下》，北京：中华书局1987年版，第574页。
② 《春秋公羊传注疏》卷二二，《十三经注疏》，第2320页中栏。
③ （清）苏舆：《春秋繁露义证》卷六《俞序》，北京：中华书局2011年版，第163页。

国之义。又曰：君子不避外难。纪季犯此三者,何以为贤？贤臣故盗地以下敌,弃君以避患乎？"曰："贤者不为是。是故托贤于纪季,以见季之弗为也。纪季弗为而纪侯使之可知矣。《春秋》之书事时,诡其实以有避也；其书人时,易其名以有讳也。故诡晋文得志之实,以代讳避致王也。诡莒子号谓之人,避隐公也；易庆父之名谓之仲孙,变盛谓之成,讳大恶也。然则说《春秋》者,入则诡辞,随其委曲而后得之。"①

《公羊传·庄公三年》："秋,纪季以酅入于齐。纪季者何？纪侯之弟也。何以不名？贤也。何贤乎纪季？服罪也。"②以纪季为贤者,能服罪而存宗庙,故不书其名。然而《繁露》中问难者认为,纪季以大夫之位、公子之尊、君子之号而擅以酅入齐,似不合《春秋》大义,故对其贤名有所质疑。对此,《玉英》指出,经中所书"纪季"实为诡辞,能以酅入齐,保纪之宗庙不毁者,非纪侯而不能为。然而欲存宗庙,则不得不服罪；服罪,则不能不蒙辱。《春秋》欲贵纪侯之能存宗庙,又欲免其蒙辱,故易其辞而书"纪季",这就是所谓"诡其实以有避"。在解释了这一个案之后,《玉英》进一步系统地提出了《春秋》尚"诡辞"的书写特点。在公羊学的阐释体系中,无论是史事本身,还是其中涉及的人物,均可以通过讳笔、移辞等书写方式的运用予以改变,甚至这种"诡辞"的书写方法正是孔子"因史记作《春秋》"的精妙所在。《春秋繁露·竹林》在论及《春秋》读法时即言："辞不能及,皆在于指,非精心达思者,其庸能知之。……见其指者,不任其辞,不任其辞,然后可与适道矣。"③从根本上说,"辞"只是"指"的载体,当"指"的表达诉求高于"辞"时,不仅书写者不必为"辞"所拘,阅读者也不应执辞而索义,这与孟子提出读《诗》应"以意逆志"的思路颇有相近之处。作为

---

① （清）苏舆：《春秋繁露义证》卷三《玉英》,第82—83页。
② 《春秋公羊传注疏》卷六,《十三经注疏》,第2225页下栏。
③ （清）苏舆：《春秋繁露义证》卷二《竹林》,第50—51页。

早期私人著述的典范,公羊学关于"因史记作《春秋》"①的一系列阐释不仅在取义的层面深刻影响了司马迁②,而且在书写方式的层面对司马迁产生了直接的影响③。《自序》中对于司马氏"世典周史""世守天官"等家族传统的塑造,对于《孝经》所言周公孝道的重塑、"五百年"之数的提出,以及对于《春秋》《吕氏春秋》《韩非子》等撰述动机的重塑,都是"诡辞"以见义的典型书例,这些也应当成为我们理解《自序》乃至《史记》全书时需加以留意的④。

(作者单位:北京大学中国语言文学系)

① 《史记》卷四七《孔子世家》,第 2340 页。
② 邵晋涵《史记提要》认为:"今考之,其叙事多本《左氏春秋》,所谓古文也,秦汉以来故事,次第增叙焉。其义则取诸《公羊》……其文章体例则参诸《吕氏春秋》而稍为通变。"(清)邵晋涵:《南江诗文钞·文钞》卷一二,道光十二年(1832)胡敬刻本。关于《史记》与公羊学之关系,亦可参阮芝生:《论史记中的孔子与春秋》,载于《台大历史学报》第 23 期(1999 年),第 38—40 页;陈桐生:《〈史记〉与春秋公羊学》,载于《文史哲》2002 年第 5 期,第 53—57 页。
③ 关于《史记》对于《公羊传》叙事手法的借鉴,可参李秋兰:《〈史记〉叙事与〈公羊〉书法之继承与新变》,载于《国文学报》(台北)第 16 期(1987 年),第 82—95 页;边家珍:《论司马迁〈史记〉创作与〈春秋〉学之关系》,载于《浙江学刊》2014 年第 1 期,第 89—91 页。
④ 关于司马迁"诡辞"以见义的书写方式,亦可参伍振勋:《圣人叙事与神圣典范:〈史记·孔子世家〉析论》,载于《清华学报》(新竹)新三九卷第 2 期(2009 年),第 227—259 页;汪春泓《〈史记·越王句践世家〉疏证——兼论〈史记〉"实录"与"尚奇"之矛盾》,载于《华东师范大学学报》2018 年第 1 期,第 79—88 页。

论刘向、刘歆和《汉书》之关系

汪春泓

　　本文认为,读《汉书》,当以《楚元王传》为纲,并且以《五行志》等为辅佐,来观其书之结构和用心,可以起到提纲挈领的作用。今本《汉书》有两个关注点,除了朝政之外,还有楚元王一系之遭际。刘向活跃于宣、元、成帝三朝政坛,他与他的父亲刘德经历了前汉武帝身后的重大政治斗争。然而,刘德、刘向和刘歆亦并非纯然从儒家道统出发,来为民请命、仗义执言。他们主要代表刘氏宗亲一系政治和经济利益,所以刘氏不遗余力地对外戚口诛笔伐。此从某种程度上看,实际上是刘氏诸侯和皇帝外戚利益较量,总刘向一生,堪称刘氏宗亲利益的代言人,当然更是自家利益捍卫者,其言行无不与此种身份立场相关联。故而,《汉书》并非成于一人一时之手。今本署名班固著《汉书》,在很大程度上,可以视作一部围绕楚元王家族(尤其是以刘德、刘向、刘歆一支)之前汉遭际为中心,所生发、结撰的政治载记,班氏父子共同依照刘向、刘歆蓝本来结撰《汉书》,其中缘由远比"盗窃父史"来得复杂!

　　按赵翼《陔余丛考》卷五《班书颜注皆有所本》说："葛洪云：家有刘子骏《汉书》百余卷，歆欲撰《汉书》，编录汉事，未得成而亡，故书无宗本，但杂记而已。试以考校班固所作，殆是全取刘书，其所不取者，二万余言而已……及观葛洪所云，乃知《汉书》全取于歆也。"①这段话发人深省，对此应作出认真回应。

　　纵观中国史学史，任何一部史书，若能传之久远，均非一人一时之作。推之以常理，班彪、班固分属西汉末和东汉初人物，若无所凭借，绝不能凭空杜撰。要成就一部《汉书》，意味着承袭《太史公书》，先叙汉朝开国迄武帝太初年间之史实②，再续接武帝身后以至王莽朝人和事。若试问何人拥有《太史公书》及武帝朝之后史料文献③，思考班氏家学渊源及交游，似乎都指向了刘向、刘歆父子，此二人当在其间发挥关键作用，并且印证赵翼所言，大致符合事实，绝非空穴来风。

　　西汉末期，以刘向、刘歆、扬雄、桓谭和班嗣、班彪以至王充等，形成一个文士、学者集团。《汉书·叙传》曰："（班）斿博学有俊材，左将军史丹举贤良方正，以对策为议郎，迁谏大夫、右曹中郎将，与刘向校秘书。每奏事，斿以选受诏进读群书。上器其能，赐以秘书之副。时书不布，自东平思王以叔父求《太史公》、诸子书，大将军白不许。语

① 清赵翼《陔余丛考》，北京：中华书局 2006 年版，第 106 页。
② 《史记》撰述以太初为下限，对此，学界颇有争议，笔者倾向于认为《史记》超出太初断限者，应属后人增窜。
③ 《汉书·宣元六王传》说："（东平王）后来朝，上疏求诸子及《太史公书》，上以问大将军王凤，对曰：'臣闻诸侯朝聘，考文章，正法度，非礼不言。今东平王幸得来朝，不思制节谨度，以防危失，而求诸书，非朝聘之义也。诸子书或反经术、非圣人，或明鬼神、信物怪；《太史公书》有战国纵横权谲之谋，汉兴之初谋臣奇策，天官灾异，地形阨塞：皆不宜在诸侯王。不可予。'"这说明在西汉后期，若想一观《太史公书》亦并非易事。

在《东平王传》。斿亦早卒,有子曰嗣,显名当世。"班斿是班彪的伯父,他曾经"与刘向校秘书",意指刘向所能见到的书籍,班斿也可以阅读,而且他还得到当时朝廷许多秘籍,所谓"赐以秘书之副",接着言"时书不布"及东平王求《太史公书》事,暗指《太史公书》等书籍属于"秘书之副"范畴之内,在当时,《太史公书》即使有所流播,但作为机密文献,亦仅极少数人接触到,而刘向与班斿恰有幸寓目;《汉书·叙传》又云:"稚生彪。彪字叔皮,幼与从兄嗣共游学,家有赐书,内足于财,好古之士自远方至,父党扬子云以下莫不造门。"班彪自幼与班斿之子班嗣共砚席,故也曾经眼班斿之所藏,而此文献库大致集合刘向、刘歆及班斿之所有,坐拥书城,加之无生计之忧,又有缘结交父党扬雄等大学者,因此,以刘、班为中心,作为其交游者之资源共享,这些文献于是传播开去。

王充是班彪门人,故观《论衡》一书,它密集地引用《太史公书》以及西汉末年以来所不易知见文献①。王充《论衡·谢短》篇云:"夫儒生所短,不徒以不晓簿书;文史所劣,不徒以不通大道也,反以闭暗不览古今,不能各自知其所业之事未具足也。二家各短,不能自知也;世之论者,而亦不能训之,如何?夫儒生之业,'五经'也。南面为师,旦夕讲授章句,滑习义理,究备于'五经',可也。'五经'之后,秦、汉之事,无不能知者,短也。(刘先生曰:"无"字疑衍。)夫知古不知今,谓之陆沉,然则儒生,所谓陆沉者也。'五经'之前,至于天地始开,帝王初立者,主名为谁,儒生又不知也。夫知今不知古,谓之盲瞽。'五经'比于上古,犹为今也。徒能说经,不晓上古,然则儒生,所谓盲瞽

---

① 徐复观《两汉思想史》卷二,专列《王充论考》一章,质疑王充自述曾"受业太学师事班彪",意指王充师承,出于其伪造杜撰,他认为此不过是一个沦落底层的读书人的矜夸而已。台湾:学生书局 1993 年版,第 566 页。若思考《论衡》所据文献之所从来,就可知徐氏之说并不可信,王充学术渊源于班彪,是实有其事的。故赵翼《陔余丛考》卷十六《两汉时受学者皆赴京师》说:"然经义之专门名家者,惟太学为盛,故士无有不游太学者。"

者也。"①在《论衡》许多篇中,王充都谈及古与今的问题,上述文字所透露的讯息是:当时由于现、当代历史档案具有保密性,所以经生学问偏枯,虽皓首穷经,而对于史学,尤其是秦、汉近现代史,则茫然不晓;这样的知识结构及学风属于"知古不知今,谓之陆沉",经生虽钻研"五经"微言大义,却不了解本朝所发生大事,胸中探究遥远《春秋》之是非,而对身边之波澜壮阔却十分隔膜。由于在班氏处接触到《太史公书》和其他前汉史料,所以王充强调士人应该"知今",其实正体现了他在班氏那里改变了知识储备,所以识见不同于流俗,《论衡·效力》篇认为:"秦、汉之事,儒生不见,力劣不能览也。"非不想知道,乃无从阅览之缘故也;《论衡·谢短》篇云:"'五经'之后,秦、汉之事,不能知者,短也。"显然,兼通古、今,令他自觉拔出于一般读书人。

此亦反映出当时"知今"一派,仅局限于一个较小的文士圈。《论衡·定贤》揭示其中原委:"若典官文书,若太史公及刘子政之徒,有主领书记之职,则有博览通达之名矣。"已经涉及司马迁和刘向由于其身份、职务,便于其人"博览通达",知世人所不知者也,此辈具有得天独厚之条件,为他人所不及;《论衡·超奇》则指出:"或抽列古今,纪著行事,若司马子长、刘子政之徒,累积篇第,文以万数,其过子云、子高远矣。然而因成纪前,无胸中之造。"所谓"抽列古今,纪著行事",主要指结撰历史,尤其近现代史,王充唯独推许司马迁和刘向,他深知二者熟悉前汉掌故,为保存现当代史实建树良多,堪称居功至伟,且无与伦比!《论衡·超奇》则谓:"夫通览者,世间比有;著文者,历世希然。近世刘子政父子、扬子云、桓君山,其犹文、武、周公并出一时也;其余直有,往往而然,譬珠玉不可多得,以其珍也。"对于刘向、刘歆以及扬雄、桓谭,比喻为文、武、周公并出一时,如此溢美之词,无非赞赏其珍稀,世上若无其人之著述,会造成历史文献之大缺憾。此实质上是本诸班彪、班固观点。《汉书·叙传》载永平中,班固"感东

---

① 《论衡校释》(附刘盼遂集解),黄晖撰,北京:中华书局1995年版,第554—555页。

方朔、扬雄自谕以不遭苏、张、范、蔡之时,曾不折之以正道,明君子之所守,故聊复应焉。其辞曰:……近者陆子优繇,《新语》以兴;董生下帷,发藻儒林;刘向司籍,辩章旧闻;扬雄覃思,《法言》《太玄》:皆及时君之门闱,究先圣之壶奥,婆娑虖术艺之场,休息虖篇籍之囿,以全其质而发其文,用纳虖圣听,列炳于后人,斯非其亚与"!两者所见几乎一致。

前汉终结于莽新篡政,莽新覆灭以后,降至后汉,若要为前朝修史,会遇到诸多禁忌,班固私撰《汉书》,以致被捕入狱,也折射出在东汉明、章帝朝,若编撰前朝历史,会遇到重重障碍;无法像东汉崩溃之后,史家之撰写《后汉书》,所呈现放任自流状态。后汉时期,修撰国史,显得颇为微妙,它一定要被纳入国家行为之中,这造成一种特殊局面,当天降撰史大任于班固时,其前期准备和师承,则对其史学事业产生决定性影响,而这种影响也与他所撰《汉书》成就之高下,关系甚密!

如何研究这种影响和关系?由于可以确信《论衡》征引材料大多得自班彪,而班门文献资料库则与刘向、刘歆之所藏,具有高度同质性或一致性,譬如《史记·孝景本纪》,按刘歆《西京杂记》记载司马迁"作《景帝本纪》,极言其短及武帝之过,帝怒而削去之"①。而观《论衡》几乎不曾涉及景帝政事,此印证王充所援引之《太史公书》,与此书曾被删削情形大致契合。因此,可以把《论衡》所涉及之前汉人物、事件,权且作为史料来对待,这种理解与以往仅把王充《论衡》视作思想史材料,有很大不同,会使《论衡》本身所具有的史料价值充分彰显。本文拟将《论衡》与刘向的著作《说苑》《新序》、刘歆的作品《西京杂记》以及扬雄之《法言》并列,一并与署名班固《汉书》各部分作对照,借此来寻求班固《汉书》之继承性及其重心之所在,从而分析一部

---

① 《西京杂记校注》之《书太史公事》,刘歆撰,向新阳、刘克任校注,上海:上海古籍出版社 1991 年版,第 270 页。

《汉书》如何写成,并由此而发覆一些历史谜案。

众所周知,一个经典文本之写成,必定融汇作者进入特定语境的许多复杂因素,若尽可能地还原或探寻此种种因素及相互关系,此在叙述学上,对于深刻了解此文本的撰成,无疑意义非凡。本文旨在从此角度来审视《汉书》之撰写,以揭示《汉书》学的丰富蕴涵,亦实事求是地评价《汉书》所达到的史学高度。

一、围绕刘、班资料中心的文士集团之考订

按《汉书·楚元王传》记载,刘向"乃使其外亲上变事",其实出于自家手笔,其文曰"仲舒为世儒宗"!《汉书·五行志》曰:"汉兴,承秦灭学之后,景、武之世,董仲舒治《公羊春秋》,始推阴阳,为儒者宗。"①按《史记·叔孙通列传》,太史公称之为:"卒为汉家儒宗。"然而,叔孙通仅在汉朝礼仪初建方面有所功劳,其所为礼仪,徒具形式,却缺乏内容,所以实际上影响有限,向、歆父子似乎并不认同其"儒宗"地位。而董氏借助阴阳,为汉儒谲谏论政,建立起话语模式,《史记·儒林列传》称颂其人"以修学著书为事",他无疑是刘向精神偶像、理论先驱,《论衡》论及董仲舒者约有 30 处之多,刘歆《西京杂记》有大段文字引述董氏之论,而扬雄《法言》也有述及;作为前汉早期人物,陆贾也备受尊崇,陆贾为楚人,著《楚汉春秋》九篇,沾溉《史》《汉》,《论衡》中谈及其人者不下 13 处,这或许与王充为南人张目之潜意识有关,刘向《说苑》《新序》与刘歆《西京杂记》及扬雄《法言》也都叙述陆贾故事,陆贾《新语·道基》谓:"……改之以灾变,告之以祯祥,动之以生杀,悟之以文章。"②陆贾学术思想非但顺应前汉立国之需要,而且其说灾

---

① 《史记·十二诸侯年表》说:"汉相张苍历谱五德,上大夫董仲舒推《春秋》义,颇著文焉。"
② 《新语校注》,陆贾著,王利器校注,北京:中华书局 1996 年版,第 2 页。

变、祯祥,不愧为董氏等儒家人物之先导,亦深得向、歆父子之赞许,故而,王充《论衡·案书》谓:"《新语》,陆贾所造,盖董仲舒相被服焉。"至于刘向、刘歆二者,《论衡》则提及 19 次;刘向是扬雄前辈,大约年长 26 岁,刘向与扬雄或许并无交集,其《说苑》《新序》自然不会涉及扬雄其人;扬雄与刘歆则年岁相若或稍长,而班彪比扬雄晚生 56 年。自刘向去世,扬雄便成为这一文士圈精神领袖,其影响贯穿两汉之际,所以,《论衡》称美扬雄计有 21 处,而刘歆《西京杂记》则也有 3 处叙及其人。

《汉书·楚元王传》曰:"辟彊,字少卿,亦好读书,能属文。"此对应开头之:"楚元王……好书,多才艺。"刘德、刘向将自己视作继承楚元王尚文基因之一支,他们自然也代表着刘汉帝国的学术与文化,故而,与上述人物,在精神层面堪谓心心相印。按《汉书·楚元王传》颂扬:"赞曰:仲尼称'材难不其然与'!自孔子后,缀文之士众矣,唯孟轲、孙况、董仲舒、司马迁、刘向、扬雄。此数公者,皆博物洽闻,通达古今,其言有补于世。传曰'圣人不出,其间必有命世者焉',岂近是乎?刘氏《洪范论》发明《大传》,著天人之应;《七略》剖判艺文,总百家之绪;《三统历谱》考步日月五星之度。有意其推本之也。呜虖!向言山陵之戒,于今察之,哀哉!指明梓柱以推废兴,昭矣!岂非直谅多闻,古今之益友与!"标举孔子以后,儒家承传关键人物,前汉之董仲舒、司马迁、刘向、扬雄堪称一时之选,洵为硕学鸿儒。因而,儒家道统在前汉,其格局已隐约凸显。署名班固所撰《汉书》,特为楚元王家族,尤其是刘向、刘歆立传,并为董仲舒、司马迁和扬雄单独立传,其实正表明了刘氏、班氏和扬雄、桓谭等人所组成之文士集团,星光熠熠,构成其心目中前汉文化精英谱系,他们是超越芸芸众生的时代翘楚,而其学术特性竟也塑造了《汉书》的叙述模式,而此种叙述模式则左右了后人对于前汉的认识,即使照单全收,也是无可奈何之事也。

《汉书·景十三王传》云:"赞曰:……夫唯大雅,卓尔不群,河间献王近之矣。"刘向《说苑》和刘歆《西京杂记》均记述了河间献王嘉言懿行;体察《说苑》之《君道》和《臣道》篇①,都表明刘向虽奉职宗正,但是其学术、思想却偏向孔儒本位,且摒弃刑名法家之残酷寡恩,这也与汉初以来,尤其到景、武时大儒董仲舒等所持反秦立场相一致。《汉书·礼乐志》引述:"后董仲舒对策言:'王者欲有所为,宜求其端于天。'"因此,相较于董氏《春秋公羊学》,刘向、刘歆即使有《穀梁》和《左氏》之异趣,但立身朝廷,俱借助于天象、祥瑞和灾异以讥讽、干预政治之方法,却与董氏如出一辙②。

大约以汉武帝崩后为分界,自武帝一朝上溯至汉初立国,其间人与事,署名班固之《汉书》基本上因袭《太史公书》,历代研究"班马异同论"者,都感觉班氏引用《太史公书》,有时几乎大段抄录,多有雷同,此符合古书通例③。《汉书·叙传》说:"太初以后,阙而不录,故探篡前记,缀辑所闻,以述《汉书》,起元高祖,终于孝平、王莽之诛,十有二世,二百三十年……"其所谓"探篡前记,缀辑所闻",就是处理、编辑和润饰公私所藏诸如《太史公书》及刘向、刘歆杂著等④,以补苴太初以后到孝平、王莽之空白。《论衡·须颂》谓:"高祖以来,著书者不讲论汉。司马长卿为《封禅书》,文约不具。司马子长纪黄帝以至孝武,扬子云录宣帝以至哀、平。"扬雄位卑,其撰史工作,想必也是从刘氏、班氏那里获取史料,或与刘、班相切磋,以成其事。《后汉书·班彪传》云:"司马迁著《史记》,自太初以后阙而不录,后好事者颇或缀

① 《说苑校证》,刘向撰,向宗鲁校证,北京:中华书局1987年版。
② 《汉书·平当传》叙述:"以明经为博士,公卿荐当议论通明,给事中。每有灾异,当辄傅经术,言得失。文雅虽不能及萧望之、匡衡,然指意略同。"据此可见,由董氏开创的、像《汉书·五行志》所载的一类论政方式,朝臣与刘向等一起发挥,形成风气,这些人受到刘向格外关注,是其同道。
③ 参见余嘉锡著《目录学发微》(含《古书通例》),北京:中国人民大学出版社2005年版,第171页。
④ 《汉书·艺文志》所列之《春秋》家中,包含陆贾所记《楚汉春秋》九篇、《太史公》百三十篇、冯商所续《太史公》七篇、《太古以来纪》二篇、《汉著记》百九十卷、《汉大年纪》五篇;在儒家中,则叙录了更多的前汉资料,譬如桓宽《盐铁论》六十篇、刘向所序六十七篇(《新序》《说苑》《世说》《列女传颂图》也)、扬雄所序三十八篇(《太玄》十九、《法言》十三、《乐》四、《箴》二)。

集时事。"李贤注曰:"好事者,谓扬雄、刘歆、阳城衡、褚少孙、史孝山之徒也。"如今对署名班固之《汉书》做成书研究,探索班氏与前人和同时代人的错综关系,大致就可以分为:首先,明显直接引用,譬如对《太史公书》,或者对向、歆杂著,等等,署名班氏之《汉书》几乎就是不加掩饰地移植到自己文中;其次,比较隐秘的借鉴关系,譬如《汉书》对于传主遴选,以及对传主善恶评价、是非褒贬,等等,此至关紧要,历史人物之功过是非,在史家一念之间,往往天壤有别,刘勰《文心雕龙·史传》篇曰:"褒见一字,贵逾轩冕;贬在片言,诛深斧钺。"在关于史传倾向问题上,《汉书》属于自出机杼,抑或受他人之影响,此亟待辨析,此关系到一部《汉书》是否客观公正地反映了武帝身后到王莽覆灭时期的历史全貌;再次,在思想和学术上,班氏与当时思想界譬如扬雄等人之关系,也影响到史学家的史学观及人生观,自然也主宰着一部《汉书》所能达到的历史高度。

二、署名班固《汉书》中的刘向、刘歆之影子

因年代遥远,初版《汉书》面貌,后世难闻其详。关于《汉书》版本问题,古来就十分复杂,南北朝末年颜之推《颜氏家训》卷第六《书证》云:"《汉书》:'田蚡贺上。'江南本皆作'宵'字。沛国刘显,博览经籍,偏精班《汉》,梁代谓之《汉》圣。显子臻,不坠家业。读班史,呼为田蚡。梁元帝尝问之,答曰:'此无义可求,但臣家旧本,以雌黄改"宵"为"蚡"。'元帝无以难之。吾至江北,见本为'蚡'。"①刘臻家所藏旧本《汉书》,与当时南北不同版本之《汉书》,想必有许多的差异,可惜今人已不复可见矣。

---

① 《颜氏家训集解》(增补本),颜之推撰,王利器集解,北京:中华书局 2011 年版,第443 页。

《梁书·萧琛传》记述："始琛在宣城，有北僧南渡，惟赍一葫芦，中有《汉书序传》①。僧曰：'三辅旧老相传，以为班固真本。'琛固求得之，其书多有异今者，而纸墨亦古，文字多如龙举之例，非隶非篆，琛甚秘之。及是行也，以书饷鄱阳王范，范乃献于东宫。"②

《梁书·刘之遴传》曰："时鄱阳嗣王范得班固所上《汉书》真本，献之东宫，皇太子令之遴与张缵、到溉、陆襄等参校异同。之遴具异状十事，其大略曰：'案古本《汉书》称"永平十六年五月二十一日己酉，郎班固上"，而今本无上书年月日字。又案古本《叙传》号为中篇，今本称为《叙传》。又今本《叙传》载班彪事行，而古本云"稚生彪，自有传"。又今本纪及表、志、列传不相合为次，而古本相合为次，总成三十八卷。又今本《外戚》在《西域》后，古本《外戚》次《帝纪》下。又今本《高五子》《文三王》《景十三王》《武五子》《宣元六王》杂在诸传秩中，古本诸王悉次《外戚》下，在《陈项传》前。又今本《韩彭英卢吴》述云"信惟饿隶，布实黥徒，越亦狗盗，芮尹江湖，云起龙骧，化为侯王"，古本述云"淮阴毅毅，杖剑周章，邦之杰子，实惟彭、英，化为侯王，云起龙骧"。又古本第三十七卷，解音释义，以助雅诂，而今本无此卷。'"按刘之遴所叙"班固所上《汉书》真本"，其体例更加接近司马迁《史记》，此反映此真本写作意图十分明确，目的就是续写《史记》。

然而，身为宗正，成帝朝，"诏向领校中'五经'秘书"，而且，刘向是以光禄大夫内朝臣身份，"校中秘书"，在文献掌握上，极具垄断之

---

① 有学者以为应做《汉书》《序传》，此与僧人"惟赍一葫芦"相抵牾，还是应理解为"《汉书序传》"。然后，萧琛"固求得之"者，才是《汉书》。

② 《梁书》本传记载，萧琛于天监元年出为宣城太守，但是很快就"征为卫尉卿，俄迁员外散骑常侍"，所以萧琛获得古本《汉书序传》似应在天监元年或稍后。而按本传记载，鄱阳王萧恢与萧琛在荆州有交往，萧恢于梁武帝普通七年卒于荆州，世子萧范嗣于本年。按《南史》记述，萧范"虽无学术，而以筹略自命。爱奇玩古，招集文才，率意题章，亦时有奇致"，他"行至荆州而忠烈王薨，因停自解。武帝不许，诏权监荆州"，故萧琛当于此时，投其所好，将古籍赠予萧范，萧范随后再进献于东宫，东宫多罕见之书籍。

优势;而其少子刘歆,"河平中,受诏与父向领校秘书,讲六艺传记、诸子、诗赋、数术、方技,无所不究。向死后,歆复为中垒校尉。哀帝初即位,大司马王莽举歆宗室有材行,为侍中太中大夫,迁骑都尉、奉车光禄大夫,贵幸。复领'五经',卒父前业。歆乃集六艺群书,种别为《七略》。语在《艺文志》"。作为文献巨擘,刘氏父子堪称前汉百科全书式人物,他们有无撰写《汉书》意图? 刘向撰《新序》,其卷第十《善谋下》,就已略显按照编年体例叙述汉代开国史意向①。然而,刘氏父子距前汉太近,且自身牵涉其中,形成强烈的当代意识,加之以深重的《春秋》经学惯性,因此,刘向好借事以讽喻,令其作品均呈现出浓烈的经学气质,这在一定程度上,也使其难以持有史学家所应具备的冷静、客观的叙事态度。然而,其所关于前汉的丰富知识,对于人物评价尺度和史料搜集、编纂,却无疑大大沾溉前汉史之修撰。

最为明显的如《汉书》诸表,在《汉书·诸侯王表》中,首列"楚元王交",他也正是刘向一系先祖,此启发今人,若按照刘之遴所具古、今《汉书》之异状,若把今本《外戚》《高五子》《文三王》《景十三王》《武五子》《宣元六王》还原到古本原来位置,可以推知今本卷三十六《楚元王传》,可能在古本《汉书》内紧接《宣元六王》之后。换言之,《楚元王传》在全书中的位置,本体现出与外戚、各朝王子《传》并列的编撰者意向。这恰好可与《汉书·诸侯王表》相对应,透露其同源共生,不遑多让的意思②。而体察此种传主排序,出自刘德或刘向高自位置的可能性为最大。

《汉书》之《异姓诸侯王表》《诸侯王表》《王子侯表》《高惠高后文功臣表》《景武昭宣元成功臣表》《外戚恩泽侯表》《百官公卿表》和《古今人表》,此八表(《古今人表》稍有例外)为皇室内部秘档,刘向

---

① 《新序校释》,刘向编著,石光瑛校释,陈新整理,北京:中华书局2001年版。
② 按今本《史记》,其卷四九《外戚世家》第十九,紧接其后者,恰是其卷五〇《楚元王世家》第二十。而此《楚元王世家》写得极其简损甚至零落,大致上仅仅叙述了《汉书·诸侯王表》中所列"楚元王交"一系的概况,此极有可能是经刘向整理《太史公书》时,将《汉书·楚元王传》所记述的刘德之前部分,经他有意篡改而羼入。

（笔者按：成，似应作“城”。）

《新序》《说苑》与刘歆《西京杂记》和王充《论衡》都无涉及。可以推测，即使他们掌握八表内容，也不宜泄密，所以其杂著当中均告阙如。然而，《汉书·百官公卿表》云："宗正，秦官，掌亲属，有丞。"刘向短暂担任过宗正一职，他比班氏更有资格掌握这些机密档案材料，所以此八表出自刘向或刘歆的可能性亦极高。

按"宗正"一职，在《汉书·百官公卿表》中官阶并不高，在东方朔心目中，宗正理想人选应由关龙逄担任①。刘向《九叹·怨思》说："背玉门以奔骛兮，塞离尤而干诟。若龙逄之沉首兮，王子比干之逢醢。"②关龙逄是桀之臣，刚直无私，忠谏而死③。而且，作为宗正，亦与战国末期楚国屈原相似，按宋王应麟《困学纪闻》卷一一《考史》说："王逸《注楚辞自序》云：'屈原为三闾大夫。三闾之职，掌王族三姓，曰昭、屈、景。屈原序其谱属，率其贤良，以厉国士。'"④宗正与楚国三闾大夫的职责基本相同，因此，刘向意识中，常常关龙逄附体，且好以屈原自况。在《汉志》中载录刘向祖父宗正刘辟彊赋八篇、刘向父亲阳成（笔者按：成，似应作"城"。）侯刘德赋九篇、而刘向赋计有三十三篇之多，他们都站在宗正立场，模仿屈原，以抒发政治批评，观刘向《九叹·离世》宣誓："抚招摇以质正，立师旷俾端词兮。命咎繇使并听，兆出名曰正则兮，卦发字曰灵均。余幼既有此鸿节兮，长愈固而弥纯。"从中可见刘向甘愿像屈原一样，激浊扬清，他身负强烈的社稷责任感，而此种天降大任式的社稷责任感，刺激刘氏竭尽全力，以拓展其政治影响力，而刘氏所使用方式，直谏之余，主要是发愤著述，以"文学"立身并传世。

体现于《汉书》者，其书之十志部分，尤为明显，像《五行志》和《艺

---

① 见《汉书·东方朔传》。
② 《楚辞今注》，汤炳正等注，上海：上海古籍出版社1997年版，第344页。
③ 《汉书·朱云传》记载：在成帝朝，朱云大呼："臣得下从龙逄、比干游于地下，足矣！"
④ 王应麟《困学纪闻》，清翁元圻等注，栾保群、田松青、吕宗力校点，上海：上海古籍出版社2008年版，第1314页。

文志》主要出于刘向、刘歆之撰述,此已为世所熟知①。按《汉书·律历志》说:"至孝成世,刘向总六历,列是非,作《五纪论》。向子歆究其微眇,作《三统历》及《谱》以说《春秋》,推法密要,故述焉。"《汉书·律历志》遗存"楚元三年也"之语句,更佐证与楚元王后人向、歆父子存在难解之缘;《汉书·礼乐志》记述:至成帝时,刘向说上:"宜兴辟雍,设庠序,陈礼乐……"篇末总结说:"今大汉继周,久旷大仪,未有立礼成乐,此贾谊、仲舒、王吉、刘向之徒所为发愤而增叹也。"《汉书·郊祀志》备述宣帝祥瑞,刘向曰:"家人尚不欲绝种祠,况于国之神宝旧畤!""赞曰:……刘向父子以为帝出于《震》,故包羲氏始受木德,其后以母传子,终而复始,自神农、皇帝下历唐虞三代而汉得火焉。故高祖始起,神母夜号,著赤帝之符,旗章遂赤,自得天统矣。昔共工氏以水德间于木火,与秦同运,非其次序,故皆不永。由是言之,祖宗之制盖有自然之应,顺时宜矣。究观方士祠官之变,谷永之言,不亦正乎!不亦正乎!"②刘向以为汉为火德,尚赤,《汉书·高帝纪》赞曰:"刘向云战国时刘氏自秦获于魏。秦灭魏,迁大梁,都于丰,故周市说雍齿曰'丰,故梁徙也'。是以颂高祖云:'汉帝本系,出自唐帝。降及于周,在秦作刘。涉魏而东,遂为丰公。'丰公,盖太上皇父,其迁日浅,坟墓在丰鲜焉。及高祖即位,置祠祀官,则有秦、晋、梁、荆之巫,世祠天地,缀之以祀,岂不信哉!由是推之,汉承尧运,德祚已盛,断蛇著符,旗帜上赤,协于火德,自然之应,得天统矣。"由于楚元王刘交是高祖同父少弟,因此,刘向搬出了丰公太上皇父,意指得天统者,乃丰公一系,刘交与高祖同属丰公后人,隐约暗示二者地位亦在伯仲间,可与分庭抗礼,因而,刘向亦属此天统之流裔,血统自然高贵非凡,绝不逊

---

① 杨树达《汉书窥管》卷三《艺文志》第十(汉书三十)评述《刘向五行传记》十一卷曰:"树达按:《五行志》云:'刘向治《穀梁春秋》,数其祸福,传以《洪范》。'即其书也。《五行志》多采之。"上海:上海古籍出版社1984年版,第206页。
② 《汉书·叙传》云:"是故刘氏承尧之祚,氏族之世,著乎《春秋》。唐据火德,而汉绍之,始起沛泽,则神母夜号,以章赤帝之符。"

于代王——文帝之一系。而《汉书·高帝纪》所记述的神迹部分，是按照刘向所述火德尚赤这个脚本来结撰的，关于文帝时公孙臣倡言汉当土德、服色尚黄，刘向持不同意见，此在《汉书》中尽有载录；日本森鹿三撰《居延出土的王莽简》一文收入一简曰："新室以土德代火家。"①此恐怕是刘歆为王莽篡汉制造舆论，依然认为刘汉属火德。据此，亦可为《史》《汉》之景、武二《纪》将景帝、武帝写得如此不堪，找到答案，由于在景、武二朝，楚元王一系遭受严酷打击②，故而，刘德、刘向和刘歆对此二帝深怀腹诽，甚至异常怨怼，此种心情必然发泄于对此二帝的描写之中，此在《汉书》之《武帝纪》和《郊祀志》中可以得到验证，执笔者在雄才大略和好大喜功之间，分寸拿捏得十分巧妙，可谓阳助而阴挤，凸显武帝为暴虐之君主；按《汉书·匡衡传》说："初，元帝时，中书令石显用事，自前相韦玄成及衡皆畏显，不敢失其意。"即使至成帝初年，匡衡对石显顺势反击，但是他依附权势的品格已为同僚所共知，颇遭鄙夷，加之在成帝朝，他与之前的贡禹、韦玄成一样，建议"罢诸淫祀"，尤其"罢郡国庙"，此举淡化甚至割断当朝皇帝和刘姓祖先、宗族之间的血脉纽带，一朝天子仅与外戚共天下，然则在处理如何平衡先祖宗亲与外戚关系时，"今上"重心倾斜到外戚一边，作为宗亲，在权力结构中，刘向等家族势必被边缘化，甚至沦为局外之人，因此，刘向坚决抵制③；《汉书·天文志》叙述七国之乱后，景帝立皇子二人，随即说："楚元王子一人为王。"自觉或不自觉地将楚元王继承

---

① 《简牍研究译丛》，中国社会科学院历史研究所战国秦汉史研究室编，北京：中国社会科学出版社1987年版，第1页。

② 景帝朝，七国之乱，吴、楚首当其冲，见《汉书·徐乐传》，徐乐上书称："何为瓦解？吴、楚、齐、赵之兵是也。"《汉书·诸侯王表》说："故文帝采贾生之议分齐、赵，景帝用晁错之计削吴、楚。武帝施主父之册，下推恩之令，使诸侯王得分户邑以封子弟，不行黜陟，而藩国自析。"

③ 《汉书·五行传上》记述："元帝永光五年夏及秋，大水。颍川、汝南、淮阳、庐江雨，坏乡聚民舍，及水流杀人。先是一年，有司奏罢郡国庙，是岁又定迭毁，罢太上皇、孝惠帝寝庙，皆无复修，通儒以为违古制。刑臣石显用事。"此段话显然出于刘向之笔。而所谓"迭毁礼"，见《汉书·翼奉传》说："其后，贡禹亦言当定迭毁礼，上遂从之。及匡衡为丞相，奏徙南北郊，其议皆自奉发之。"

者地位拔高了,此亦存在刘向叙述安排的可能性。

《汉书·五行志》记录向、歆之论极多,关于前汉重大政治事件,向、歆父子均借《汉书·五行志》作出臆测性的裁判,而此种裁判恰与《汉书》对于其人作为传主的盖棺论定相一致,此从一个侧面也折射出向、歆父子一定程度上左右了《汉书》的写定。《汉书·五行志上》云:"汉兴,承秦灭学之后,景、武之世,董仲舒治《公羊春秋》,始推阴阳,为儒者宗。宣、元之后,刘向治《穀梁春秋》,数其祸福,传以《洪范》,与仲舒错。至向子歆治《左氏传》,其《春秋》意亦已乖矣;言《五行传》,又颇不同。是以揽仲舒,别向、歆,传载眭孟、夏侯胜、京房、谷永、李寻之徒所陈行事,迄于王莽,举十二世,以傅《春秋》,著于篇。"①扬雄《法言·渊骞》云:"菑异,董相、夏侯胜、京房。"此道出刘向一派论政之路数,以及此派代表性人物;《汉书·地理志下》说:"汉承百王之末,国土变改,民人迁徙,成帝时刘向略言其地分,丞相张禹使属颍川朱赣条其风俗,犹未宣究,故辑而论之,终其本末著于篇。"此在最低限度而言,《汉书》十志,刘向、刘歆乃其撰述时的主要依傍和参照,至于祖述或因袭的程度究竟如何,尚有待进一步发覆。

《汉书》中尚有出自刘向笔墨而鲜为人注意者,譬如《汉书·宣帝本纪》曰:"赞云:政事、文学、法理之士,咸精其能。至于技巧、工匠、器械,自元、成间,鲜能及之。"此绝非班彪、班固所言,而时跨宣、元、成三朝,对工艺作出比较,盖非向、歆父子所莫能也,缘此,亦有理由相信,其实《宣帝本纪》出乎向、歆之手;《汉书·武五子传》曰:"昌邑哀王髆天汉四年立,十一年薨,子贺嗣……元帝即位,复封贺子代宗为海昏侯,传子至孙,今见为侯。"叙述刘贺失败的一生,而结尾写到海昏侯由刘代宗"传子至孙,今见为侯",此所谓"今"绝非班彪、班固之时

---

① 《汉书·夏侯胜传》说:"胜少孤,好学,从始昌受《尚书》及《洪范五行传》,说灾异。"《汉书·五行志中之上》曰:"孝武时,夏侯始昌通'五经',善推《五行传》,以传族子夏侯胜,下及许商,皆以教所贤弟子。其传与刘向同,唯刘歆传独异。"可见是刘向论政之先驱。

代，可见，此传当属向、歆之所作；七国之乱，吴楚并称，然在《汉书》中，却淡化了楚王刘戊事迹，与吴王刘濞形成鲜明对照，此发人深思，这实际上出自刘向、刘歆为亲者讳的缘故①。《汉书·荆燕吴传》称："三年冬，楚王来朝，错因言楚王戊往年为薄太后服，私奸服舍，请诛之。"无怪乎《汉书·荆燕吴传》借吴王刘濞之口说："楚元王子、淮南三王或不沐洗十余年，怨入骨髓。"楚元王后人蒙受晁错恶毒陷害，以致向、歆对其人讳莫如深。所以，《汉书·晁错传》承袭《史记》，指晁错"为人峭直深刻"，本传叙述其人，较《史记》增添其论政言论，使晁错面貌变得更为清晰，此人一生，在为国远虑及爱身远祸之间，显得极为矛盾。对于此人，作者颇为感慨与踌躇，爱恨交加，此出自七国乱后，楚元王后人之反思，就十分契合了。

《汉书》中关于淮南王一案，尤见刘氏着墨之痕迹。淮南王刘安谋反事，纯属前汉一大冤狱。景帝削藩，至武帝实行推恩令，诸侯藩国愈加势单力薄，而元狩元年十一月，朝廷指淮南王刘安、衡山王刘赐谋反，二者均被诛。个中缘由，不难窥见。《汉书·武帝纪》载元狩元年夏四月丁卯诏曰："日者淮南、衡山修文学，流货赂，两国接壤，怵于邪说，而造篡弑，此朕之不德。"淮南王招集门客，编撰《淮南子》等著作，还反对武帝推行的蛮夷政策，此在思想领域触怒了武帝，因此必须痛加训斥、无情整肃。《论衡·书解》直言："淮南王作道书，祸至灭族。"自武帝朝以降，知其事者无不为之鸣冤。而在整治刘姓诸侯内部时，按照朝廷惯例，当由宗正主持治理②。《汉书·楚元王传》记载："高后时，以元王子郢客为宗正，封上邳侯。"自此而下，楚元王子孙后代官

---

① 关于刘戊之鲁莽灭裂，今本《汉书·韦贤传》中，借助韦孟所作谏诗，指责他不能保持先祖基业："于赫有汉，四方是征，靡适不怀，万国逌平。乃命厥弟，建侯于楚。俾我小臣，惟傅是辅。兢兢元王，恭俭净壹，惠此黎民，纳彼辅弼。飨国渐世，垂烈于后。乃及夷王，克奉厥绪。咨命不永，唯王统祀，左右陪臣，此惟皇士。何如我王，不思守保，不惟履冰，以继祖考！邦事是废，逸游是娱，犬马繇繇，是放是驱。务彼鸟兽，忽此稼苗，烝民以匮，我王以媮。所弘非德，所亲非俊，唯囿是恢，唯谀是信……"此种安排，想必也是刘向以此来给刘戊一生作一交代。
② 《汉书·荆燕吴传》说："吴王弟子德侯为宗正，辅亲戚。"

居宗正职位者,代不乏人,刘向祖父辟彊、父亲刘德以及刘德长孙刘庆忌都身列宗正之位,在前汉,楚元王一系几乎是宗正世家。按《汉书·百官公卿表》记录,元狩元年,宗正恰由刘受担任,而按《汉书·王子侯表上》所述,他是楚元王儿子沈猷夷侯刘岁之子,刘岁是刘向曾祖父刘富的弟弟。

《汉书·淮南王传》述及:"上使宗正以符节治王。"此宗正当然非刘受莫属,而《汉书·淮南王传》中却故意隐去其名字,此颇有为亲者讳的意思①。原因是此案株连甚广,数千人为之丧命,震动天下。故《汉书·百官公卿表》记录刘受结局,说:"沈猷侯刘受为宗正,二年坐听不具宗室论。"语焉不详,《汉书·王子侯表上》颜师古注曰:"受为宗正,人有私请求者,受听许之,故于宗室之中事有不具,而受获罪。"依然不明其获罪的细节。其实,刘受在主持办理淮南王案过程中,必然受命于武帝,瓜蔓株连,滥杀无辜。譬如《汉书·王子侯表上》说:"有利侯钉,城阳共王子,元狩元年,坐遗淮南王书称臣弃市。"刘受所知秘密太多,刘受手上所沾的血亦太多,因此,在借刀杀人之后,武帝马上就把他弃置甚或杀之灭口。

楚元王家族与此冤狱本难脱干系,因此,在《汉书》中如何叙述淮南王事迹,并且竭力淡化楚元王后人在此冤狱中之责任,某种意义上,实现自我良心救赎,此在今本《汉书》内,依然可以看出向、歆父子巧妙的处理手法。《汉书·楚元王传》描绘刘向父亲刘德,突出他"修黄老术,有智略","德宽厚,好施生"的个性;在叙述刘德儿子刘更生(向)时,语涉"更生父德武帝时治淮南狱得其书(《枕中鸿宝苑秘书》等)",关于此记载,王先谦《汉书补注》引刘奉世曰:"案,德待诏丞相

---

① 由于楚元王后人遭际不同,故《汉书·楚元王传》在叙述元王得以封侯五子时,仅重点记述休侯刘富一系,至于其他四子之生平事迹则省略了;而关于刘富之子辟彊等四人,也仅凸显刘辟彊一脉,而不及其他,其间可能颇有避讳的考虑。此种所谓为亲者讳的史学理念其实将史家之秉笔直书的品德大打折扣。

府,年三十余,始元二年事也。淮南事元朔六年,是时德甫数岁,《传》误记。"①由于《楚元王传》基本属于刘向、刘歆自述,不应出现如此纰漏。此说导致误解者,在于如何断句,此句主语为"更生父德",而"武帝时治淮南狱"之主语却绝非刘德。由于在治淮南狱时,宗正参与度很高,而宗正刘受正是刘德从父,所以,时隔多年后,刘德有缘得到刘受抄没的淮南王书籍、文档,故此句正确点断应为:更生父德,武帝时治淮南狱,得其书。关于此言何谓,当时人则十分清楚,并不会造成误读。《汉书·郊祀志》说:"大夫刘更生献淮南枕中鸿宝苑秘之方,令尚方铸作。"所谓"淮南枕中鸿宝苑秘之方"亦是刘向得书之一种。此透露刘德了解淮南狱原委,为揭示淮南王一案冤情,身为宗正世家,理当具有史家良心,而同属丰公、高祖之后裔,刘德、刘向对淮南王遭际深怀同情怜惜之情,故刘氏叙述此案,则正体现还原事实的用心。由于淮南王冤狱难以经受历史检验,因此,《汉书》本传文字对在武帝指使下,直接铸成此一冤案的刘受并不叙述其具体作为,而是说在元朔六年,"故辟阳侯孙审卿善丞相公孙弘,怨淮南厉王杀其大父,阴求淮南事而构之于弘。弘乃疑淮南有畔逆计,深探其狱"。遂将肇始淮南冤狱的罪恶,归之于故辟阳侯孙和公孙弘,实际上,此二人避之唯恐不及,岂敢擅自大开杀戒! 显然有替武帝和宗正刘受开脱罪责之嫌!

然而如何保持史家正义感,除了在《汉书·淮南王传》中使用特殊笔法,展示在武帝威权之下,当时所证成淮南王之谋反,全属莫须有之词,真所谓欲加之罪何患无辞! 并且为了进一步暗示淮南王一案纯属冤狱,《汉书》在《淮南王传》后,紧接着就是《蒯伍江息夫传》,此传中蒯通之与韩信、伍被之与淮南王、江充之与戾太子、息夫躬之与东平王,蒯、伍、江、息夫四者皆仲尼所谓"恶利口之覆邦家"者,均是利欲熏心胆大包天之险士,其生平都与前汉一桩人神共泣冤案相联系。而此传不

---

① 王先谦《汉书补注》,上海师范大学古籍整理研究所整理,上海:上海古籍出版社2008年版,第3258页。

置于韩信、戾太子及东平王传后,唯独列于淮南王传后,其意指在于说明淮南王一案与韩信、戾太子等一样,同属遭致陷害,堪称千古奇冤。

而细察此种史家笔法和布置,既消除了作为宗正刘氏家族在此案中的罪责,又保留了淮南王案的真实信息,草蛇灰线,陈仓暗度,堪称一举两得的史家手段。这种处心积虑的布置,当出自当事者后人刘向之手笔;若认为这是班氏所为,则缺乏相应的理据。故将《楚元王传》《淮南王传》及《伍被传》三者联系起来看,《汉书》中无疑蕴涵着刘氏精心的谋篇布局。

刘向《说苑》《新序》和刘歆《西京杂记》都已出现记述前汉中后期人物的文字,它们自然早于《汉书》,可以视为《汉书》汲取了刘氏父子之劳绩,再踵事增华,以成今本《汉书》各传面貌。此按照如下考察,亦可一目了然。譬如《汉书》之《杨王孙传》《胡建传》《于定国传》《路温舒传》《枚乘传》《河间献王传》《主父偃传》《吾丘寿王传》《丙吉传》《夏侯胜传》和《说苑》记叙相对照;《汉书》之《韩安国传》《主父偃传》《苏武传》与《新序》相对照;相较于刘向,刘歆在文献上的功夫有过之而无不及,《论衡·乱龙》盛赞:"子骏,汉朝智囊,笔墨渊海。"《汉书》之《昭帝纪》《宣帝纪》《元帝纪》《成帝纪》《梁孝王传》《枚皋传》《景十三王传》《司马相如传》《公孙弘传》《司马迁传》《武五子传》《朱买臣传》《东方朔传》《朱云传》《杨王孙传》《霍光妻传》《傅介子传》《赵广汉传》《匡衡传》《杜邺传》《何武传》《王嘉传》《扬雄传》《五鹿充宗传》《游侠传》《外戚传》《佞幸传》《两粤传》等与《西京杂记》相对照,必然会发现,原来《汉书》纪传各篇,均或多或少地取材于刘向、刘歆著述,刘氏父子已经为《汉书》相关人物编写提供了蓝本,或为之滥觞。《西京杂记》第三《辨〈尔雅〉》云:"家君以为:'《外戚传》称"史佚教其子以《尔雅》",《尔雅》,小学也。'"此《外戚传》今人已不明其原貌,可能当时已有记述前汉外戚事迹的单篇文字,其属性也应归诸皇室内部秘档,刘氏父子可以见到,亦或许为后之史家所采纳。

同时，扬雄《法言》之《吾子》《修身》《问神》《寡见》《重黎》《先知》《问明》《渊骞》及《孝至》等也述及《汉书》中许多重要人物，此亦有力地佐证，在署名班固《汉书》问世之前，此书大致框架、人物及评价等已具雏形。扬雄作为班彪"父党"，可以读到班氏所藏"秘书"，而这些秘书又直接与刘向深有渊源。

《汉书·赵尹韩张两王传》云："赞曰：自孝武置左冯翊、右扶风、京兆尹，而吏民为之语曰：'前有赵、张，后有三王。'然刘向独序赵广汉、尹翁归、韩延寿，冯商传王尊，扬雄亦如之。"此透露出，将赵广汉、尹翁归、韩延寿同传，应是刘向安排；《西京杂记》第三《何武葬北邙》说："何武葬北邙山薄龙阪，王嘉塚东北一里。"按，《汉书》中，何武和王嘉同传，《西京杂记》所记已经体现出此二者紧密的关系；《汉书·景十三王传》说："赞曰：昔鲁哀公有言：'寡人生于深宫之中，长于妇人之手，未尝知忧，未尝知惧。'信哉斯言也！虽欲不危亡，不可得已。是故古人以宴安为鸩毒，亡德而富贵，谓之不幸。汉兴，至于孝平，诸侯王以百数，率多骄淫失道。何则？沉溺放恣之中，居势使然也。自凡人犹系于习俗，而况哀公之伦乎！夫唯大雅，卓尔不群，河间献王近之矣。"这对照《说苑》，在景帝诸子中，刘向独表河间献王一人，可知《汉书》完全秉承了刘向的观点；《汉书·李广苏建传》谓："赞曰：……孔子称'志士仁人，有杀身以成仁，无求生以害仁'，'使于四方，不辱君命'，苏武有之矣。"而刘向《新序》卷第七《节士》更早表彰了苏武作为使者的节义精神，《汉书》本传显然受其影响，并且对刘向《新序》中苏武事迹加以精心改造，以撰成一篇《苏武传》；《汉书·董仲舒传》说："赞曰：刘向称'董仲舒有王佐之材，虽伊、吕亡以加，管、晏之属，伯者之佐，殆不及也。'至向子歆以为'伊、吕乃圣人之耦，王者不得则不兴。故颜渊死，孔子曰："噫！天丧余。"唯此一人为能当之，自宰我、子赣、子游、子夏不与焉。仲舒遭汉承秦灭学之后，"六经"离析，下帷发愤，潜心大业，令后学者有所统壹，为群儒首。然考其师友渊源所渐，犹未及乎游、夏，而曰管、晏弗及，伊、吕不加，过矣'。至向曾孙龚,笃论君子也,以歆之言为然。"对照《汉书·贾谊传》说:"赞曰:刘向称'贾谊言三代与秦治乱之意,其论甚美,通达国体,虽古之伊、管未能远过也。使时见用,功化必盛。为庸臣所害,甚可悼痛。'"参见《汉书·礼乐志》记录贾谊谈制礼作乐的言论,与赞美董仲舒相似,因贾谊也属于其承传谱系中人物,所以亦称他"虽古之伊、管未能远过也";《汉书·司马迁传》说"赞曰:……故司马迁据《左氏》《国语》,采《世本》《战国策》,述《楚汉春秋》,接其后事,讫于天汉。其言秦汉,详矣。至于采经摭传,分散数家之事,甚多疏略,或有抵牾。亦其涉猎者广博,贯穿经传,驰骋古今,上下数千载间,斯以勤矣。又其是非颇缪于圣人,论大道则先黄、老而后'六经',序游侠则退处士而进奸雄,述货殖则崇势利而羞贱贫,此其所蔽也。然自刘向、扬雄博极群书,皆称迁有良史之材,服其善序事理,辨而不华,质而不俚,其文直,其事核,不虚美,不隐恶,故谓之实录。"故而,前汉贾谊、董仲舒以及司马迁等,作为重要人物,端赖向、歆父子之表彰,才形成其思想史、史学史地位,他们代表了前汉超越自我,且具有终极关怀的一类人物;《汉书·韦贤传》叙述:"韦贤字长孺,鲁国邹人也。其先韦孟,家本彭城,为楚元王傅,傅子夷王及孙王戊。"内有刘歆赞美武帝,鼓吹向外扩张言论。文末赞曰:"司徒掾班彪曰:汉承亡秦绝学之后,祖宗之制因时施宜。自元、成后学者蕃滋,贡禹毁宗庙,匡衡改郊兆,何武定三公,后皆数复,故纷纭不定。何者?礼文缺微,古今义异制,各为一家,未易可偏定也。考观诸儒之议,刘歆博而笃矣。"刘氏父子观点多为《汉书》叙述确定基调,具有导向意义。

张汤,在《史记·酷吏列传》中,寄托了司马迁无比的痛恨!但是其子张安世辅佐昭、宣,在武帝死后,对于安定汉朝功勋卓著,作为同僚刘德亦感其功德,这决定了对张汤的功过判断,势必出现不同于司马迁的声音。所以,《论衡·程才》说:"张汤、赵禹,汉之惠吏,太史公序累,置于酷部而致土崩。"《论衡·定贤》曰:"盖世优者,莫过张汤,张汤文深,在汉之朝,不称为贤。太史公序累以汤为酷,酷非贤者之行。"此都表明,在司马迁之后,由于刘向的评价与司马迁不同,导致《论衡》远绍刘说,对张汤亦褒多贬少,甚至有所肯定;而体现在《汉书·张汤传》里,关于张汤的部分,基本上抄袭《史记》本传,而关于其子孙,却给予正面评价,其赞曰:"冯商称张汤之先与留侯同祖,而司马迁不言,故阙焉。汉兴以来,侯者百数,保国持宠,未有若富平者也。汤虽酷烈,及身蒙咎,其推贤扬善,固宜有后。安世履道,满而不溢。贺之阴德,亦有助云。"所以《汉书》特为张汤设专章以列传,尤其指出"其推贤扬善,固宜有后",显然,此迥别于《史记》;杜延年之入《汉书》,亦有殊途同归之妙,缘于他揭发武帝托孤同盟霍光之对立者而立功,所以成为历史人物,更因为其子孙后代俊杰辈出,所以更有理由为之专门列传,其《传》末赞张、杜曰:"而俱有良子,德器自过。"持此说者,亦非向、歆莫属也;《汉书·东方朔传》云:"赞曰:刘向言少时数问长老贤人通于事及朔时者,皆曰朔口谐倡辩,不能持论,喜为庸人诵说,故令后世多传闻者。"为东方朔立传,亦与刘向等重视其人有关①。而《东方朔传》中记载:"是时朝廷多贤材,上复问朔:'方今公孙丞相、兒大夫、董仲舒、夏侯始昌、司马相如、吾丘寿王、主父偃、朱买臣、严助、汲黯、胶仓、终军、严安、徐乐、司马迁之伦,皆辩知闳达,溢于文辞,先生自视,何与比哉?'"观今本《汉书》,武帝口中所谈及人物,在今本《汉书》中几乎都有传,甚至可视为重要传主,这一名单出自武帝之蓄思?抑或出乎向、歆之所胪列?若对照今本《汉书》传主人名之编排,可以说此出于后者之可能性要大得多。

因此,刘向、刘歆在《汉书》中明显的印记,堪谓不胜枚举,比比皆是,班固撰写《汉书》的过程中,确实如葛洪所言,对于刘氏父子颇有借鉴。实际上,刘氏父子为班氏父子提供了撰史基础,若无刘氏父子奠基于前,则绝无班氏《汉书》之问世。

---

① 朱东润著《八代传叙文学述论》第二《传叙文学底蒙昧时期》指出:"西汉传下来的第一部传叙是《东方朔传》……《东方朔传》底完成,在《汉书》以前,其证有三……"可供参考。上海:复旦大学出版社 2006 年版,第 40 页。

三、署名班固《汉书》中重要传主的遴选与刘氏父子的关系

署名班固撰《汉书》所存在的更大问题,并不在于上述明显的因袭现象,而是其对传主的遴选,大受刘向、刘歆的影响。而刘氏在斟酌何者入传、何者不入传的问题时,太注重人物与自己及家族的关系,这些人物或同功一体、或不共戴天、或所见略同、或针锋相对,于是敌、友入传,或贬斥泄愤,或歌功颂德,皆有因缘可考。而这种多以刘氏家族为中心来遴选、裁断传主的方式,到班氏编撰《汉书》时已缺乏清晰的判断力,所以仍须以刘氏马首是瞻,并不敢越雷池半步,使其所撰《汉书》在客观全面和公正性上均存有问题。

读《汉书》,当以《楚元王传》为纲,并且以《五行志》等为辅佐,来观其书之结构和用心,如此可以起到提纲挈领的作用。相较于《史记》对刘汉立国之后的记载仅关注朝政之情势,今本《汉书》至少有两个关注点,除了朝政之外,还有楚元王一系之遭际。刘向活跃于宣、元、成帝三朝政坛,他与他的父亲刘德一生所经历的大事件,包括:第一,在霍光立昭帝后,霍光与上官桀、桑弘羊等人的联盟破裂,身为宗正的刘德帮助霍光治上官氏、盖主一案①。表明刘德当时站到了霍光一边;第二,参与立宣帝,《汉书·霍光传》说:"光遣宗正刘德至曾孙家尚冠里,洗沐赐御衣,太仆以軨猎车迎曾孙就斋宗正府,入未央宫见

---

① 桑弘羊其人在前汉属重要人物,可惜未有专门传记,仅在《汉书·车千秋传》后,附有关于桑弘羊不到五十字的记述,为其一生作一了结;并在《食货志》等处有零星记述,写其结局,《汉书·食货志》曰:"弘羊自以为国兴大利,伐其功,欲为子弟得官,怨望大将军霍光,遂与上官桀等谋反,诛灭。"此两则叙述基本相同,作为武帝时代经济领域重要人物,桑弘羊本应被单独立传,惜乎其人关涉许多内幕隐情,并且属刘德在政治上的对立面,于是就只好闪烁其词,不敢尽情披露了。

皇太后,封为阳武侯。"这是刘氏家族在前汉走向显赫的起点①;第三,刘德反戈一击,协助宣帝在霍光身后铲除霍氏余势,重整朝纲。按《汉书·外戚恩泽侯表》记述,宣帝地节四年乙卯三月,封刘德为阳城侯,而至本年七月,宣帝就以霍氏谋反为借口,诛灭霍氏,刘德在其间发挥作用,深得宣帝信赖;第四,元帝朝,刘向与萧望之、周堪等一道,和代表许、史外戚势力的中书宦官弘恭、石显展开殊死博弈。《汉书·楚元王传》中刘向称自己和萧望之、周堪为三独夫,与政敌石显等结怨甚深,几乎到你死我活的地步;第五,成帝朝,外戚王氏秉政,刘向奋然攻讦。《汉书·楚元王传》云:"向每召见,数言公族者国之枝叶,枝叶落则本根无所庇荫;方今同姓疏远,母党专政,禄去公室,权在外家,非所以强汉宗,卑私门,保守社稷,安固后嗣也。"刘向特撰《洪范五行传论》以表讥讽;由于"赵、卫之属起微贱,逾礼制",且"政由王氏出",所以刘向忧心忡忡,遂上封事极谏曰:"事势不两大,王氏与刘氏亦且不并立。"第六,成帝朝,营造皇陵,奢侈无度,刘向上谏反对厚葬。一部《汉书》,体会入传之人物,似难脱以上六端之干系,这些事件虽然可以称得上是前汉武帝身后的重大政治斗争,然而,必须看到,刘德、刘向和刘歆亦并非纯然从儒家道统出发,来为民请命、仗义执言。他主要代表刘氏宗亲一系政治和经济利益,所以刘氏不遗余力地对外戚口诛笔伐,此从某种程度上看,实际上是刘氏诸侯和皇帝外戚利益的较量。《汉书·楚元王传》记载刘向"乃使其外亲上变事"说:"窃闻故前将军萧望之等,皆忠正无私,欲致大治,忤于贵戚尚书。"此言将自己和萧望之等人与"贵戚尚书"对立局面揭示无遗;而弘恭、石显查明此书为刘向所为,"劾更生前为九卿,坐与望之、堪谋排车骑将

---

① 《汉书·楚元王传》记载:"昭帝即位,或说大将军霍光曰:'将军不见诸吕之事乎?处伊尹、周公之位,摄政擅权,而背宗室,不与共职,是以天下不信,卒至于灭亡。今将军当盛位,帝富春秋,宜纳宗室,又多与大臣共事,反诸吕道,如是则可以免患。'光然之,乃择宗室可用者。"刘辟彊和刘德父子因此受到重用,尤其在助立宣帝之后,"宗家以(刘)德得官宿卫者二十余人",宗室顿成一股重要的政治力量。

军高、许、史氏侍中者,毁离亲戚,欲退去之,而独专权"。此所言之"亲戚"乃外戚之谓也,总刘向一生,堪称刘氏宗亲利益的代言人,当然更是自家利益捍卫者,其言行无不与此种身份立场相关联。

作为崛起于霍光执政时期之家族,就必须维护昭帝和霍光本人的合法性,即使对于阴谋谎言,也须为之回护遮掩,竭力使阴谋具有正当性,亦令谎言能够自圆其说。否则,秉笔直书,揭示真相,则昭帝之所出就极其可疑,那么,前汉国祚难道断绝于武帝之死?依照天统观念,若昭帝存疑,则《太史公书》之后,也就不必继续书写汉刘朝廷的历史了,然则作为联手结盟者刘氏,其所作所为,也就同属附逆,同属于乱臣贼子、大逆不道。所以宗正刘氏就必须为之证明,昭帝之立,乃出自武帝心意,且毋庸置疑!《汉书·公孙弘卜式兒宽传》赞曰:"受遗则霍光、金日磾,其余不可胜纪。"这说明作者以霍、金受武帝托孤,乃实有其事,这正是刘德、刘向所持口径;而且,昭帝身后,昌邑王始立终废,也是天经地义;甚至于霍光死后,家族覆灭,更是咎由自取、势所必然。所有这一切,均在向、歆父子相关著述中获得一致证据,遂令《五行志》与政敌厄运之记述,如影随形,合二为一,先入为主地设定其覆灭的下场,乃天命不可违也。杨树达《汉书窥管》认为此志乃"汉世此说盛行,故班创为此志以记其说。由今观之,其说绝无义理,读者勿为所惑可也"[1]。这未免皮相之见。观《论衡·别通》说:"孝武皇帝时,燕王旦在明光宫,欲入所卧,户三百尽闭,使侍者二十人开户,户不开,其后旦坐谋反自杀。夫户闭,燕王旦死之状也。死者,凶事也,故以闭塞为占。"[2]对照《汉书·天文志》云:"孝昭始元中……后荧惑出东方,守太白,兵当起,主人不胜。后流星下燕万载宫极,东去,法曰'国恐,有诛'。其后左将军桀、骠骑将军安与长公主、燕刺王谋乱,咸伏

---

[1] 杨树达著《汉书窥管》,上海:上海古籍出版社1984年版,第171页。

[2] 《西京杂记》第三《广陵死力》云:"广陵王胥有勇力,常于别囿学格熊。后遂能空手搏之,莫不绝脰。后为兽所伤,陷脑而死。"然而《汉书·武五子传》却说刘胥"以绶自绞死",《西京杂记》有意隐瞒其死因。

其辜。"《汉书·五行志上》记述:"昭帝元凤元年,燕城南门灾。刘向以为时燕王使邪臣通于汉,为谗贼,谋逆乱。南门者,通汉道也。天戒若曰,邪臣往来,为奸谗于汉,绝亡之道也。燕王不寤,卒伏其辜。"《汉书·五行志中之下》曰:"昭帝元凤元年,有鸟与鹊斗燕王宫中池上,鸟堕池死,近黑祥也。时燕王旦谋为乱,遂不改寤,伏辜而死。"意指武帝有成年五子,即使在年龄上,他们远比年仅八岁的昭帝更具继位资格,也更合乎武帝选择继承人的逻辑性,但是上述种种灾异预示着他们都不得善终,而帝位继承自然非昭帝莫属也①!

如何处置昌邑王,是霍光面对的一个难题,怎样在舆论上加以解决? 莫若以昌邑王自身流露的种种恶德败相来解释,最具说服力。《论衡·遭虎》曰:"昌邑王时,夷鸰鸟集宫殿下,王射杀之,以问郎中令龚遂,龚遂对曰:'夷鸰野鸟,入宫,亡之应也。'其后昌邑王竟亡。"《论衡·商虫》有曰:"昌邑王梦西阶下有积蝇矢,明旦召问郎中龚遂,遂对曰:'蝇者,谗人之象也。夫矢积于阶下,王将用谗臣之言也。'"《汉书·天文志》记述:"(元平元年)二月……占曰:'太白散为天狗,为卒起。卒起见,祸无时,臣运柄。祥云为乱君。'到其四月,昌邑王贺行淫辟,立二十七日,大将军霍光白皇太后废贺。"而且昌邑王注定将败,其恶兆始显于昭帝之时,《汉书·五行志中之上》说:"昭帝时,昌邑王贺遣中大夫之长安,多治仄注冠,以赐大臣,又以冠奴。刘向以为近服妖也。"②《汉书·五行志中之上》又曰:"昭帝时,昌邑王贺闻人声曰'熊',视而见大熊,左右莫见,以问郎中令龚遂,遂曰:'熊,山野之兽,而来入宫室,王独见之,此天戒大王,恐宫室将空,危亡之象

---

① 《汉书·武五子传》叙述:"是时天雨,虹下属宫中饮井水,水泉竭。厕中豕群出,坏大官灶。鸟鹊斗死。鼠舞殿端门中。殿上户自闭,不可开。天火烧城门。大风坏宫城楼,折拔树木。流星下堕。后妃以下皆恐。王惊病,使人祠霞水、台水。王客吕广等知星,为王言:'当有兵围城,期在九月十月,汉当有大臣戮死者。'语具在《五行志》。"此属《武五子传》与《五行志》相配合的一种叙述方式,互为印证。
② 《汉书·武五子传》云:"初,贺在国时,数有怪。尝见白犬,高三尺,无头,其颈以下似人,而冠方山冠……语在《五行志》。"

也。'贺不改寤,后卒失国。"龚遂所言,几乎等同诅咒。王充和班固不可能捏造这些记载,此出自当时与霍光为命运利益共同体的刘德、刘向的可能性最大;而在《五行志》中,刘向说《春秋》亦纯出自影射当世的目的,与借灾异讥刺朝政,乃合二为一之手段也。

按,《论衡》对前汉各帝的记述,除了汉高祖之外,看得出其重心落在了宣帝身上①,所谓"汉宣中兴"与刘氏家族的命运休戚相关。由于刘氏家族对宣帝感恩戴德,所以《论衡》之"宣汉",是把后汉的明帝与前汉的宣帝二朝相并列的,而大肆渲染前汉宣帝时期种种祥瑞,其实出自刘氏,这是显而易见的。而要为宣帝的天授神与之合法性大张旗鼓,树立昭帝,贬斥昌邑王,自然属于题中应有之义了。

前汉末年,扬雄《解嘲》谓:"非萧、曹、子房、平、勃、樊、霍则不能安。"对于霍光的功绩,曾经作为霍光的同盟者的刘德、刘向等自然并不完全否认,但一旦霍光势大,甚至一手遮天,其权势凌驾于皇权之上,刘氏宗室的权益也被边缘化,此时,与皇室沾亲带故的刘德、刘向绝对不能坐视不顾。《汉书·王商传》记载在元帝时,蜀郡张匡之对曰:"自汉兴几遭吕、霍之患。"此说明霍光家族之专权,到元帝时,其危害性已被渲染到与吕氏相仿佛的地步。当霍光死去,顺势推倒霍氏家族,扫清权力的障碍,亦成为刘氏家族与宣帝的共同愿望。《汉书·五行志上》说:"元凤四年五月丁丑,孝文庙正殿灾。刘向以为孝文,太宗之君,与成周宣榭火同义……是岁正月,上加元服……光亡周公之德,秉政九年,久于周公,上既已冠而不归政,将为国害。故正月加元服,五月而灾见。"霍光大权独揽,刘氏早已不能容忍,见《论衡·变动》云:"霍光家且败,第墙自坏。谁哭于秦宫,泣于霍光家者?然而门崩墙坏,秦、霍败亡之征也。"《说苑·权谋》记述:"孝宣皇帝时,

---

① 《论衡·指瑞》记述:"孝宣皇帝之时,凤皇五至,骐驎一至,神雀、黄龙、甘露、醴泉,莫不毕见,故有五凤、神雀、甘露、黄龙之纪。使凤、骐审为圣王见,则孝宣皇帝圣人也;如孝宣帝非圣,则凤、骐为贤来也。为贤来,则儒者称凤皇、骐驎,失其实也。凤皇、骐驎为尧、舜来,亦为宣帝来矣。夫如是,为圣且贤也。儒者说圣太隆,则论凤、骐亦过其实。"

霍氏奢靡。茂陵徐先生曰：'霍氏必亡！夫在人之右而奢，亡之道也。孔子曰："奢则不逊。"夫不逊者必侮上，侮上者，逆之道也。出人之右，人必害之。今霍氏秉权，天下之人，疾害之者多矣。夫天下害之，而又以逆道行之，不亡何待？'乃上书言：'霍氏奢靡，陛下即爱之，宜以时抑制，无使至于亡。'书三上，辄报闻。其后霍氏果灭。董忠等以其功封。"①而《汉书·霍光传》亦谓："初，霍氏奢侈，茂陵徐生曰：'霍氏必亡。'"异口同声说出霍氏必亡的缘由；《西京杂记》第一《霍显为淳于衍起第赠金》说：霍光妻遗淳于衍奢侈品物无数，衍犹怨曰："吾为尔成何功，而报我若是哉！"指淳于衍帮助霍光妻害死宣帝皇后之事。这些文字意在为铲除霍家势力营造声势，作出铺垫，并且向社会作出解释，便把血淋淋的朝廷斗争归于天命，即使再惨烈，也令世人觉得霍氏命该如此，厄运难逃，甚至罪该万死。联系《汉书·天文志》曰："（宣帝地节元年）其丙寅，又有客星见贯索东北，南行，至七月癸酉夜入天市，芒炎东南指，其色白。占曰：'有戮卿。'一曰：'有戮王，期皆一年，远二年。是时，楚王延寿谋逆自杀。四年，故大将军霍光夫人显、将军霍禹、范明友、奉车霍山及诸昆弟宾婚为侍中、诸曹、九卿、郡守皆谋反，咸伏其辜。'"《汉书·五行志中之上》有谓："宣帝时，大司马霍禹所居第门自坏。时禹内不顺，外不敬，见戒不改，卒受灭亡之诛。"②《汉书·五行志下之下》记录："宣帝地节元年正月，有星孛于西方，去太白二丈所。刘向以为太白为大将，彗孛加之，扫灭象也。明年，大将军霍光薨，后二年家夷灭。"这些记述合若符节，其实是把霍光一生及其家族由盛转衰作了一个了结。

但是对此凶险恶斗，却大致上出于此中既得利益者刘氏的叙述，作为始作俑者，其片面、虚假甚至残忍都不可避免，可以想象，当时许

---

① 《说苑校证》，刘向撰，向宗鲁校证，北京：中华书局1991年版，第323页。
② 《汉书·霍光传》云："显梦第中井水溢流庭下，灶居树上，又梦大将军谓显曰：'知捕儿不？亟下捕之。'第中鼠暴多，与人相触，以尾画地。鸮数鸣殿前树上。第门自坏。云尚冠里宅中门亦坏。"

多历史真相都被湮灭于其叙述之中了，真令人有"尽信书，不如无书"之叹！昭、宣、元、成四朝，其历史难道仅仅是这些利益纷争吗？历史本身远比这些人、事要丰富和复杂，但是在刘氏视野中，所谓历史也就是其家族兴亡成败史，甚至一切历史都是个人史，其史学眼光未能超越其家族利害遭际，厕身于当时利益纠葛之中，刘向亦不能免俗，这令他局囿其中而不能超拔，这对于一个史家而言，正是巨大的缺陷。

于是如何遴选人物入史传，就必然地带有刘氏父子的主观性。《汉书·霍光传》记载霍光借太后之名义，废黜昌邑王，他与群臣联名上奏曰："丞相臣敞、大司马大将军臣光、车骑将军臣安世、度辽将军臣明友、前将军臣增、后将军臣充国、御史大夫臣谊、宜春侯臣谭、当涂侯臣圣、随桃侯臣昌乐、杜侯臣屠耆堂、太仆臣延年、太常臣昌、大司农臣延年、宗正臣德、少府臣乐成、廷尉臣光、执金吾臣延寿、大鸿胪臣贤、左冯翊臣广明、右扶风臣德、长信少府臣嘉、典属国臣武、京辅都尉臣广汉、司隶校尉臣辟兵、诸吏文学光禄大夫臣迁、臣畸、臣吉、臣赐、臣管、臣胜、臣梁、臣长幸、臣夏侯胜、太中大夫臣德、臣印昧死言皇太后陛下……"这是废黜昌邑王时，霍光联手或要挟的同盟者名单，以此反观刘向《新序》，其中写到最晚近的当代人物是苏武，此绝非偶然。前已述及，刘向《新序》卷第十《善谋下》大致上是一部简明的前汉开国史，它写到武帝朝就戛然而止。而苏武是在昭帝即位后，于始元六年春至京师，在刘向《新序》中，他出现于卷第七《节士》之二十九则《苏武章》，除《新序》卷第十《善谋下》之外，苏武是《新序》全书中唯一出现的前汉人物，故颇具特殊性。《汉书·苏武传》说："数年，昭帝崩，武以故二千石与计谋立宣帝，赐爵关内侯，食邑三百户。久之，卫将军张安世荐武明习故事，奉使不辱命，先帝以为遗言。宣帝即时召武待诏宦者署，数进见，复为右曹典属国。以武著节老臣，令朝朔望，号称祭酒，甚优宠之……甘露三年，单于入朝。上思股肱之美，乃图画其人于麒麟阁，法其形貌，署其官爵姓名。唯霍光不名，曰大司马大将军博陆侯姓霍氏，次曰卫将军富平侯张安世，次曰车骑将军龙额侯韩增，次曰后将军营平侯赵充国，次曰丞相高平侯魏相，次曰丞相博阳侯丙吉，次曰御史大夫建平侯杜延年，次曰宗正阳城侯刘德，次曰少府梁丘贺，次曰太子太傅萧望之，次曰典属国苏武。皆有功德，知名当世，是以表而扬之，明著中兴辅佐，列于方叔、召虎、仲山甫焉。凡十一人，皆有传。自丞相黄霸、廷尉于定国、大司农朱邑、京兆尹张敞、右扶风尹归翁及儒者夏侯胜等，皆以善终，著名宣帝之世，然不得列于名臣之图，以此知其选矣。赞曰：……孔子称'志士仁人，有杀身以成仁，无求生以害仁'，'使于四方，不辱君命'，苏武有之矣!"①两段文字相对照，废黜昌邑王，与立宣帝，这在刘向心目中是前汉极其重大的政治事件，署名班固《汉书》的重心也被这种观点所左右。上述前后两份名册相比较，发现政局又变，霍光倒台，但是其中大多数人物审时度势，及时转向，经受住风浪颠簸，成为捍卫皇室的功臣。按《汉书·张汤传》附《张安世传》叙述皇曾孙幼孤，张安世兄张贺"所以视养拊循，恩甚密焉"，在宣帝心中，张安世远比霍光亲近；车骑将军龙额侯韩增即共同署名废黜昌邑王之"前将军臣增"也；按《汉书·赵充国传》说："与大将军霍光定册尊立宣帝，封营平侯。"据《汉书·魏相传》叙述，可知魏相有助于宣帝亲政；而从《汉书·丙吉传》中可以看到，丙吉曾经保护和抚养卫太子孙，也就是后来的汉宣帝，后又参与了尊立皇曾孙之事，功不可没，以致宣帝为报恩，封之为丞相②；《汉书·杜延年传》说："延年知曾孙德美，劝光、安世立焉。"《汉书·刘德传》说刘德"与立宣帝"；《汉书·儒林传》说梁丘贺从太中大夫京房受《易》，他是宣帝十分相信的"风水师"；《汉书·萧望之传》记录萧望之上疏，鼓动宣帝在霍光身后，消除霍氏余势。上述人物之事功，其重点不在国而在君，此辈在宣帝落难时挺身保护、在宣帝继位前参与谋立，并且在

---

① 《论衡·须颂》说："宣帝之时，画图汉列士，或不在于画上者，子孙耻之。何则？父祖不贤，故不画图也。"按《汉书》所谓的"凡十一人"，是否包含图画于麒麟阁的全部人物，十分可疑，其所选取的十一人，标准太过单一了。

② 《汉书·外戚传》对此另有叙述，然而，"丙吉"却作"邴吉"，亦不一致。

宣帝与霍氏斗争中给予坚定的支持,故而有资格图画于麒麟阁,且在署名班固《汉书》中亦凸显为重点人物,备受关注。而宗正阳城侯刘德列名其间,这是刘氏家族巅峰时刻,堪称铭心刻骨! 在麒麟阁画图人物中,苏武虽忝陪末座,但意义深远①。同时,上文所谓"自丞相黄霸、廷尉于定国、大司农朱邑、京兆尹张敞、右扶风尹归翁及儒者夏侯胜等,皆以善终,著名宣帝之世,然不得列于名臣之图,以此知其选矣",意指关于图画麒麟阁的标准,作者与宣帝尚存在着些许不同看法,他认为像黄霸、于定国、朱邑、张敞、尹归翁及夏侯胜等六人,不能跻身于麒麟阁,实属憾事。这样的意见,绝非班固之观点,而是出自向、歆之私见,原因就是这些人物与刘氏比较接近,且有利益之瓜葛,譬如观《汉书·张敞传》,作者为何浓墨重彩乎张敞? 张敞云:"故仲尼作《春秋》,迹盛衰,讥世卿最甚。"仅此一点,就与刘向心有戚戚焉。然而,客观而论,关于图画麒麟阁的标准,宣帝与向、歆存在歧异,其症结在于宣帝表彰上述人物,其主旨是要订立攻守同盟,这些人被宣帝裹挟,一起做了一桩或数桩惊天动地、瞒天过海甚至恶贯满盈的大事,他们和宣帝一荣俱荣、一损俱损,所以,宣帝要"绑架"他们,将他们钉在麒麟阁的光荣榜抑或耻辱柱上,起到盟誓的作用,令此辈谨言慎行,多所禁忌,大家共同维护此利用恐怖平衡所建立起的利益共同体,其意在此乎!

读《汉书·魏相丙吉传》说:"赞曰:……近观汉相,高祖开基,萧、曹为冠,孝宣中兴,丙、魏有声。"认为魏相、丙吉可与萧、曹相比肩,其实比较二者之功绩,真所谓天壤之别,而之所以要作这样的比附,原因在于把辅佐宣帝的功勋夸大了,而之所以夸大这种功勋,原因就在于其始作俑者之本人或家族在宣帝一朝获益良多,而持这样立场的史学家,则非刘氏莫属也。

而在《汉书·苏武传》中,图画于麒麟阁之十一人,再加上刘氏赞

---

① 参见拙作《关于〈汉书·苏武传〉成篇问题之研究》,《文学遗产》2009年第1期。

赏的六人,总共十七人之所以成为重要的传主,当属刘向的规划。而另外,刘向将自己与中书宦官弘恭、石显等斗争的意义夸大了,《汉书·五行志》云:"刘向以为先是前将军萧望之、光禄大夫周堪辅政,为佞臣石显、许章等所谮,望之自杀,堪废黜。"两边对阵,壁垒森严,于是以此为准衡,划出了坚决参与斗争者,宣、元时期有萧望之和周堪一系,成帝朝有翟方进、谷永等,萧、周是刘向志同道合者,《汉书·萧望之传》说:"初,宣帝不甚从儒术,任用法律,而中书宦官用事。"中书宦官弘恭、石显代表着许、史外戚的势力,而外戚势大,则会令刘氏宗亲权益受损,作为刘氏权益代表者的刘向与之斗争,甚或放言无忌,元帝要平衡刘氏和外戚二者的力量,大多时候都能包容刘向的言论,考察刘向所言所行,实与捍卫公平正义、普世价值不可等量齐观;而后之翟方进,按《汉书》本传记载,"方进虽受《穀梁》,然好《左氏传》、天文星历,其《左氏》则国师刘歆,星历则长安令田终术师也。"颜注:"如淳曰:'刘歆及田终术二人皆受学于方进。'"按《论衡·案书》云:"《春秋左氏传》者,盖出孔子壁中。孝武皇帝时,鲁共王坏孔子教授堂以为宫,得佚《春秋》三十篇,《左氏传》也。公羊高、穀梁寘、胡母氏皆传《春秋》,各门异户,独《左氏传》为近得实。何以验之?《礼记》造于孔子之堂,太史公,汉之通人也,左氏之言与二书合,公羊高、穀梁寘、胡母氏不相合。又诸家去孔子远,远不如近,闻不如见。刘子政玩弄《左氏》,童仆妻子皆呻吟之。"此说明刘氏父子学术和翟方进相近,而且翟方进身为刘歆老师,虽然日后翟方进之子翟义挺身而出,反抗王莽执政,刘歆却依附于莽新政权,两家最终分道扬镳。但是,《汉书·翟方进传》对于翟氏内心如此精微把握,显然非班氏可以办到,其出自曾经亲近翟氏的刘歆所叙述,其可能性更大。萧、翟在《汉书》中特被专章叙录,且与依违朝廷两股势力之间的匡衡、张禹等一系,还有其对立面,像弘恭、石显等,都在《汉书》中占据了太过重要的篇幅。扬雄《法言·先知》说:"或问曰:'载使子草律。'曰:'吾不如弘恭。''草奏。'曰:'吾不如陈汤。'曰:'何为?'曰:'必也律不犯,奏不剡。'"①扬雄不过拾人牙慧而已。《汉书·匡张孔马传》说:"赞曰:自孝武兴学,公孙弘以儒相,其后蔡义、韦贤、玄成、匡衡、张禹、翟方进、孔光、平当、马宫及当子晏咸以儒宗居宰相位,服儒衣冠,传先王语,其酝藉可也,然皆持禄保位,被阿谀之讥。彼以古人之迹见绳,乌能胜其任乎!"班固看清楚了他们自私自利的本质,将这些在前汉以儒宗居宰相位者,一并加以挞伐,但是他却忽视了刘氏对这些人物尚有亲疏之别。譬如匡衡和张禹有时故意讨好外戚,因此,刘氏虽然肯定其经学造诣,然而,对其言行却至为不满,因他们危及和损害刘氏宗亲利益,在刘氏意识中,萧望之、翟方进与匡衡、张禹等,尚不可同日而语,班固上述所谓"赞曰",显然违背刘氏初衷,但是《汉书》依然一仍刘氏所定之体例和人物,于是产生了明显的矛盾;而成帝朝,谷永亦上疏谏厚葬,谷永与杜邺都有抵制外戚的言论,此二者参与到朝中各种势力的倾轧之中,本身虽俱有投机的品格,由于刘向、刘歆视之为同道,也被《汉书》纳入同传,并大书特书,这就简直把国史当作家传来书写了②。无怪乎《汉书·谷永杜邺传》之"赞曰:孝成之世,委政外家,诸舅持权,重于丁、傅在孝哀时。故杜邺敢讥丁、傅,而钦、永不敢言王氏,其势然也……可谓谅不足而谈有余者。孔子称'友多闻',三人近之矣"。《汉书·谷永传》述及:"永于经书,汎为疏达,与杜钦、杜邺略等,不能洽浃如刘向父子及扬雄也。"而如此钻营者竟然也在《汉书》中占有一席之地,不能不认为此为刘氏的选择和安排。一大批入《汉书》的人物,都与抗争石显相关,譬如王尊、王章、陈咸、陈汤、京房、贾捐之、朱云,等等,他们被《汉书》书写,且大多呈现为正面形象,假如均与刘向所关注的朝廷党政相牵涉,于是刮垢磨光,被拔高,被美化,然则,历史就变得狭隘和简单,即使经学之辉光,

---

① 《法言义疏》,汪宝荣撰,陈仲夫点校,北京:中华书局1987年版,第303页。
② 《论衡·超奇》说:"观谷永之陈说,唐林之宜言,刘向之切议,以知为本,笔墨之文,将而送之,岂徒雕文饰辞,苟为华叶之言哉?"将谷永和刘向并列,其实承袭了刘向推崇谷永的观点。

亦无助于照亮此辈内心之苍白。

成帝朝,赵飞燕姊弟受成帝专宠,刘氏和班氏都是受害者,《西京杂记》第二《赵后淫乱》演义道:"庆安世年十五,为成帝侍郎,善鼓琴,能为《双凤》《离鸾》之曲。赵后悦之,白上,得出入御内,绝见爱幸。常著轻丝履,招风扇,紫绨裘,与后同居处。欲有子,而终无胤嗣。赵后自以无子,常托以祈祷,别开一室,自左右侍婢以外,莫得至者,上亦不得至焉。以辇车载轻薄少年,为女子服,入后宫者日以十数,与之淫通,无时休息。有疲怠者,辄差代之,而卒无子。"刘、班对赵氏姐妹恨之入骨,于是赵氏就被刻画成一个飞扬跋扈的女子,尤其传中借解光之口,揭露其累累罪行,并且夸大了她确立定陶王为成帝继承者的作用。这是刘、班联手的"杰作",几乎把前汉走向王莽篡权罪责之很大一部分都推给了赵飞燕,落入女宠祸水之窠臼。

考察刘向家族境遇,在宣帝朝,由于风云际会,刘德受宠,楚元王一系家族稍稍得势,而到元帝和成帝时期,因为二帝倚重外戚,刘向等刘氏宗亲被冷落,且明显有所失势,而作为既得利益者,向、歆父子绝不甘心,他们必然作出抗争。因此观《汉书·楚元王传》,刘向一系列撰述,均意在攻击外戚,元帝朝,刘向与外戚势力作殊死较量,自身仕途也因此而跌宕沉浮,但他还是奋不顾身地上封事谏曰"臣前幸得以骨肉备九卿""臣幸得托肺附",他自恃"散骑宗正给事中"的身份,所以敢于放言无忌①。然而所借重于《春秋》经传者,矛头所指,目标明确,惟在外戚。《汉书·五行志中之上》云:"(元帝)永光中,有献雄鸡生角者。京房《易传》曰:'鸡知时,知时者当死。'房以为己知时,恐当之。刘向以为房失鸡占。鸡者小畜,主司时,起居人,小臣执事为政之象也。言小臣将秉君威,以害正事,犹石显也。竟宁元年,石显伏辜,此其效也。一曰,石显何足以当此?……"刘向以自然界事物比附政

---

① 《汉书》本传记载:"更生年少于望之、堪,然二人重之,荐更生宗室忠直,明经有行,擢为散骑宗正给事中,与侍中金敞拾遗于左右。"刘向得以靠近王权中心,萧望之、周堪二人之举荐,发挥了关键性作用。

治,由于自己陷入斗争之漩涡至深,所以含沙射影,几乎草木皆兵,并不避忌指鹿为马,竟把一切怪异现象都比附于政敌,此令他人亦感诧异,一只生角的雄鸡与石显其人怎么会有关联?但是此人把此鸡与"王氏之权自凤起"联系起来了,似乎更上纲上线到整个政治乱象,亦足见当时抗衡外戚专权的呼声,代表着当时社会较广大阶层的心愿,此乃由汉代政治结构所铸成的矛盾纷争,此种斗争不可避免。刘向不屈不挠地抗拒外戚势力,也与此普遍心愿相呼应,获得了一种道德上的正当性,由此激发他对外戚作出更决绝的抨击。而分别作为宗亲及外戚、佞幸两股势力代表人物,无论妍媸,不计是非,皆缘于刘向心目中太在意此种角力,而被过度地凸显和放大,刘向此种激烈反外戚势力的情结反映到《汉书》之中,一叶障目,倚轻倚重,必然严重影响《汉书》之史学成就。

譬如《史记·外戚世家》叙述起于吕后,大体上止于李夫人,篇幅较小。而《汉书·外戚传》,一则由于时跨整个前汉各朝,二则由于外戚与刘、班均有切身关系,所以《汉书·外戚传》的规模就大大地拓展了。《汉书·楚元王传》和《汉书·外戚传》相对照,一经一纬,一正一反,所传之人物,其实正是在刘氏宗室和外戚斗争的线索上凸显出来,沿波讨源,沿根讨叶,几乎所有传中人物都和这条线索有着密切关系。《汉书·外戚传上》述及武帝末巫蛊事起,卫太子等皆遭害,"史皇孙有一男,号皇曾孙,时生数月,犹坐太子系狱,积五岁乃遭赦。治狱使者邴吉怜皇曾孙无所归,载以付史恭。恭母贞君年老,见孙孤,甚哀之,自养视焉。后曾孙收养于掖庭,遂登至尊位,是为宣帝。而贞君及恭已死,恭三子皆以旧恩封。长子高为乐陵侯,曾为将陵侯,玄为平台侯,及高子丹以功德封武阳侯,侯者凡四人。高至大司马车骑将军,丹左将军,自有传"。同传又说:"史皇孙王夫人,宣帝母也。"故史,是宣帝祖母家之姓也;同传又说:"孝宣许皇后,元帝母也。"故许,则为元帝母家之姓也。皇曾孙也即后之汉宣帝娶许广汉女为妻,《汉书·宣帝纪》称"曾孙因依倚广汉兄弟及祖母家史氏",此均为宣帝即位以后史高及许、史氏侍中者恃宠弄权埋下隐患。前述弘恭、石显"劾更生前为九卿，坐与望之，堪谋排车骑将军高、许、史氏侍中者，毁离亲戚，欲退去之，而独专权"。此说明宣、元二帝情系外家，宣帝与之曾经共处患难之间，虽然亦须平衡刘氏宗亲和外戚的关系，然而孰轻孰重，宣、元二帝心中的天平难免会倾斜到外戚一边，刘氏宗亲则往往被疏远了。到元帝继位后，一仍此种政治格局，且变本加厉，此导致刘向极其不满，他要代表刘氏宗亲以维护权力分配之均势，于是以刘姓诸侯自居，与新贵之许、史及王氏展开博弈。《汉书》在《外戚传》之外，专列《元后传》，孝元皇后，王莽之姑也，而王凤、王崇与她是同母兄弟，异母兄弟则有王商、王谭、王根等。元帝末年，王凤与皇后及侍中史丹等一起"拥右太子"，元帝崩，太子立，是为汉成帝。此时，"王氏之兴自凤始"，《元后传》记述一事以显示王凤权威，其传曰："大将军凤用事，上遂谦让无所颛。左右常荐光禄大夫刘向少子歆通达有异材。上召见歆，诵读诗赋，甚说之，欲以为中常侍，召取衣冠。临当拜，左右皆曰：'未晓大将军。'上曰：'此小事，何须关大将军？'左右叩头争之。上于是语凤，凤以为不可，乃止。其见惮如此。"此必然加剧刘氏宗亲一系对王氏专权的愤恨，促使两者相颉颃，以至势不两立。按刘歆《西京杂记》多有记录佞幸、外戚丑闻者，确是有感而发。而此间，由于元后享年八十四岁，"历汉四世为天下母，飨国六十余载"，她偏袒王凤等，以致王家"群弟世权，更持国柄，五将十侯，卒成新都"，最终助成王莽篡汉，其咎难辞，罪不容赦！对于与外戚专权相关联的政治人物，按《汉书·王商史丹傅喜传》所记录的三位人物的生平，亦可折射出外戚政治的某些实际情形。王商与王凤属异母兄弟，同为外戚，然而二者之间也发生了权利纷争，其内讧最后以王商败北而告终。《汉书·王商史丹傅喜传》说："赞曰：自宣、元、成、哀外戚兴者，许、史、三王、丁、傅之家，皆重侯累将，穷贵极富，见其位矣，未见其人也。阳平之王多有材能，好事慕名，其势尤盛，旷贵最久。然至于莽，亦以覆国。王商有刚毅节，废黜以忧死，非其罪也。史丹父子相继，高以重厚,位至三公。丹之辅导副主,掩恶扬美,傅会善意,虽宿儒达士无以加焉。及其历房闼,入卧内,推至诚,犯颜色,动寤万乘,转移大谋,卒成太子,安母后之位。'无言不雠',终获忠贞之报。傅喜守节不倾,亦蒙后凋之赏。哀、平际会,祸福速哉!"既指出"见其位矣,未见其人也",意谓此辈皆利欲熏心之徒,岂止乏善可陈,甚或祸国殃民,贻害无穷者也。然则引之入传,其历史价值本身就令人疑惑。但是王商敢于制衡王凤,所以在刘向、刘歆心目中,就具有了正面的光辉;而史高、史丹在刘向看来,史氏父子属于政敌一方,他"谋排车骑将军高、许、史氏侍中者",两者敌友分野十分明晰。即使史丹"卒成太子,安母后之位",然而其用心无非出自私利,而且所拥立的成帝根本算不上什么出色的皇帝,刘向、刘歆若为史丹立传,定当贬多褒少;而班氏则由于班婕妤缘故,在成帝朝曾一显风光,因此班固肯定了其定立成帝的功绩;傅喜亦同样因身为外戚,而知所进退,节制外戚权力欲望之膨胀,而成为外戚之中全身远祸之士。反观其人入选《汉书》,无非是缘于他们与外戚势力存在着千丝万缕的关系,相较而言,班氏其实对此已不甚了解,而刘向、刘歆则明察秋毫,褒贬扬惩,毫厘之间,均言出必有所据,当然这种根据是主观和片面的。所以其出现于《汉书》中,当亦属于向、歆父子之安排,但是在本传具体写作中,班氏亦掺入了其主观臆想;按《汉书·盖诸葛刘郑孙毋将何传》,所记述盖宽饶、诸葛丰、刘辅、郑崇、孙宝、毋将隆和何并,其人大多不畏外戚得势者,还有梅福等,皆危言直行,这便是此辈留名青史的缘故;再按《汉书·杜周传》,杜周本为一凶残酷吏,但是其少子杜延年却在昭、宣二朝辅助霍光秉政,并且在霍氏覆灭之后,尚能不为牵连。杜延年之子中杜钦最具政治天赋,善于平衡王凤和其他政治势力,《汉书》本传称他"当世善政,多出于钦者",可见其手腕之圆熟;杜延年另一子杜缓是杜钦兄长,他有一子杜业,在哀帝朝上书言:"王氏世权日久,朝无骨鲠之臣,宗室诸侯微弱,与系囚无异。"此当深得向、歆父子之心;《汉书》本传说:"赞曰:张汤、杜周并起文墨小吏,致位三公,列于酷吏。而俱有良子,德器自过,爵位尊显,继世立朝,相与提衡……及钦浮沉当世,好谋而成,以建始之初深陈女戒,终如其言,庶几乎《关雎》之见微,非夫浮华博习之徒所能规也。"张、杜列于"酷吏",肇始于司马迁《史记·酷吏列传》,而司马迁未知二者"俱有良子",会影响到日后对张汤、杜周之评价。对照杜钦,刘向于成帝朝编辑《列女传》八篇,以诫天子,两者用心相通。因此杜氏四代入《汉书》传中,主要是因为杜业等反外戚倾向,向、歆引以为同道,以张大声势,班氏则因循刘氏初衷而已。

苏洵《广士》说:"昔者汉有天下,平津侯、乐安侯辈皆号为儒宗,而卒不能为汉立不世大功;而其卓绝隽伟,震耀四海者,乃其贤人之出于吏胥中者耳。夫赵广汉,河间之郡吏也;尹翁归,河东之狱吏也;张敞,太守之卒史也;王尊,涿郡之书佐也。是皆雄隽明博,出之可以为将,而内之可以为相者也。"①其实一部史书,为帝王将相立传,这倒并无怪异之处,而为某些名不见经传且乏善可陈者树碑立传,则反而启人疑窦。这些人物难道有什么丰功伟绩值得载入史册? 其实,说穿了,他们不过因为与刘氏发生因缘,遂使他们有幸在《汉书》中立传,班氏撰写《汉书》,似在人物遴选上未能另起炉灶,其史学成就,终归大打折扣。

譬如,经济在社会生活中居于主要的位置,人民对于某朝帝王之观感,大致基于经济活动是否健康,或者利益分配是否恰当,按《盐铁论》卷第二《晁错》第八云:"大夫曰:'《春秋》之法,君亲无将,将而必诛。故臣罪莫重于弑君,子罪莫重于弑父。日者,淮南、衡山修文学,招四方游士,山东儒、墨咸聚于江淮之间,讲议集论,著书数十篇。然卒于背义不臣,使谋叛逆,诛及宗族。'"此节文字折射出"山东儒、墨"群情愤激,而淮南、衡山修文学,是与此种区域利益诉求相合流,两者之间,同声共气,甚或利用这种民情,以宣泄自己的不满,达到自己的目的。然则此种发端于"山东"之思潮背后,无疑体现经济利益之受

①《嘉祐集笺注》第四卷《衡论》,苏洵著、曾枣庄、金成礼笺注,上海:上海古籍出版社2001年版,第105—106页。

损。武帝执政,其政治、经济和军事举措,皆令天下骚动,山东为之民不聊生。《汉书·赵充国传》云:"赞曰:秦汉以来,山东出相,山西出将。"用兵无已,令山西受惠,而山东为之输送各种人力、物力资源,民力为之消耗殆尽;《汉书·贾捐之传》至元帝朝,还上对控诉武帝对经济的戕害:"今天下独有关东,关东大者独有齐楚,民众久困,连年流离,离其城郭,相枕席于道路。"因此,对武帝政治,在此地区之间,各阶层百姓可谓深恶痛绝,盐铁会议上,坚决要求政治、经济及军事政策迅速调整者,正是此辈所发出的强烈心声。其实,争议之焦点,经济是核心,是关键,而儒、墨之义理,不过是借用之理论,是手段。令人扼腕者,《汉书》即使有《食货志》等稍微涉及,却未能翔实地记录前汉社会区域经济活动与利益纷争,此对于一部断代史而言,自然是大大的不足,甚至会歪曲历史之原貌。

而依照上述推论,《汉书》绝对不成于一人一时之手,此是否要贬低班氏在《汉书》中的劳绩呢?按王充《论衡·对作》指出:"'五经'之兴,可谓作矣。太史公《书》、刘子政《序》、班叔皮《传》,可谓述矣。"认为司马迁、刘向和班彪三者具有一致之处,均未超越"述"的范畴,实际上,司马迁、刘向居于作、述之间,班叔皮则大概不出述之局囿。然而,《论衡·超奇》又云:"班叔皮续《太史公书》百篇以上,记事详悉,义浃理备。观读之者以为甲,而太史公乙。子男孟坚为尚书郎,文比叔皮,非徒五百里也,乃夫周、召、鲁、卫之谓也。苟可高古,而班氏父子不足纪也。"他作为见证人,还是看到了班氏的贡献,班彪所作,似乎是把刘向、刘歆所留存文献材料更加完备化,使得传主事迹叙述具备了起承转合的层次感,也即范晔在《后汉书·班彪传》中所谓"固文赡而事详",其叙事更加条理分明,具体生动①;《汉书·苏武

---

① 《郡斋读书志》卷第五《前汉书》一百卷说:"然识者以固书皆因司马迁、王商、扬雄、歆、向旧文润色之,故其文章首尾皆善,而中间颇多冗琐,良由固之才视数子微劣耳。固之自叙称述者,岂亦谓有所本欤?"《郡斋读书志校证》,宋晁公武撰,孙猛校证,上海:上海古籍出版社2006年版,第178页。

传》对于刘向《新序》中苏武事迹的加工改造,就是典型例子。班固之功劳,则是在班彪基础上,进一步加以修订润饰,使人物事迹之叙述,更加具有起承转合的艺术性和完整性。

总之,今本署名班固著《汉书》,在很大程度上,可以视作一部围绕楚元王家族(尤其是刘德、刘向、刘歆一支)之前汉遭际为中心,所生发、结撰的政治载记,或曰:一部楚元王后人眼里的前汉政治史。然而,《汉书·扬雄传》曰:"雄见诸子各以其知舛驰,大氐诋訾圣人,即为怪迂,析辩诡辞,以挠世事,虽小辩,终破大道而或众,使溺于所闻而不自知其非也。及太史公记六国,历楚汉,讫麟止,不与圣人同,是非颇谬于经。故人时有问雄者,常用法应之,譔以为十三卷,象《论语》,号曰《法言》。"扬雄对于班彪、班固父子影响较深,而司马迁与扬雄之间,却存在史学观差异,此种差异性所导致班氏父子史学成就之得失,其结果也十分复杂。像颜之推《颜氏家训·文章》所谓"班固盗窃父史",其实是无稽之谈,其原因在于,班氏父子共同依照刘向、刘歆蓝本来结撰《汉书》,其中缘由远比"盗窃父史"来得复杂!

(作者单位:岭南大学)

北朝《汉书》学与北朝文学的汉代传统

蔡丹君

　　中古时期《汉书》学的发展，离不开十六国北朝时期北方地区的人们对《汉书》的阐释、研究和利用。广为流行的《汉书》故事，重新构建了新时代所需要的汉代历史，从而为北朝《汉书》学奠定了社会基础。在这个多民族融合的南北分裂时期，正统与华夷等观念被不断申明、强调，北方地区的政权纷纷向《汉书》寻求政治借鉴，《汉书》被作为典章参考，进入实际的政治生活。北朝后期，北齐南来士人颜之推为代表的《汉书》学研究，融合南北学术之长，是北朝《汉书》研究获得新的学术成就。受时代影响，北朝《汉书》学对文学发展的影响同样深远，一方面，《汉书》学影响了北朝史传文学的发展，崔鸿、魏收等史家皆以《汉书》为标杆来撰史；另一方面，《汉书》学也引导了人们对汉代文学有所推崇和继承。

中古时期,《汉书》、汉代历史与官制的相关著作占有相当大的比例,它们共同建构起了当时人们有关汉代的历史认识①。前人对此已经有很多研究,但研究着力之处,一般偏重东晋南朝②。这可能主要是因为,北朝经籍散佚严重,传世文献中缺少记载。史书书志中,鲜能看到北人《汉书》学相关记录。仅知《旧唐书·经籍志上》"史部"载有崔浩《汉书(当作"纪")音义》二卷③。另外,见载史书的还有西凉大儒刘昞删三史而作之《史略》④,是史抄性质的抄撰之作。南朝的《汉书》学著作,则要多于北朝,仅书志所录,就有:刘宝撰《汉书驳义》二卷、陆澄撰《汉书新注》一卷、孔文详撰《孔氏汉书音义抄》二卷、韦棱撰《汉书续训》二卷、姚察撰《汉书训纂》三十卷等⑤。因此,了解北朝《汉书》学,可能要超越书志所录,不仅看到这些由字义推寻而知的学术著作,也要转向对十六国北朝史的整体把握,看到《汉书》在政治与社会中实际发挥的作用。

《汉书》对十六国北朝时代的影响十分深远。在相关史料中,讨论汉代历史人物、辨析汉代制度优劣的内容十分常见。"汉代故事"在各个阶层都十分流行,且可能作为重要的行事参考。十六国胡主对于自身政权的辨识,大多将自身的正溯源流推及到汉代。在北方地

---

① 陈君:《政治文化视野中〈汉书〉文本的形成》,载于《文学遗产》2017 年第 5 期,第 27—38 页。
② 陈君:《〈汉书〉的中古传播及其经典意义》,载于《上海大学学报》(社会科学版) 2017 年第 2 期,第 54—72 页。
③ (后晋)刘昫等撰:《旧唐书》卷四六《经籍志上》,北京:中华书局 1975 年版,第 1966 页。
④ (北齐)魏收撰:《魏书》卷五二《刘昞列传》,北京:中华书局 1974 年版,第 1160 页。
⑤ (宋)欧阳修、(宋)宋祁撰:《新唐书》卷五二《艺文志》,北京:中华书局 1975 年版,第 1423 页。

区,先后以"汉"为国号或者自称"汉王"的政权,有明文记载的就有五个,分别是并州匈奴刘渊、蜀地賨人李特、魏末佛教起义者法庆、魏末农民起义者邢杲和叛梁者侯景等。北魏迁平城后,改国号"代"为"魏",有"汉魏交替"之意。北魏主张东汉灭亡后分为"北夏"与"南夏",南夏指曹魏、司马晋,北夏指拓跋氏,南夏和北夏都是"汉魏交替",北魏通过这样的国号命名,来找到自身在中华历史中的位置①。

北魏时期,在政治力量的推动下,《汉书》研究达到了高潮。人们在术数和礼乐、政治、法律、财政制度、外交、西域地理等多个方面,都直接引鉴《汉书》并加以讨论。从现存史料来看,《汉书》在政治与学术讨论中被引用和讨论的频率,超过了其他汉代相关的史著,比如《史记》《后汉书》《续汉书》等等。这些反映在史料中的内容,正是北朝《汉书》学成果的政治实践。北朝《汉书》学的发展,对文学发展也产生了很大影响。北方少数民族政权尊崇汉代最根本的目的,是为了肯定政治权力正统性。《汉书》学蓬勃发展所带来的历史感,导致了这一时期在对前代诗学传统进行回溯时,目光常常落在汉代的一些文学现象和文学观念上。受正统论的影响,史家撰史、文学家撰诗文,多以汉代之文史为取法对象。以下试联系史料,详细证之。

一、"汉代故事"与北朝《汉书》传承的社会基础

从十六国时期以来,《汉书》常与"五经"并列,被列入乡里士人的学习内容之中。乡里士人幼年在乡里私学中受学的内容,往往包括了五经与《史》、《汉》。在这一点上,甚至无有民族差异。如并州匈奴刘氏,其受学过程与一般汉族士人无异。"(刘元海)幼好学,师事上党

---

① 佐藤贤:《もうひとつの汉魏交替——北魏道武帝期における魏号制定问题をめぐって》,载于《东方学》第113辑(2007年),第15—33页。

崔游,习《毛诗》《京氏易》《马氏尚书》,尤好《春秋左氏传》《孙吴兵法》,略皆诵之,《史》、《汉》、诸子,无不综览。"①他的儿子刘宣,同样受学于乡里,"师事乐安孙炎",好《毛诗》《左氏传》,而且也常读《汉书》,并反复咏之②。永嘉之乱后,刘殷没于刘聪,累至侍中、太保、录尚书事,殷有七子,五子授以"五经","余下二子则授以《史记》《汉书》"③。钱穆评价说:"刘渊父子皆粗知学问,渊师事上党崔游,习毛《诗》、京氏《易》、马氏《尚书》,皆是东汉的旧传统。"④

刘渊所成立的汉政权(史称汉赵或前赵),是历史上第一个以"汉"命名的十六国民族政权。刘渊以此命名,除了是为了追溯民族身份,自命"汉室之甥"以外,也是为了区别于晋。当时,刘渊在北方所遇到的反抗力量,大多以晋为名。直到刘聪之时,臣子仍然认为"且愚人系汉之心未专,而思晋之怀犹盛"⑤。这种思晋之怀,首先就体现在凉州政权上,他们一直使用建兴年号,以晋臣自居。而辽东的慕容氏政权,也建立了与南方的外交关系,接受东晋政权的封号。所以,刘渊称"汉",不仅仅是为了追溯民族本源,以取得民族认同,同时也是宣扬对抗晋室的政治立场。

生逢乱世,《汉书》中的英雄故事在当时颇为流行。刘氏家族长期阅读、研究《汉书》,常以汉室自比。如刘宣"每读《汉书》,至《萧何》《邓禹传》,未曾不反复咏之,曰:'大丈夫若遭二祖,终不令二公独擅美于前矣。'"⑥刘渊族子刘曜,"常轻侮吴、邓,而自比乐毅、萧、曹,时人莫之许也"⑦。在《汉王令》中,刘渊历数汉代历史,以汉代之兴亡作为历史参照,甚至"追尊刘禅为孝怀皇帝,立汉高祖以下三祖五宗

① (唐)房玄龄等撰:《晋书》卷一〇一《刘元海载记》,北京:中华书局1974年版,第2645页。
② 《晋书》卷一〇一《刘元海载记附刘宣载记》,第2653页。
③ 《晋书》卷八八《刘殷传》,第2289页。
④ 钱穆:《国史大纲》,北京:商务印书馆1990年版,第184页。
⑤ 《晋书》卷一〇二《刘聪载记》,第2661页。
⑥ 《晋书》卷一〇一《刘元海载记附刘宣载记》,第2653页。
⑦ 《晋书》卷一〇三《刘曜载记》,第2683页。

神主而祭之"①,而前赵对待刘渊,也将之视为汉皇。刘聪之子刘约,重病几死而后苏,自称梦见刘渊于不周山和昆仑山之间②。这其实也是将民间杂传中的汉皇形象,进行了加工。石勒的宠臣张宾是自荐于胡主的,极有胆识。未遇石勒之前,他常谓昆弟曰:"吾自言智算鉴识不后子房,但不遇高祖耳。"③在乱世之中,以成为张良这样的名臣为理想,认可"独胡将军可与共成大事"。最后终获成功,"勒甚重之,每朝,常为之正容貌,简辞令,呼曰'右侯'而不名之,勒朝莫与为比也"④。东汉光武帝的中兴故事,同样在此时流传极广。"觊曰:'旧海水无凌,自仁反已来,冻合者三矣。昔汉光武因滹沱之冰以济大业,天其或者欲吾乘此而克之乎!吾计决矣,有沮谋者斩!'"⑤这些都反映了乱世之中,《汉书》故事中那些英雄草莽的一面被民间吸收、演义并且浓墨重彩地传播开来。

在十六国时,《汉书》中的汉代故事大量出现在君臣之间的口头对话中。一个常见的例子,是以《汉书》中的历史掌故,来进行君臣劝谏。如刘聪的大臣们讽谏刘聪不可任用宦官,称:"故文王以多士基周,桓灵以群阉亡汉,国之兴亡,未有不由此也。"⑥后赵建立者羯族石勒,不知书,他学习前代故事,主要依靠臣子口头朗读。而《汉书》是其主要参考对象,在听取故事时,还会加以评价。"勒雅好文学,虽在军旅,常令儒生读史书而听之,每以其意论古帝王善恶,朝贤儒士听者莫不归美焉。尝使人读《汉书》,闻郦食其劝立六国后,大惊曰:'此法当失,何得遂成天下!'至留侯谏,乃曰:'赖有此耳。'"⑦石勒又问臣子,将自己拟于古往今来哪位帝王,最后他评价了一番历代帝王,自称

---

① 《晋书》卷一〇一《刘元海载记》,第 2650 页。
② 《晋书》卷一〇二《刘聪载记》,第 2673 页。
③ 《晋书》卷一〇五《石勒载记下》,第 2756 页。
④ 《晋书》卷一〇五《石勒载记下》,第 2756 页。
⑤ 《晋书》卷一〇九《慕容皝载记》,第 2816—2817 页。
⑥ 《晋书》卷一〇二《刘聪载记》,第 2671 页。
⑦ 《晋书》卷一〇五《石勒载记下》,第 2741 页。

"朕当在二刘之间耳"①,"二刘"即刘邦与刘秀,同样是以汉代帝王为参照。而且,在他的评价中,汉代的历史形象是最为正当的:"朕若逢高皇,当北面而事之,与韩彭竞鞭而争先耳。脱遇光武,当并驱于中原,未知鹿死谁手。大丈夫行事当磊磊落落,如日月皎然,终不能如曹孟德、司马仲达父子,欺他孤儿寡妇,狐媚以取天下也。"②

慕容氏前燕政权将汉代历史故事上升为历史借鉴。在上表东晋的内容中,他们历数汉代故事:"逮于汉武,推重田蚡,万机之要,无不决之。及蚡死后,切齿追恨。成帝暗弱,不能自立,内惑艳妻,外恣五舅,卒令王莽坐取帝位。每览斯事,孰不痛惋!设使舅氏贤若穰侯、王凤,则但闻有二臣,不闻有二主。若其不才,则有窦宪、梁冀之祸。凡此成败,亦既然矣。苟能易轨,可无覆坠。'"③慕容儁时常炜上言,同样引用汉代故事,"然礼贵适时,世或损益,是以高祖制三章之法,而秦人安之"。又说:"吴起、二陈之畴,终将无所展其才干。汉祖何由免于平城之围?郅支之首何以悬于汉关?谨案《戊辰诏书》,荡清瑕秽,与天下更始,以明惟新之庆。"④这些都反映了汉代故事从民间而升至统治者政治视野的过程。

在十六国时期,复古汉代最为明显的地区,是关中地区。苻坚政权定都长安,以汉自比。他对汉代故事十分熟悉,且和石勒一样善于评点,多引《汉书》。"(苻)坚南游霸陵,顾谓群臣曰:'汉祖起自布衣,廓平四海,佐命功臣孰为首乎?'权翼进曰:'《汉书》以萧、曹为功臣之冠。"⑤又,(苻)坚曰:"汉祖与项羽争天下,困于京索之间,身被七十余创,通中六七,父母妻子为楚所囚。平城之下,七日不火食,赖陈平之谋,太上、妻子克全,免匈奴之祸。二相何得独高也!虽有人狗

① 《晋书》卷一〇五《石勒载记下》,第2749页。
② 《晋书》卷一〇五《石勒载记下》,第2749页。
③ 《晋书》卷一〇九《慕容皝载记》,第2819页。
④ 《晋书》卷一一〇《慕容儁载记》,第2838—2839页。
⑤ 《晋书》卷一一三《苻坚载记上》,第2886页。

之喻,岂黄中之言乎!'于是酣饮极欢,命群臣赋诗。"①苻坚的西域政策,是以汉代为标杆的,在获得车师、鄯善等国臣服后,以吕光、姜飞等配兵七万,以讨定西域,自比两汉伐匈奴②。

关中地区在前后秦时期进入安定阶段,汉代的政治治理故事遂开始被频繁征引。姚苌曾自我评价:"吾之性也。吾于舜之美,未有片焉;汉祖之短,已收其一。若不闻谠言,安知过也!"③姚秦时代的名臣尹纬,同样是"性刚简清亮,慕张子布之为人"。尹纬对姚苌的讽谏,也往往以汉代故事来作比。姚苌曾想引段铿为侍中,尹纬固谏以为不可,并多次嘲讽段铿。姚苌因此质问尹纬:"'卿好不自知,每比萧何,真何如也?'纬曰:'汉祖与萧何俱起布衣,是以相贵。陛下起贵中,是以贱臣。'苌曰:'卿实不及,胡为不也?'纬曰:'陛下何如汉祖?'苌曰:'朕实不如汉祖,卿远萧何,故不如甚也。'纬曰:'汉祖所以胜陛下者,以能远段铿之徒故耳。'"④这番论辩,最后以姚苌自惭告终。

当时对于汉代文化的崇尚是十分突出的。其中诸多与汉魏相同的器物,说明了当时的复古风尚。韦正《关中十六国考古的新收获——读咸阳十六国墓葬简报札记》指出,长方形果盒、双耳托盘等是具有魏晋时代特色的陶器,也是判断十六国墓葬的重要依据。这些器物之外的十六国普通陶器几乎与魏晋时期没有多大变化。更有甚者,具有汉代特色而魏晋墓中尚未发现的一些器物在十六国墓中出现了,如多枝灯和陶仓,多枝灯在西安草场坡、长安县韦曲、咸阳平陵墓中都有出土。咸阳文林社区前秦墓葬的陶器面貌似乎比魏晋时期还要原始,还要接近汉代。发掘出的牲畜、仓厨、明器与东汉魏晋几乎完全相同。这些现象有力地说明关中地区汉魏十六国以来经济生活的连贯性,世家大族的经济基础和生产方式没有因政权的更迭而发生剧

① 《晋书》卷一一三《苻坚载记上》,第 2886—2887 页。
② 《晋书》卷一一四《苻坚载记上》,第 2911 页。
③ 《晋书》卷一一六《姚苌载记》,第 2970 页。
④ 《晋书》卷一一八《姚兴载记下》,第 3004 页。

烈的变化。关于西安北郊经济技术开发区的 M217 可信为一座北魏早期的墓葬,这座墓葬中既出土鲜卑装束的骑马鼓吹俑,又出土不见于咸阳平陵和草场坡墓的排箫俑和乐器难辨的伎乐俑,韦正谈道:"这种伎乐俑在关中地区存在一个世纪以上,贯穿整个十六国时期。在关中地区为数不多的其他北魏墓和西魏北周墓葬中,再也没有发现这种伎乐俑。看来,北魏控制关中地区之后,这个地区的音乐文化发生了较大的变化。汉族音乐文化在北方地区的断绝大概是从北魏开始的,北魏与十六国政权虽然都是少数民族,他们对待汉族音乐文化的态度看来存在较大的差异。"①这种差异即在于关中地区少数民族汉化程度较深,而北魏则是较晚来到中原的少数民族,汉化程度不如关中地区的少数民族,而在对待音乐的这种态度的基础上,非常容易发起对历史的追溯和新的复古。

"汉代故事"不断发展,以至于被视为"汉典"并加以执行,是在北魏以后。北魏初入中原时,将刘彻杀昭帝之母钩弋夫人的故事,发展为子贵母死的制度②。"初,帝母刘贵人赐死,太祖告帝曰:'昔汉武帝将立其子而杀其母,不令妇人后与国政,使外家为乱。汝当继统,故吾远同汉武,为长久之计。'"③《魏书》中"史臣曰"中云:"钩弋年稚子幼,汉武所以行权,魏世遂为常制。子贵母死,矫枉之义不亦过哉!"④此事影响十分深远。孝文帝去世之前,对后宫也是极为警惕的。"高祖疾甚,谓彭城王勰曰:'后宫久乖阴德,自绝于天。若不早为之所,恐成汉末故事。吾死之后,可赐自尽别宫,葬以后礼,庶掩冯门之大过。'"⑤田余庆认为,此时的道武帝尚未达到可以随意运用汉典创业

---

① 韦正:《关中十六国考古的新收获——读咸阳十六国墓葬简报札记》,载于《考古与文物》2006 年第 2 期,第 63 页。
② 田余庆:《北魏后宫子贵母死之制的形成与演变》,载于《拓跋史探》,北京:生活·读书·新知三联书店 2011 年版,第 2 页。
③《魏书》卷三《太宗纪第三》,第 49 页。
④《魏书》卷一三《列传第一》,第 341 页。
⑤《魏书》卷一三《列传第一》,第 334 页。

垂统的文明程度,《魏书官氏志》中称他还有溯古的倾向:"欲法古纯质,每于制定官号,多不依周汉旧名……皆拟远古云鸟之意。"因此道武帝此时所谓的"远同汉武",不能作为他将立其子而杀其母的认识来源与直接依据①。事实上,"汉代故事"在整个北魏政治中被借用的情况,大多是表面承续汉代传统,实则只是利用史书所载作为政治掩饰用的。基本上,统治者需要什么样的汉代故事,什么样的汉代故事就会流行于君臣之间。

北魏孝文帝以后,汉武帝与汲黯之间的君臣故事颇为流行。"(任城王)澄又谓(崔)亮曰:'昔汲黯于汉武前面折公孙食脱粟饭,卧布被,云其诈也。于时公孙谦让下之。武帝叹汲黯至忠,公孙长者,二人称贤。公既道均昔士,愿思长者之言。'高祖笑曰:'任城欲自比汲黯也。且所言是公,未知得失所在,何便谢司空也。'驾遂南伐。"②汉武帝和金日磾之间的故事,也获得了引用和赞颂。这些都反映了当时的人们对孝文帝改革的支持。"高祖引陆睿、元赞等于前曰:'北人每言北人何用知书,朕闻此,深用怃然。今知书者甚众,岂皆圣人。朕自行礼九年,置官三载,正欲开导兆人,致之礼教。朕为天子,何假中原,欲令卿等子孙,博见多知。若永居恒北,值不好文主,卿等子孙,不免面墙也。'陆睿对曰:'实如明诏,金氏若不入仕汉朝,七世知名,亦不可得也。'高祖大悦。"③孝文帝很爱听取一些汉兴故事。"(太和)二十一年,高祖幸长安,冏以咸阳山河险固,秦汉旧部,古称陆海,劝高祖去洛阳而都之。后高祖引见,笑而谓之曰:'卿一昨有启,欲朕都此。昔娄敬一说,汉祖即日西驾。尚书今以西京说朕,仍使朕不废东辕,当是献可理殊,所以今古相反耳。'冏对曰:'昔汉高祖起于布衣,欲借险以自固,娄敬之言,合于本旨。今陛下百世重光,德洽四海,事

---

① 田余庆:《北魏后宫子贵母死之制的形成与演变》,载于《拓跋史探》,第 4 页。
② 《魏书》卷一九中《列传第七中任城王》,第 467 页。
③ 《魏书》卷二一上《献文六王列传第九上》,第 551 页。

同隆周,均其职贡,是以愚臣献说,不能上动。'高祖大悦。"①为了迎合喜爱汉兴故事的孝文帝,臣子力谏时,也会使用汉代故事,来引起孝文帝的重视。

处于盛世之际,普通士人喜欢谈论的"汉代故事"也发生了一些变化,英雄起义故事逐渐退潮。在北魏后期,因为选举制度出现缺陷,导致了"失才"的局面。此时的乡里士人,会利用相类似的汉代故事来表达自己的失意,例如:"(裴)宣家世以儒学为业,常慕廉退。每叹曰:'以贾谊之才,仕汉文之世,不历公卿,将非运也!'乃谓亲宾曰:'吾本闾阎之士,素无当世之志,直随牒推移,遂至于此。禄后养亲,道不光国,瞻言往哲,可以言归矣。'因表求解。世宗不许,乃作《怀田赋》以叙心焉。"②

至北魏末年,以"汉代故事"来掩饰政治的行为就更多了,讨论汉代兴亡的故事也更多。灵太后欲以帏幔自鄣,观三公行事,因此谘询侍中崔光:"光便据汉和熹邓后荐祭故事,太后大悦,遂摄行初祀。"③胡太后将为家族起茔域门阙碑表,侍中崔光等奏:"案汉高祖母始谥曰昭灵夫人,后为昭灵后,薄太后母曰灵文夫人,皆置园邑三百家,长丞奉守。今秦太上君未有尊谥,陵寝孤立,即秦君名,宜上终称,兼设扫卫,以慰情典。请上尊谥曰孝穆,权置园邑三十户,立长丞奉守。"④崔光此处引用汉代故事,也是为胡太后的行为作出掩饰。对于外戚胡国珍权势地位的上升,也是在崔光的帮助下获得正当合法名义。"诏依汉车千秋、晋安平王故事,给步挽一乘,自掖门至于宣光殿得以出入,并备几杖。后与侍中崔光俱授帝经,侍直禁中。"⑤清河王怿较早意识到北魏政权所面临的危机,常在谈论、上表中曾因侍宴酒酣,乃谓

---

① 《魏书》卷三六《李顺附李同传》,第 841—842 页。
② 《魏书》卷四五《裴骏附裴宣传》,第 1023—1024 页。
③ 《魏书》卷一三《列传第一》,第 338 页。
④ 《魏书》卷八三下《胡国珍传》,第 1834 页。
⑤ 《魏书》卷八三下《胡国珍传》,第 1834 页。

高肇曰："天子兄弟，讵有几人，而炎炎不息。昔王莽头秃，亦借渭阳之资，遂篡汉室，今君曲形见矣，恐复终成乱阶。"①清河王怿还在谏胡太后时，提到了汉末故事："臣闻律深惑众之科，礼绝妖淫之禁，皆所以大明居正，防遏奸邪。昔在汉末，有张角者，亦以此术荧惑当时。论其所行，与今不异，遂能诙诱生人，致黄巾之祸，天下涂炭数十年间，角之由也。昔新垣奸，不登于明堂；五利侥，终婴于显戮。"东魏静帝之死，"诏凶礼依汉大将军霍光、东平王苍故事"②。

北齐以后的相关史料中所反映的"汉代故事"仍然不少。诸多材料证明，当时对《汉书》的研习也十分常见。北齐孝昭皇帝高演，"笃志读《汉书》，至《李陵传》，恒壮其所为焉。"③当时河间地区，仍以习《汉书》为务。邢邵"少在洛阳，会天下无事，与时名胜专以山水游宴为娱，不暇勤业。尝因霖雨，乃读《汉书》，五日，略能遍记之。后因饮谑倦，方广寻经史，五行俱下，一览便记，无所遗忘。文章典丽，既赡且速"④。北齐君主暴虐，会从反面来利用汉代故事。"十年，太史奏云：'今年当除旧布新。'文宣谓韶曰：'汉光武何故中兴？'韶曰：'为诛诸刘不尽。'于是乃诛诸元以厌之。"⑤祖珽与文宣帝之间的辩论，亦围绕"汉代故事"来进行。"珽又曰：'陛下有一范增不能用，知可如何？'帝又怒曰：'尔自作范增，以我为项羽邪！'珽曰：'项羽人身亦何由可及，但天命不至耳。项羽布衣，率乌合众，五年而成霸王业。陛下借父兄资，财得至此，臣以项羽未易可轻。臣何止方于范增，纵张良亦不能及。张良身傅太子，犹因四皓，方定汉嗣。臣位非辅弼，疏外之人，竭力尽忠，劝陛下禅位，使陛下尊为太上，子居宸扆，于己及子，俱保休祚。蔑尔张良，何足可数。'帝愈恚，令以土塞其口，珽且吐且言，无所

---

① 《魏书》卷二二《清河王传》，第 592 页。
② 《魏书》卷二二《清河王传》，第 592 页。
③ （唐）李百药撰：《北齐书》卷六《帝纪第六孝昭》，北京：中华书局 1972 年版，第 79 页。
④ 《北齐书》卷二八《元韶传》，第 388 页。
⑤ 《北齐书》卷三六《邢绍传》，第 475 页。

屈挠。乃鞭二百,配甲坊,寻徙于光州。"①

从以上内容可以看出,北方的人们研习《汉书》,熟悉汉代故事。这些构成了北朝《汉书》学的社会基础。在当时的南方,同样会流传一些汉代故事。以北齐阳休之在《陶渊明集》置入的《集圣贤群辅录》为例,其中所收录的来自《汉书》的故事有数则。这些故事同样是具有传奇色彩的,但是没有出现在北朝史料之中。这些故事,应是作为"杂传"存在的史抄资料,它们与北方正史中存在的汉代相关资料有很大的不同。录之如下:

> 太子少傅留文成侯韩张良、相国酇文终侯沛萧何、楚王淮阴侯韩信。
> 右三杰。汉高祖曰:"此三人,人之杰也。"见《汉书》。

> 园公、绮里季、夏黄公、甪里先生。
> 右商山四皓。当秦之末,俱隐上洛商山。皇甫士安云:"并河内轵人。"见《汉书》及皇甫谧《高士传》。

> 太子太傅疏广,字仲翁。太子少傅疏受,字公子。
> 右二疏。东海人。宣帝时,并为太子师傅,每朝,太傅在前,少傅在后。朝廷以为荣。授太子《论语》《孝经》,各以老疾告退。时人谓之二疏。见《汉书》。

> 龚胜,字君宾。龚舍,字君倩。
> 右并楚人,皆治清节,世号二龚。见《汉书》。

> 唐林,字子高。唐尊,字伯高。

---

① 《北齐书》卷三九《祖珽传》,第517—518页。

右并沛人,亦以絜履著名于成哀之世,号为二唐,比楚二龚。后皆仕王莽。见《汉书》。左思曰:"二唐絜己,乃点反污。"

平阿侯王谭、成都侯王商、红阳侯王章、曲阳侯王根、高平侯王逢时。

右并以元后弟同日受封,京师号曰五侯。并奢豪富侈,招贤下士。谷永、楼护,皆为宾客。时人为之语曰:"谷子云之笔札,楼君卿之唇舌。"言出其门也。见《汉书》。张载诗曰:"富侈拟五侯。"①

那么,究竟该如何理解"汉代故事",尤其是来源于《汉书》的"汉代故事"在十六国北朝的流行呢。一方面,这反映了北方地区长期以来的民族文化认同心理。十六国胡主并不在历史文化的追根溯源方面强调自己的异族身份,而是认为自己亦是身处中原历史一脉之中。产生这种历史感受的主要原因之一,应该是由于十六国时期政权动荡,国家亟盼统一,故而在历史感受上偏向于集体比拟汉初历史。而更有可能存在的一种原因,汉代历史此时在民间已经被"演义"化了,它们普遍存在于闾巷之间。人们对于汉代历史的精神消费十分平常,人们对于"汉代故事"的理解已经不是存留于对其一般史实的了解,而是转化为一种文学层面的了解,即将历史史实加以了故事化。而史实的故事化,是文化在底层社会流行之后的一种通俗状态。一种对于历史记忆的分享,既是属于这个时期的历史感觉,也是为新的政权寻找政治依据。汉代故事在十六国北朝时期不断为统治者引用,作为政治借鉴。这种借鉴,使得"故事"二字成为一种施政方式。重复、模拟汉代曾经发生过的历史事件,被视为合法。这反映了《汉书》在人们心目中"等同五经"的地位,它所记载的内容,相对而言易于被接

---

① 袁行霈:《陶渊明集笺注》,北京:中华书局 2011 年版,第 398—399 页。

受和认可,类似于《春秋》故事被征引的轨迹和逻辑那样,逐渐从史书变成一种政治语言。

二、《汉书》研究与北魏政治改革

北朝《汉书》学,主要是指的北朝《汉书》研究。这一研究,首先指的是关于《汉书》字、义等方面的文本研究,其次是关于《汉书》思想、内容研究及其实践。《汉书》能够成为十六国北朝政治语言中十分重要的内容,究其根本原因,是《汉书》被不断纳入到了政治实践。尤其是北魏的政治改革,基本上是以《汉书》研究为基础的。从十六国时期开始,人们反复利用《汉书》作为施政之指导。这使得自十六国以后的《汉书》学发展具有深刻的政治烙印。汉代制度在此时的政治文化生活中获得了充分的复现,甚至构成了北朝政治改革中的中心意识形态。

陈君研究并指出,在中古时期《汉书》的流行程度,超过了《史记》①。《汉书》在北方地位的骤然升高,与易代之际的历史认知有关。人们看到了西晋覆亡,希望"兴邦复业",建立汉代一样的功业的心理有关。对比即将崩塌的西晋政权,汉代被渲染的"汉有天下世长,恩德结于人心"历史形象,获得追崇。从西晋末年至于隋代,北方就成立过多个以"汉"为名的政权。自称"汉氏之甥"的并州匈奴刘氏,建立了汉政权。李雄从弟寿杀期僭立,自号曰汉②。北魏时期发生的一宗佛教起义,起义者自号汉王:"法庆以归伯为十住菩萨、平魔军司、定汉王,自号'大乘'。"③北魏后期,"幽州平北府主簿河间邢杲,率河

---

① 陈君:《〈汉书〉的中古传播及其经典意义》,载于《上海大学学报》(社会科学版)2017 年第 2 期,第 54—72 页。
② 《晋书》卷一二〇《李特载记》,第 3021 页。
③ 《魏书》卷一九上《景穆十二王列传》,第 445 页。

北流民十余万户反于青州之北海,自署汉王,号年天统"①。而侯景之乱爆发后,侯景僭伪位于建邺,亦自称曰汉。

《汉书》所录汉代制度,在此时已经广受十六国胡主治国所取法。在慕容氏深耕辽东的诸多政绩中,他们对于汉初土地政策的借鉴是很令人瞩目的。慕容皝记室参军封裕的上谏中说道:"虽务农之令屡发,二千石令长莫有志勤在公、锐尽地利者。故汉祖知其如此,以垦田不实,征杀二千石以十数,是以明、章之际,号次升平。"②这对于安顿流亡而来的辽东大族,颇有休养生息之意味。慕容儁时期的给事黄门侍郎申胤上言恢复汉代的部分礼仪制度。这些声音,可以视为此后北魏所吸纳的旧燕之地的汉族士人提倡从《汉书》中借鉴礼法的前奏。

北魏国号的改定,与北方地区的《汉书》研究最为相关。而这一建议正是来自慕容氏长期统治的河北地区,该地有研究《汉书》的传统。北魏的国号,直接与"汉"相承。当时一部分人仍然希望是以"代"为号,但是北魏道武帝坚持自己的看法,认为自名为魏,更能对"控制遐国""民俗虽殊,抚之在德"有利,因此,下诏曰"宜仍先号,以为魏焉"③。道武帝笃定的意见,其实来自崔玄伯。玄伯的建议里,最为触动道武帝的,应是这段十分平易的文字:"昔汉高祖以汉王定三秦,灭强楚,故遂以汉为号。国家虽统北方广漠之土,逮于陛下,应运龙飞,虽曰旧邦,受命惟新,是以登国之初,改代曰魏。又慕容永亦奉魏土。夫'魏'者大名,神州之上国,斯乃革命之征验,利见之玄符也。臣愚以为宜号为魏。"④天兴三年(400)十二月,道武帝所下《天命诏》,暗含了对这类以汉自比的政权的批判:"世俗谓汉高起于布衣而有天下,此未达其故也。夫刘承尧统,旷世继德,有蛇龙之征,致云彩

---

① 《魏书》卷一〇《孝庄纪》,第258—259 页。
② 《晋书》卷一〇九《慕容皝载记》,第2823—2825 页。
③ 《魏书》卷二四《崔玄伯传》,第620—621 页。
④ 《魏书》卷二四《崔玄伯传》,第621 页。

之应,五纬上聚,天人俱协,明革命之主,大运所钟,不可以非望求也。"①而他的帝王之业,是为了恢复自吴楚以来断绝的"《春秋》之义,大一统之美"②。崔玄伯同样是河北地区的《汉书》学传承者,曾陪侍高祖读《汉书》,讲述《汉书》中的"汉代故事":"太祖曾引玄伯讲《汉书》,至娄敬说汉祖欲以鲁元公主妻匈奴,善之,嗟叹者良久。是以诸公主皆厘降于宾附之国,朝臣子弟,虽名族美彦,不得尚焉。"③

　　崔玄伯之子崔浩,也是北魏《汉书》学的代表人物之一。崔浩对《汉书》的利用,主要是在谶纬术数方面:"三年,彗星出天津,入太微,经北斗,络紫微,犯天棓,八十余日,至汉而灭。太宗复召诸儒术士问之曰:'今天下未一,四方岳峙,灾咎之应,将在何国?朕甚畏之,尽情以言,勿有所隐。'咸共推浩令对。浩曰:'古人有言,夫灾异之生,由人而起。人无衅焉,妖不自作。故人失于下,则变见于上,天事恒象,百代不易。《汉书》载王莽篡位之前,彗星出入,正与今同。国家主尊臣卑,上下有序,民无异望。唯僭晋卑削,主弱臣强,累世陵迟,故桓玄逼夺,刘裕秉权。彗孛者,恶气之所生,是为僭晋将灭,刘裕篡之之应也。'诸人莫能易浩言,太宗深然之。五年,裕果废其主司马德文而自立。"④崔浩经常与同僚谈论《汉书》,曾在登高陵之时,"下临河流、傍览川域,慨然有感,遂与同僚论五等郡县之是非,考秦始皇、汉武帝之违失。"崔浩在与其他人的争辩过程中,也多次征引《汉书》之具体内容。在与李顺争辩是否征伐河西时,崔浩引用过《汉书·地理志》:"诸人不复余言,唯曰:'彼无水草'。浩曰:'《汉书·地理志》称:"凉州之畜,为天下饶。"若无水草,何以畜牧?又汉人为居,终不于水草之地筑城郭,立郡县也。又雪之消液,绝不敛尘,何得通渠引曹,溉灌

---

① 《魏书》卷二《太祖纪》,第37页。
② 《魏书》卷二《太祖纪》,第37页。
③ 《魏书》卷二四《崔玄伯传》,第621页。
④ 《魏书》卷三五《崔浩传》,第811—812页。

数百万顷乎？此言大抵诬于人矣。'"①崔浩在处理北凉相关事务时，常引《汉书》，其《议军事表》谈到了自汉代以来凉州的情况，建议不要迁徙其民："昔汉武帝患匈奴疆盛，故开凉州五郡，通西域，劝农积谷，为灭贼之资。东西迭击。故汉未疲而匈奴已敝，后遂入朝。昔平凉州，臣愚以为北贼未平，征役不息，可不徙其民，案前世故事，计之长者。"②

北魏孝文帝的改革，全面建立在此前数代研究《汉书》的基础之上。当时的人研习《汉书》的大有人在，如："伯尚弟仲尚，仪貌甚美。少以文学知名。二十著《前汉功臣序赞》及季父《司空冲诔》。"③参与到北魏政治改革中的著名学者，他们大多有传习《汉书》的学养经历。"刘芳、李彪诸人以经书进，崔光、邢峦之徒以文史达，其余涉猎典章，关历词翰，莫不縻以好爵，动贻赏眷。于是斯文郁然，比隆周汉。"④来自汉代的制度旧式，此时不断获得强调。如高闾所说："太古既远，事难袭用，汉魏以来，据有成事。汉文继高惠之踪，断狱四百，几致刑措，犹垂三旬之礼。孝景承平，遵而不变。以此言之，不为即位之际，有所逼惧也。良是君人之道，理自宜然。又汉称文景，虽非圣君，亦中代明主。今遗册之旨，同于前式。伏愿陛下述遵遗令，以副群庶之情。杜预晋之硕学，论自古天子无有行三年之丧者，以为汉文之制，暗与古合。虽叔世所行，事可承踵，是以臣等偻偻干谒。"⑤

孝文帝巡游洛阳，可以视为一次对周汉历史遗迹的巡览。孝文帝发起向汉代历史的全面回溯，并以制度为之呼应，反映了他对自身正统性的定位和对大一统的期待。为了证明北方是正统所在，孝文帝君臣引用汉代的地理概念："高祖曰：'由此桓公屈于管仲。荆扬未一，

---

① 《魏书》卷三五《崔浩传》，第814—815页。
② 《魏书》卷三五《崔浩传》，第823页。
③ 《魏书》卷三九《李宝传》，第893页。
④ 《魏书》卷八四《儒林传》，第1842页。
⑤ 《魏书》卷一〇八《礼志三》，第2781—2782页。

岂得如卿言也。'间曰：'汉之名臣，皆不以江南为中国。且三代之境，亦不能远。'高祖曰：'淮海惟扬州，荆及衡阳惟荆州，此非近中国乎？'"①孝文帝改革一直被理解为民族性的改革，而从历史变迁视野的角度来看，他的改革更接近于向前代尤其是汉代发起的复古，以此"径承汉统"②。

北魏政治改革几乎涉及了汉代制度的各个方面。例如，北魏恢复了汉代采诗制度和观风俗制度。"夏四月丙辰，诏尚书长孙稚巡抚北藩，观察风俗。"在礼乐方面，"汉礼"是北魏制定诸仪的主要参照。"博士曹褒睹诏也，知上有制作之意，乃上疏求定诸仪，以为汉礼。终于休废，寝而不行。及魏晋之日，修而不备。"③北魏恢复了汉代的俸禄之制。这是中古官僚制度上的一次重大变化，对此后影响深远。平城时代，君臣无俸禄，高允一家，尚需躬耕。此外，人们根据《汉书》来确立度量衡④。甚至于钱币制度，都参考汉制。

总之，北魏政治改革的过程中，《汉书》被视为具有参考意义的典章。从史料内容看来，在改革的过程中，以典章来平息争议，缓和民族冲突，是当时北魏诸帝对待拓跋鲜卑贵族异议的一种办法。随著北魏统治的日渐巩固，这些讨论和争议并没有减少，而是开始转移到了学术层面，政治上的针锋相对开始被隐晦起来。

三、北朝《汉书》学的学术特点及其历史演进

北朝《汉书》学的学术成就，过去被讨论得少。因为几乎没有任何一部完整的北朝《汉书》学著作存世，相关的直接材料很少。北朝

---

① 《魏书》卷五四《高闾传》，第 1208 页。
② 刘浦江：《南北朝的历史遗产与隋唐时代的正统论》，载于《正统与华夷：中国传统政治文化研究》，北京：中华书局 2017 年版，第 21—26 页。
③ 《魏书》卷三八《刁雍传》，第 870 页。
④ 《魏书》卷一九上《广平王传》，第 454 页。

《汉书》学的成就,主要体现在零散的史料之中。北朝《汉书》学与时代政治需要紧密贴合,因此,其成就首先体现在对汉代制度的揣摩、讨论和实践等方面。尤其是在谶纬、术数和礼乐方面,有一些瞩目的成果,为史书所录。而且,在北朝《汉书》学形成与传播的过程中,受到整体回溯到汉代的时代氛围影响,《汉书》学的周边,也围绕了其他汉代典籍的研究,关于这些典籍内容的讨论,例如司马彪《续汉书》、范晔《后汉书》、刘氏父子《洪范五行传》①、《星传》等,往往也与《汉书》学相呼应,这是值得注意的。《汉书》学在北魏到北齐发展的过程中,很多学术观点形成之后,并非一成不变,而是引起了后代人对前代人的反思和再讨论甚至否定。特别是关于礼乐的研究,在前人研究《汉书》的成果基础上,又向纵深发展了很多,不断推进北朝学术的进步。而到北齐以后,南朝学术北传,北朝《汉书》学又出现了很多融合南朝《汉书》学的倾向,这主要体现在颜之推《颜氏家训·书证》之中。以下详细阐述北朝《汉书》学这四个主要的学术特点并分析其历史演进过程。

崔浩对《汉书》的利用,主要是在谶纬术数方面:"'《汉书》载王莽篡位之前,彗星出入,正与今同。国家主尊臣卑,上下有序,民无异望。唯僭晋卑削,主弱臣强,累世陵迟,故桓玄逼夺,刘裕秉权。彗孛者,恶气之所生,是为僭晋将灭,刘裕篡之之应也。'诸人莫能易浩言,太宗深然之。五年,裕果废其主司马德文而自立。"②与崔浩并称的高允,对《汉书》研究同样极深。谨依《洪范传》《天文志》撮其事要,略其文辞,凡为八篇③。高允所作魏历,是针对汉历修改而完成的:"后诏允与司徒崔浩述成《国记》,以本官领著作郎。时浩集诸术

---

① 程苏东认为:《洪范五行传》的成篇年代宜在西汉初期,其作者虽难遽定,但其创作时代背景以及基本思想取向,皆可据传文而得见。见程氏著《〈洪范五行传〉的成篇问题与作者新证》,载于《国学研究》第三十七卷,北京:北京大学出版社 2016 年版,第 213 页。
② 《魏书》卷三五《崔浩传》,第 811—812 页。
③ 《魏书》卷四八《高允传》,第 1068 页。

士,考校汉元以来,日月薄蚀、五星行度,并识前史之失,别为魏历,以示允。"①高允因此与崔浩产生争论,高允举例《星传》所录,为众所叹服②。

李彪《表上封事七条》是一篇对"汉制"研究精深之作。这七条中有六条引用了汉代历史、制度作为言事依据。第一条反对奢侈靡费,文中强调"汉文时,贾谊上疏云'今之王政,可为长太息者六',此即是其一也"。第二条是言及嫡长之制,举例光武时事:"昔光武议为太子置傅,以问其群臣,群臣望意,皆言太子舅执金吾、新阳侯阴就可。博士张佚正色曰:'今立太子,为阴氏乎? 为天下乎? 即为阴氏,则阴侯可,为天下,则固宜用天下之贤才。'光武称善,曰:'置傅,以辅太子也。今博士不难正朕,况太子乎?'即拜佚为太子太傅,汉明卒为贤主。然则佚之傅汉明,非乃生之渐也,尚或有称,而况乃生训之以正道,其为益也固以大矣。故《礼》曰:'太子生,因举以礼,使士负之,有司齐肃端冕,见于南郊。'明塚嫡之重,见乎天也。'过阙则下,过庙则趋,'明孝敬之道也。然古之太子,'自为赤子,而教固以行矣'。此则远世之镜也。"第三条是劝稼穑、擢人才:"暨于汉家,以人食少,乃设常平以给之。""臣又闻前代明主,皆务怀远人,礼贤引滞。故汉高过赵,求乐毅之胄;晋武廓定,旌吴蜀之彦。臣谓宜于河表七州人中,擢其门才,引令赴阙,依中州官比,随能序之。一可以广圣朝均新旧之义,二可以怀江汉归有道之情。"第四条论刑罚:"至若行刑犯时,愚臣窃所未安。汉制,旧断狱报重,常尽季冬,至孝章时,改尽十月,以育三微。"联系当时现实,认为:"诚宜远稽周典,近采汉制,天下断狱,起自初秋,尽于孟冬,不于三统之春行斩绞之刑。如此,则道协幽显,仁垂后昆矣。"第五条言及君臣之间,不宜使用酷刑酷狱,而应"行恩当时""著长世之制"同样征引汉代之事,"昔汉文时,人有告丞相周勃谋反者,逮系长安狱,顿辱之与皂隶同。贾谊乃上书,极陈君臣之义,不宜如是"。第七条是建议臣子应有三年丧假,其中同样列举了汉代制度:"汉初,军旅屡兴,未能遵古。至宣帝时,民当从军屯者,遭大父母、父母死,未满三月,皆弗徭役,其朝臣丧制,未有定闻。至后汉元初中,大臣有重忧,始得去官终服。"①这篇上表,反映了李彪对汉代制度的熟悉。这些研究应该是建立在对汉代历史的整体研究上,而除了主要引据《汉书》中汉初历史的故实,也有《后汉书》《续汉书》作为思想基础,如论及章帝即是。

北魏末年的崔光,适逢胡太后执政,因此多依汉典来应对政事,也反映了他对《汉书》的全面研究。正始元年夏,有典事史元显献四足四翼鸡,诏散骑侍郎赵邕以问光,崔光上《答诏问鸡祸表》,以《汉书·五行志》之记载为准,罗列汉代有关故事,论证"上不改政,遂至天下大乱。今之鸡状,虽与汉不同,而其应颇相类矣。向、邕并博达之士,考物验事,信而有证,诚可畏也"②。崔光关于灵太后及其家族的尊谥,同样是借鉴《汉书》,反映了他对汉代王室的名号研究。《奏上太后母谥》云:"案汉高祖母始谥曰昭灵夫人,后为昭灵后,薄太后母曰灵文夫人,皆置园邑三百家,长丞奉守。今秦太上君未有尊谥,陵寝孤立。即秦君名,宜上终称,兼设埽卫,以慰情典。请上尊谥曰孝穆,权置园邑三十户,立长丞奉守。"③崔光对汉代的研究和理解,诚然同样不限于《汉书》,他也经常引用《续汉书》。例如崔光《奏定五时朝服》中,引用了司马彪《续汉书·舆服》及《祭祀志》,云:"自汉逮于魏晋,迎气五郊,用帻从服,改色随气。斯制因循,相承不革,冠冕仍旧,未闻有变。今皇魏宪章前代,损益从宜。五时之冠,愚谓如汉晋用帻为允。"④

① 《魏书》卷六二《李彪传》,第1383—1389页。
② 《魏书》卷六七《崔光传》,第1488页。
③ 《魏书》卷八三下《胡国珍传》,第1834页。
④ 《魏书》卷一〇八《礼志四》,第2817页。

　　长孙稚和祖莹是向刘芳等传统《汉书》学传承者发起质疑的代表人物。他们对前人研究《汉书》成果的质疑,主要反映在礼乐方面。普泰中,前废帝诏录尚书长孙稚、太常卿祖莹营理金石。永熙二年春,稚、莹表《上表乞定乐舞名》,二人在表中反思了之前刘芳的礼乐改革:"时太常卿刘芳以崇所作体制差舛,不合古义,请更修营,被旨听许。芳又厘综,久而申呈,时故东平王元匡共相论驳,各树朋党,争竞纷纭,竟无底定。""芳久殂没,遗文销毁,无可遵访,臣等谨详《周礼》,分乐而序之。"①在这篇上表中,长孙稚全面回顾了汉代礼乐的使用和对这些礼乐的定名,并提出了几个汉代礼乐建设的关键节点。最后得出结论:"周存六代之乐,《云门》《咸池》《韶夏》《武》用于郊庙,各有所施,但世运遥缅,随时亡缺。汉世唯有虞《韶》、周《武》,魏为《武始》《咸熙》,错综风声,为一代之礼。"同时认为应该规定好乐舞使用的等级:"案今后宫飨会及五郊之祭,皆用两悬之乐,详揽先诰,大为纰缪。古礼,天子宫悬,诸侯轩悬,大夫判悬,士特悬。皇后礼数,德合王者,名器所资,岂同于大夫哉。"②

　　南北文化交融,为北朝《汉书》学带来了一些新变化,逐步过渡到纯学术研究中来。基于《汉书》的小学研究进入了新的发展阶段。如《颜氏家训》卷四《文章》、卷六《书证》所列的部分内容,皆是有关《汉书》之考证。关于这一部分内容,陈君已经有充分论证③。从颜之推的意思来看,他认为北本《汉书》为更优。然而很有趣的是,颜氏后人颜师古所用底本又是南朝本④。可以肯定的一点是,《汉书》学在北朝末年学术性增强,而在实际政治中的参考性质转淡。

①《魏书》卷一〇九《乐志》,第 2831 页。
②《魏书》卷一〇九《乐志》,第 2836 页。
③ 陈君:《〈汉书〉的中古传播及其经典意义》,载于《上海大学学报》(社会科学版),2017 年第 2 期,第 54—72 页。
④ 徐建委:《敦煌本〈汉书〉与晋唐之间的〈汉书〉传本》,载于《中国典籍与文化论丛》第十辑,北京:北京大学出版社 2008 年版,第 47—58 页。

四、北朝文学的汉代传统

《汉书》学之兴的背后,是整个时代所向往的大一统之美。它已经上升为民族政权赖以自立的正统观,本质上是北朝时代的意识形态。十六国政权不断向汉代复古和回溯,其本质是要确立本政权的正统身份,以及在北方地区的合法统治。这种观念几乎会渗透到当时所有的文学创作中去。北朝文学发展过程中所主动承续的传统,是汉代传统。从具体的方面来说,北朝《汉书》学对于北朝文学的影响,主要涉及两个层面:一方面是《汉书》本身对于史传文学的影响;另一方面,是《汉书》所阐释的汉代文学,这就包括《汉书》中所涵盖的汉代文学家、文学作品等等。

从十六国时期到北朝前期,场合性文学和讽谏文学十分盛行,这与人们的思汉之心颇有关联。后赵咸康八年(342)在青州发现一座石虎,被认为是"天意欲使朕平荡江南"的吉兆,于是群臣庆贺,"上《皇德颂》者一百七人"①。前秦时,梁熙遣使西域之后,朝献者送来马匹,"(苻)坚曰:'吾思汉文之返千里马,咨嗟美咏。今所献马,其悉反之,庶克念前王,仿佛古人矣。'乃命群臣作《止马诗》而遣之,示无欲也。其下以为盛德之事,远同汉文,于是献诗者四百余人"②。又如太元七年,"(苻)坚飨群臣于前殿,乐奏赋诗"③。汉儒曾经定义的箴、赋之文体功能,在十六国时期获得了延续。苻坚时期的名臣赵整,擅作讽谏诗。"苻坚末年,宠惑鲜卑,惰于治政",赵整"援情作歌二章以讽":"不见燕雀来入室,但见浮云蔽白日。"④赵整上《酒德歌》,谏止

---

① 《晋书》卷一〇六《石季龙载记上》,第 2773 页。
② 《晋书》卷一一四《苻坚载记下》,第 2900 页。
③ 《晋书》卷一一四《苻坚载记下》,第 2909 页。
④ 《谏歌》,见逯钦立编《先秦汉魏晋南北朝诗》,北京:中华书局 1983 年版,第 926 页。

君臣饮酒①。其诗多为四言、七言和杂言诗句,如果以西晋的艺术水准来分析,并非佳作,且语意质朴,所使用的诸如浮云、白日、伯劳等意象,正是向魏晋时期诗歌特点的回溯。后秦也有讽谏之事,录于史册。姚兴"好游田,颇损农要",京兆杜挺遂著《丰草诗》以箴之,冯翊作《德猎赋》以讽②。在蜀地的成汉,文人龚壮托名应璩作《百一诗》,是讥切时事之作,提醒统治者社会上存在"百虑一失"的情况③。十六国文人对汉代文学传统的偏爱,当然也有别的因素,比如保守的经学思想等,以及南北外交并非十分频繁,对于此时东晋发生的文学新变尚无真正了解。而对汉代历史中君臣相处模式的想象,大概是一个非常重要的动因。而主于讽谏的诗学传统能够在十六国诗文中获得进一步传承,有它十分积极的意义,那就是将诗学所传递的社会责任感继承了下来,这也是构成此后北朝文学之"质"的重要因素。

于是,直到北魏前期,一些诗歌类型仍然都停滞在东汉诗学的传统之中,与南方诗歌大异其趣。比如高允所写的《咏贞妇彭城刘氏诗》八首,皆为四言。诗中表彰曰"异哉贞妇,旷世靡俦"④。写刘氏之情感,亦深有汉末诗歌写法的痕迹,十分含蓄,情、礼谐和,其情状并没有逸出北人所能接受的范围。高允又有乐府诗《罗敷行》,只是描写罗敷之形貌。兴膳宏认为,高允学了南方的歌咏,不过内容上只是歌咏其美德、妇容而已,完全不像南方《桃叶歌》这种调情式情歌⑤。来自汉代的诗学,在十六国北朝前期相当一段时期内都是被充分认可的。即便是孝文帝迁都洛阳之后,开始学习南朝的诗学,也仍然充分认可并尊崇这种诗学立场。而它在关陇地区尤其是根基稳固,后来北周和隋代掀起的所谓"复古"运动,也仍然是为了向这个传统回溯。

---

① 《酒德歌》,见逯钦立编《先秦汉魏晋南北朝诗》,第925页。
② 《晋书》卷一一七《姚兴载记上》,第2983页。
③ 曹道衡:《论江淹诗歌的几个问题》,载于《中古文学史论文集》,北京:中华书局2002年版,第279页。
④ 《魏书》卷九二《列女传·封卓妻刘氏传》,第1979页。
⑤ 兴膳宏著,彭恩华译:《六朝文学论稿》,长沙:岳麓书社1980年版,第374页。

北朝政权的"复古措施",不论是魏孝文帝或北周武帝,皆与其汉化历程、国家发展密切相关,即胡族政权如何吸收汉人的历史记忆与文化资源,建立国家体制。而对前代诗学偶像的选择,也隶属于这样的易代之变。

在十六国北朝前期的人们向汉代诗学回溯时,东晋进入了诗学传承意义上相对无序的时期:西晋时期的贵族式歌咏,在此时失去了它的土壤,能够纵横才气、调遣辞藻的才士,已经消失在动乱之中。从《诗经》和建安以来的文学所树立的诸多前代诗学典范,此时被玄言诗人漠视了。因此,东晋以玄言诗为主的诗学,仿佛经历了一次历史脱轨。人们纵情山水,谈玄说理,自由地开创着新的诗歌类型。这大概与东晋政权政治权力分散,偏安一隅,没有借势于易代剧变,从主观意识形态上有意形成具有高度凝聚作用的集体历史感有关。川本芳昭即提出,东晋是在为刘裕所篡以后,才开始强化北魏的正统主张,产生以自我为中心的"中华意识"①。所以,正统论对诗学传统的塑造之力,在这种反面的例子中也可以看出一二。

北魏前期文学,为了润色鸿业,有过一些应用文学和场合制作,但其文学水准不会高于十六国文学。从个人创作来看,更能看出此时文学发展的一些特点。在北魏前期,有一些诗歌类型的创作,几乎停滞在东汉传统之中,与南方诗歌大异其趣。高允所写的《咏贞妇彭城刘氏诗》八首,皆为四言。"渤海封卓妻刘氏,彭城人。成婚一夕,卓官于京师,以事见法。刘氏在家,忽形梦想。知卓已死,哀泣不止,经旬凶问果至,遂愤叹而终。时人比之秦嘉妻云,高允念其义高而名不著,乃为之诗……"②高允在诗中表彰曰"异哉贞妇,旷世靡侪"。其中写刘氏之情感,写法深有汉末诗歌的痕迹,十分含蓄,情、礼谐和,如:"率我初冠,眷彼弱笄。形由礼比,情以趣谐。忻愿难常,影迹易乖。

---

① 川本芳昭:《五胡十六国:北朝史における周礼の受容をめぐつて》,载于《魏晋南北朝时代の民族问题》,东京:汲古书院1998年版。
② 《魏书》卷九二《列女传·封卓妻刘氏传》,第1979页。

悠悠言迈,戚戚长怀。"①这些语句并没有逸出北人所能接受的范围。高允又有乐府诗《罗敷行》,其中的语句,都是描写罗敷之形貌:"邑中有好女,姓秦字罗敷。巧笑美回盼,鬓发复凝肤。脚著花文履,耳穿明月珠。头作堕马髻,倒枕象牙梳。姗姗善趋步,襜襜曳长裙。王侯为之顾,驷马自踟蹰。"兴膳宏认为,这是学了南方的歌咏。但是从其内容来看,仍然是相对严肃的,也并不夸张。纵然是同为歌咏妇女,其诗歌趣味与南朝同类诗歌中的趣味很不同。曹道衡曾分析说,北方作为宗法社会,不会允许调情式的男女情歌出现,因为那很可能造成对亲族之间关系的刺激和破坏。在礼法为大的北方乡里宗族社会,是不可能以《桃叶歌》这类民歌背后的男女事件为佳话的。北人歌咏妇女,仍然歌咏其美德、妇容而已。兴膳宏在《北朝文学的先驱者——高允》中,分析了高允两首诗的声律之后,认为它在声律上受到了永明体的影响:这里也可以看到在第一句句末与韵字声调相同的字。由于传世资料稀少,有所谓"管中窥豹"之难,但似乎可以说:"高允相当自觉地避免了上尾之病。如果大胆地设想的话,在五世纪半南齐永明年间沈约、谢朓提倡'永明体'新风时,上了年纪的高允虽然远在北地,却也很快察知了动静,并且表现了自己的关心。"②然而,从史实上看,来自乡里社会的高允居住于平城,他似乎并没有直接获得来自南方的消息。他如果在诗歌中确实有一些避免四声八病之处,也很难说,这是一种"自觉"的行为。

北朝时代,人们对班固及其《汉书》有着全面的新的体认。李彪上书请撰国史,接续《国记》,所请之辞中对班、马尤为推崇:"暨史、班之录,乃文穷于秦汉,事尽于哀平,惩劝两书,华实兼载,文质彬彬,富哉言也。令大汉之风,美类三代,炎□□崇,道冠来事。降及华、马、陈、干,咸有放焉。四敷赞弗远,不可力致,岂虚也哉?其余率见而书,

---

① 《魏书》卷九二《列女传·封卓妻刘氏传》,第 1979 页。
② (日) 兴膳宏著,彭恩华译:《六朝文学论稿》,第 374 页。

睹事而作者多矣,寻其本末,可往来焉。""窃寻先朝赐臣名彪者,远则拟汉史之叔皮,近则准晋史之绍统,推名求义,欲罢不能,荷恩佩泽,死而后已。今求都下乞一静处,综理国籍,以终前志,官给事力,以充所须。虽不能光启大录,庶不为饱食终日耳。近则期月可就,远也三年有成,正本蕴之麟阁,副贰藏之名山"①。至北齐,崔㥄吹捧魏收,"昔有班固,今则魏子"②。

北魏人对汉代文学家的体认和评价,可以常景为代表。常景同样是对《汉书》十分熟悉的:"时灵太后诏依汉世阴邓二后故事,亲奉庙祀,与帝交献。景乃据正,以定仪注,朝廷是之。"在这种知识结构之下,他创作了几首关于汉代文学家的咏史诗:

> 景淹滞门下,积岁不至显官,以蜀司马相如、王褒、严君平、扬子云等四贤,皆有高才而无重位,乃托意以赞之。其赞司马相如曰:"长卿有艳才,直致不群性。郁若春烟举,皎如秋月映。游梁虽好仁,仕汉常称病。清贞非我事,穷达委天命。"其赞王子渊曰:"王子挺秀质,逸气干青云。明珠既绝俗,白鹄信惊群。才世苟不合,遇否途自分。空枉碧鸡命,徒献金马文。"其赞严君平曰:"严公体沉静,立志明霜雪。味道综微言,端著演妙说。才屈罗仲口,位结李强舌。素尚迈金贞,清标陵玉彻。"其赞扬子云曰:"蜀江导清流,扬子挹余休。含光绝后彦,覃思邈前修。世轻久不赏,玄谈物无求。当途谢权宠,置酒独闲游。"

这几首咏史诗的读者,应该是当时北魏一个汉族官僚构成的文学群体:"景在枢密十有余年,为侍中崔光、卢昶、游肇、元晖尤所知赏"。③ 常景选择这几位西汉文学家加以歌咏,当是顺应当时承袭汉

---

① 《魏书》卷六二《李彪传》,第1384页。
② 《北齐书》卷二三《崔㥄传》,第335页。
③ 以上常景相关资料,皆见于《魏书》卷八二《常景传》,第1800—1808页。

代传统的时代氛围。

洛阳兴起以后，这座故都再次成为聚拢士人的平台。这些士人，其实在一定程度上将开始重复汉代末年乡里士子来到都城之后的心理过程。但是此时他们面对的洛阳，其实远比汉代的洛阳要复杂得多。这表现为洛阳此时处于一个南北对峙的历史背景中，南北文化交流，以及洛阳城中的胡汉关系等等，都将参与重塑乡里士人的文化价值观念。而曾经长期身处"乡论"社会中的文人，在此时则开始要面临城市生活中文化价值观念的巨大冲突①。这种冲突之下，产生了一些与这种矛盾相关的作品，这些作品往往是对于现实的深刻反思，深刻反映了当时乡里士人的思想世界。魏末之后，洛阳再次成为兵家反复争夺之地，政局动荡，战争冲突此起彼伏，"邢杲起义""河阴之乱""元颢入洛"等事件依次发生。文人在动荡时期的政治遭遇更为扑朔迷离，对于人生进退，个人感受十分复杂。而他们所回溯的文学传统，因于洛阳的故都性质，而颇有向东汉靠近的倾向。

李谐《述身赋》即建立在将洛阳生活拟于东汉洛阳的情怀之上。李谐的这篇赋作，全面总结了他在洛阳生活中的经历和遭遇，全篇赋作的基调，颇类似汉末士人的失志之赋。这种"述身"赋，其实和后来颜之推的《观我生赋》有一定的相似性，具有很强烈的自述性，其中也有较多反映当时社会实况的内容。而这篇赋在艺术上则反映了北魏末年赋作骈俪水准的提高，语言明白简洁，无玄虚深奥之故实，文意贯通，句式多为四六，非常工整。李骞的《释情赋》，同样提到了洛阳城中的文人群体生活，而他的写作初衷，并不是为了描写个人在这种都城生活中的体验，而是着眼于还原当时这座城市的繁华。其中提到的"各笑语而卒获，传礼义于不朽"就是指当时的礼乐制度改革之人才，对于洛阳礼乐文化的重建，这段文字显示了当时洛阳文化的一片繁荣

---

① 拙论《"乡论"社会与十六国时期的基本文学价值观念》，载于《文艺理论研究》2014年第 4 期，第 68—75 页。

气象。但是,在这篇赋作的结尾,同样提到归去之意,"思散发以抽簪,愿全真而守朴","放言肆欲,无虑无思。何鹪鹩之可赋,鸿鹄之为诗哉!"这种结尾和李谐《述身赋》中的结尾其实是不同的,它并不是基于身世之感,而更像是一种模式化的结尾。李骞对于洛阳的真正感情,可以在他的另外一首诗《赠亲友》中得到参证。李骞离开洛阳之后,对于洛阳的一切仍然颇为留恋,尝赠亲友卢元明、魏收诗。诗歌中提到自己在外地居官是:"寒风率已厉,秋水寂无声。层阴蔽长野,冻雨暗穷汀。侣浴浮还没,孤飞息且惊。三褫俄终岁,一丸曾未营。"①这种情况在袁翻的《思归赋》中同样出现②。从今天的赏读角度来说,文人描述自身政治遭遇之不平,似乎是十分常见的主题,但这种自觉的个人咏怀在魏末的出现,其实反映了当时文学发展的生机。在充满矛盾感的现实背景之下,当时的文人能够对个人遭际加以咀嚼并赋之于文学表达,这种行为,其实远远超过了北魏前期文学承担讽谏功能时候所表现出来的艺术水准。这种文学作品得益于文人在具有落差感的两种社会环境中生活所获得的基本经验。曹道衡评价说:"袁翻的《思归赋》则风格酷似南朝的鲍照和江淹,已有绮艳的色彩,音节也显得和谐流畅,在北朝赋中较少见。但因为过于模仿江、鲍,总不免使人感到缺乏独创性,只是一种因袭模拟之作。"③曹道衡所说的"因袭模拟"指的正是此时的北朝文学仍然停留在一些旧传统中。

结　论

　　综全文所述,从十六国至北朝,《汉书》在北方地区广为流行,影

---

① 《魏书》卷三六《李顺传附希宗弟骞传》,第840页。
② 《魏书》卷六九《袁翻传》,第1540页。
③ 曹道衡:《南朝文学与北朝文学研究》,南京:江苏古籍出版社版1999年版,第207页。

响深远。《汉书》学的成果，浸润在当时的政治实践与社会生活之中。虽然史书所载的北朝《汉书》学著作数量不及南朝，但并不能以此否定北朝《汉书》学的地位。北朝《汉书》学参与了北魏以后大一统思想的塑造，而且也从各个方面丰富了孝文帝的汉化改革，是促进民族融合的重要学术力量之一。而且，北朝文学的发展，也隶属于人们所主动选择的汉代传统。南北文学的特色区分，并不只是文学发展的客观之力所形成的结果，其实也与北方地区人们在特定的历史、政治环境下主动向汉代传统的追溯有关。本文限于学力，从面上指出了这些情况，具体细节将来尚有待深入开掘。

（作者单位：中国人民大学文学院）